日本経済新聞編集委員兼論説委員
中澤克二
Katsuji Nakazawa

中国共産党
闇の中の決戦

日本経済新聞出版社

プロローグ　天津の大爆発は「テロに違いない」

その日、北戴河と北京の中南海は大混乱に陥った。２０１５年８月12日深夜から13日未明にかけてである。北京の東隣、天津で空前の大爆発が起きたのだ。

なぜなら、国家主席、習近平は北戴河にいた。共産党の重要事項について長老らと意見交換するためだった。北戴河は北京から北東に３００キロほど離れた海辺の保養地だ。天津の北方２００キロに位置する。

北京の中南海は、習近平ら主要人物が不在だったとはいえ、空っぽだったわけではない。「南院」に残された党中央の実務者、「北院」にいた国務院（政府）の政策調整者は、天津の爆発現場の実情を把握しきれず、焦りが募っていた。

しかし、北戴河、中南海にいた中枢の人々らの頭の中には皆、同じものがあった。ある疑念である。いや、確信と言った方がよいかもしれない。天津の事件は単なる爆発ではなく、爆破、つまり「テロに違いない」との確信だった。機密保持の観点からおいそれと口に出せない。とはいえ、そこには根拠があった。

16年6月27日。中国首相、李克強は天津で開かれた「夏季ダボス会議」の開幕式で演説した。だが、わずか10カ月前、目と鼻の先で起きた大惨事に触れることは一度もなかった。大爆発の数日後、李克強自らも惨状を視察していたのに、である。「この臭いはなんだ」。李克強が顔をしかめたあの現場を覚えていないはずはない。

代わりに李克強が強調したのは、減速する中国経済への楽観論である。「楽観。それは自信である」。彼はそう言い切った。これに先立ち挨拶した天津市トップ、黄興国も同じだった。爆発には一切触れない。3カ月後、彼は失脚した。

民主主義国家ならあり得ない。必ず犠牲者の遺族らが怒り出し、政権が危機に陥りかねない。中国は異質だ。それが中国の現状である。

16年8月12日。大惨事の犠牲者の一周忌だった。事故の真相はいまだ明らかになっていない。調べる手段もない。中国内の報道も封鎖されている。公式発表だけでも1000人近くの死傷者が出た天津大爆発。それは今や中国では「タブー」になった。

本書に登場する人物の名前は敬称略とした。肩書や年齢は2016年9月末時点のもの。一部、取材時のままのものもある。為替レートは1元＝16円で換算した。過去については当時のレートを使用した例もある。

習近平指導部のメンバー

役職	氏名	2017年7月末時点での年齢	
常務委員（序列順）	●習近平	64	総書記・国家主席・中央軍事委員会主席
	●李克強	62	首相
	張徳江	71	全人代常務委員長
	兪正声	72	全国政協主席
	劉雲山	70	中央書記処書記・中央党校校長
	王岐山	69	党中央規律検査委員会書記
	張高麗	70	副首相
委員（画数順）	馬凱	71	副首相
	●王滬寧	61	中央政策研究室主任
	劉延東	71	副首相
	●劉奇葆	64	中央書記処書記・中央宣伝部長
	●許其亮	67	中央軍事委員会副主席
	●孫春蘭	67	統一戦線工作部長
	●孫政才	53	重慶市党委員会書記
	李建国	71	全人代常務委員会副委員長
	●李源潮	66	国家副主席
	●汪洋	62	副首相
	●張春賢	64	前新疆ウイグル自治区党委員会書記（16.9.26現在）
	范長龍	70	中央軍事委員会副主席
	孟建柱	70	中央政法委員会書記
	●趙楽際	60	中央書記処書記・組織部長
	●胡春華	54	広東省党委員会書記
	●栗戦書	66	中央書記処書記・中央弁公庁主任
	郭金龍	70	北京市党委員会書記
	●韓正	63	上海市党委員会書記

昇格の可能性がある人物ら

●陳敏爾	61	貴州省党委員会書記
●陳全国	61	新疆ウイグル自治区党委員会書記
●李強	58	江蘇省党委員会書記
●李鴻忠	60	天津市党委員会書記
●劉鶴	65	党中央財経指導小組弁公室主任
●黄坤明	60	党中央宣伝部常務副部長
●黄奇帆	65	重慶市長
●陳希	63	党中央組織部常務副部長
●陸昊	49	黒龍江省長

※「●」は2017年7月末時点で68歳未満

中国共産党　闇の中の決戦　◆　目次

装幀

相京厚史・大岡喜直（next door design）

第1章

闇の中の天津大爆発

1　習近平の天津視察を狙ったテロ説

本当に事故なのか――当局の発表に消せない疑念

「今日、8月12日は習近平の共産党トップ就任1000日。6月11日には天津市第一中級人民法院（裁判所）が周永康に無期懲役の判決を下し、聖域なき反腐敗への決意を示した」

2015年8月12日昼前、中国共産党機関紙、人民日報傘下のインターネットメディアが、習がわずか1000日で、新しい厳格なガバナンスを確立し、最高指導部経験者にさえ勇気ある処分を下したと手放しでたたえる評論を発した。

午後8時過ぎまでには、天津の庶民らのスマートフォンにも似た評論文が様々なメディア専用アプリを通じて届いた。「党の喉と舌」とされる中国の主要メディアが、当局の意向を受けて、その日の宣伝の目玉とした文章の一つだった。

13日に日付が変わろうとする頃、事態は暗転した。周永康が断罪された天津で空前の大爆発が起きたのだ。当局による公式発表だけでも死者・行方不明者は173人。合計798人が重軽傷を負った大惨事だった。

残された映像、写真ほかの分析などから犠牲者はさらに多いとの見方もある。爆風と高熱で遺体さえ残らなかった死者、そこで働いていた事実さえわからない名もなき出稼ぎ労働者が数多くいる。広大な港湾地帯での過酷な労働実態は不透明だ。

爆発と爆風の威力は桁違いだった。３、４キロメートル先の高層住宅のガラスまで飛び散った。破片が銃弾のように身体に刺さり、命を落とした市民も多かった。残されたマンション内の監視カメラの映像では、住民が爆風で倒れてきた壁の下敷きになり潰れてしまう悲惨な場面もあった。

天津大爆発後の惨状 ©ZUMA／amanaimages

付近にある日本系の巨大ショッピングセンター、イオンモールや、日系企業の工場にも被害が出た。尋常ではない。直径50－１００メートルの穴があくほどで、小型核兵器に近い威力があった。その後、巨大クレーターには水が溜まり、不気味な光景をつくり出した。熱と爆風で金属製の電柱は、ぐにゃりと曲がっている。広島や長崎の原爆資料館に写真が残る原爆投下直後のような風景だ。

高い塀で目隠しされた現場を一周すると２時間近くかかる。この広大な敷地を大爆発の３年前、取材で訪れたことがあった。K－LINEなどと大書された大型コンテナがうずたかく積まれていた。脇には、船積みを待つ乗用車がずらりと並んでいた。

活気あふれる様子を思い出すと、爆発後の荒んだ風景は信じがたい。何も残っていない。それだけ大きな爆発が「自然発火」で起こりうるだろうか。素朴な疑問が一連の取材の出発点である。

16年2月5日に中国国務院（政府）が公表した「天津港爆発事故調査報告」によると、周辺の集合住宅、ビル304棟が損壊、7533個のコンテナと1万2428台の車が被害を受けている。経済損失は、68億6600万元（約1200億円）に達したという。

当初、爆発の原因は、「シアン化合物など劇物保管の事実を知らない消防隊による放水だ」とされた。とはいえ、納得のいく説明はなされていなかった。

大爆発は本当に水をかけたから起きたのか。爆発は比較的、大きなものだけで3、4回あった。8月14日になっても爆発の余韻は残り、有毒ガスの発生が続いた。

「最初の大爆発は、消防隊が水をかける前だった」。爆発現場の様子を知る関係者の証言がある。当局から出た情報とは食い違う。

現場では「水をかけるのは問題がある」という化学の常識を踏まえた判断から、空気を遮断する大量の砂もまかれた。新疆ウイグル自治区などの砂漠地帯から運ばれた砂もあった。

爆発した物質の特定も難しかった。1カ月間も経過した後でも、周辺を警備する武装警察官らは、首から上をすべて覆う防毒マスクをしていた。なお危険があった。最も大きな謎は、密封されたコンテナの中の物質になぜ火がついたかだ。

「テロの疑いが濃厚」という共通認識

9月20日、大爆発があった「天津浜海新区」内に高速鉄道の近代的な新駅がひっそり開業した。地上は公園内に半透明のドーム状の建築物があるだけ。地下が4層構造になっている。外見では中国版新幹線の駅だと気がつかない。未来都市の様相だ。この高速鉄道を使えば北京まで45分ほどで到着する。画期的な交通手段の完成と言える。

だが、多くの犠牲者が出た直後だけに派手な式典はなかった。しばらくは大爆発の影響で人も寄りつかない。付近には、中国（天津）自由貿易試験区浜海新区商務区の巨大ビルがほぼ完成していた。

この自由貿易区は国家主席、習近平が主導する北京、河北省、天津の一体開発構想の核になる。天津では、習にできるだけ早く自由貿易区を視察してもらい、経済テコ入れに一役買ってほしい、という強い要望が出ていた。

長老と現最高指導部が河北省の保養地で意見交換する8月の「北戴河会議」。２０１５年の集まりでは、北京、河北省、天津の一体化開発を含む次期5カ年計画（２０１６～20年）が議論されていた。その終了後、トップが天津を視察すれば極めて効果が大きい。期待は大きかった。

ここで、8月12日深夜の爆発時から翌日、翌々日に至る共産党と政府の動きを振り返ってみたい。

大爆発の直後、一報を受けた北京の中枢、中南海は大混乱に陥っていた。情勢は極めて不透明だ。大爆発の原因がまったく分からない。あらゆる可能性を考えて次の一手が練られた。

13日になって、北京から天津の爆発現場に向かったのは、中央政府の主要幹部らだ。先鋒隊のトップを務めるのは、女性副首相の劉延東である。

本来、陣頭指揮をとるべき立場にあるのは首相の李克強だ。しかし、有毒ガスが充満している以上、ナンバー2を送るわけにはいかなかった。

「少なくとも天津にはじめに向かった幹部らの間には、テロの可能性が極めて強い、という共通認識があった」

当時の中南海の様子を知る人物の声だ。それなら、まだ指導部メンバーの命を狙う人物が潜んでいる恐れさえある。危険すぎる。

「テロ説」は、単なる推測ではない。根拠があった。それはごく一部の限られた幹部しか知らなかった。彼らは、高度の機密である習近平の行動日程を知っていたのだ。

8月13日午前、天津視察を予定していた習主席

「習近平は13日午前、その天津を訪問する予定だった。大爆発事件のあった12日深夜から半日もたたない時間に……」

当時の内情を知る人物の驚くべき証言である。12日まで習は北戴河にいた。重要会議のヤマは

すでに越えた。13日は朝、主席の専用乗用車で北戴河を出発し、午前中に天津浜海新区に入る予定だった。

北戴河から北京に車で帰るなら、天津は経由地になる。車で飛ばせば2時間もかからない。爆発の地から北戴河のある秦皇島まで高速道路上の表示では２３０キロだ。しかも爆発のあった脇の高速道路の高架を走れば、天津自由貿易試験区の中心地区に直接入れる。

現場を見ればすぐに分かる事実がある。爆心地は、高速道高架のすぐ隣にある。予定通りなら、習はそこを通るはずだった。

トップが乗る専用車が走り抜ける際、爆発が起きれば、車は爆風で吹き飛ばされる。爆心地からせいぜい１００－１５０メートルなのだ。３キロ先のアパートの窓ガラスまで完全に破壊した力があっただけに、車などひとたまりもない。

もし爆発が深夜時間帯ではなく、車、トラックが激しく行き交うラッシュアワーだった場合、犠牲者の数は、１桁違っていたかもしれない。

爆心地の巨大な穴には長い間、水がたまっていた。直後から鋼鉄の板を打ち込んで毒物などの拡散を防いできた。爆発から10カ月が過ぎたころ、最も被害が大きかった爆心地の南側のマンションの建物は、修理が終わっていた。

その周囲はすでに緑の芝生に覆われている。多くの人員を動員して広大な緑の絨毯《じゅうたん》ができようとしている。ここは、かつて危険物の入ったコンテナが無造作に積み重ねられていた場所だ。何もなかったかのような緑の大平原は、天津大爆発の闇の深さを象徴していた。

そして疑われた驚愕の犯人像

大爆発は、結果的に習近平の視察予定より半日早く起きたことになる。これをどう捉えるのか。習を狙ったとすれば、犯行グループ側の手違いで早まってしまったのか。それとも、厳重な警備の中、習の命を狙うのはとても無理だと判断した犯人側が、計画を変更したのか。習が通過する半日前に爆発したとしても、充分な威嚇になると計算して。

とにかく習は難を逃れた。そして北京へ帰る予定を変更せざるをえなかった。車を使うのはあきらめた。危険である。今も情報が漏れている恐れさえある。天津近くの道路を走る場合、何が仕掛けられているか分からない。即座に別の手段を探した。使ったのは航空機だった。北戴河近くには、指導者が使う専用空港がある。

１９７１年、毛沢東に反旗を翻したとされる林彪が国外に逃げる際も付近の軍用空港を使った。それは山海関にあった。今回、習が使ったのと同じかは不明だが。

テロであったとすれば、問題は誰がやったのかだ。疑われた犯人像は驚くべきものだった。軍や警察・武装警察の不満分子や跳ね上がり。周永康一派の残党と関わりがある一派という見立てになる。実行犯は当然、あの大爆発の中で死んでいるはずだ。

習は、警察、武装警察を仕切った周永康や、軍制服組トップ２人を軒並み捕らえ、その部下らも排除した。その数は莫大である。

「反腐敗」運動で一人が捕まると、政敵も含め20人ぐらいを告発するという。捕まったのが最高指導部経験者の事件の場合、一族、側近、部下、末端まで含めればどれほどの人数が調査を受け、捕まったか想像もできない。習への恨み骨髄、という人々は多数いた。

一方、習の視察の詳細な予定は、警備担当の公安、武装警察、そして軍だけが把握していた。怪しまれても致し方ない。

この天津の爆発は、指導部の政治日程にも影響を与えた。８月７日に死去した最高指導部経験者、尉健行の火葬の式が北京の八宝山公墓で挙行されたのは８月16日だった。習をはじめとする指導部メンバーが皆、顔をそろえた。

暑い盛りだけに、もう少し早い式典でもよかったが、12日の天津大爆発のあおりと、緊急対処で、一部指導者らが北戴河から北京に戻るのが遅れた。

こんな事情からも、最も早く天津入りしたのは、比較的、暇だった副首相の劉延東になった。この際、中南海の関係者も多数、同行している。劉延東は13日の深夜には天津の病院で被害者を見舞い、未明には浜海新区の現場近くで陣頭指揮を執った。

石油閥に伸びる捜査の手

中国の一年で最も華やかな春節（旧正月）の大晦日の前日だった２０１６年2月6日。泣く子も黙る中国共産党の中央規律検査委員会が奇妙な発表に踏み切った。国有化学大手、中国中化集団総裁の蔡希有を重大な規律違反で調査しているとの発表だった。

彼はすでに無期懲役になった元最高指導部メンバー、周永康が仕切ってきた石油閥の高級幹部である。周永康は公安（警察）・武装警察のトップでもあった。

延ばし延ばしになっていた15年8月12日の天津大爆発事件の調査結果について、国務院が発表した翌日だった。この2つの発表には重大な関連がある。

爆発した倉庫などの持ち主である瑞海国際物流有限公司の董事長、於学偉は、中化集団天津支店の幹部を務めたあと独立し、瑞海公司を立ち上げる。パートナーは天津港公安局長だった董培軍だ。その息子、董社軒が、爆発事件時、瑞海公司の実質的な大株主である。瑞海公司の監査役の一人も中化集団の関連会社幹部だった。

瑞海公司と中化集団、地方の公安（警察）……。すべて周永康が仕切っていた石油閥、公安（警察）・武装警察閥につながる。

もう一つの問題は、直轄市としての特権を持つ天津の巨大利権だ。王岐山の中央規律委はここにも手をつけようとしていた。すでに天津トップを務めた元中国人民銀行総裁、戴相竜の娘婿、車峰が調査を受けていた。後に代理書記だった黄興国、副市長の尹海林も摘発された。

天津爆発事件を巡っては、事故調査チームの主要メンバーとして現場にも駆けつけた国家安全生産監督管理総局長（安監局長）の楊棟粱が15年8月18日に拘束されていた。

天津市の副市長、国有資産監督管理委員会主任を歴任した彼を安監局長に押し上げたのは当時、天津市トップだった元政治局常務委員、張高麗だった。張高麗は広東省の中国石化の幹部から上がってきて、最終的に周永康に取って代わった石油閥の雄だ。

公式報告は自然発火と断定――勇気ある「財経」の報道

2016年2月5日、中国国務院が公表した報告では、高温による自然発火を事故原因と断定した。

「局所的な極度の乾燥と高温が原因で、コンテナ内に保管してあった化学物質が自然発火し、ほかの危険化学物質に引火して爆発を引き起こした」

だが、化学の常識として夜中の23時過ぎという時刻に、これらの物質が自然発火するのは極めて稀だという。日没から4、5時間もたてば、仮に太陽光で熱せられたとしても冷えてしまう。しかも空気と混じり合わないよう密閉されたコンテナ内の物質である。

「仮にコンテナ内の物質の密封を解いたとしても、製造工程に乗っていない化学品は簡単に火がつかない。密封解除のあと、空気が行きわたるようにかき混ぜ、しばらく時間を置かない限り、着火は困難だ。自然発火はそれほど難しい。意図的に作業したうえでの火つけなら別だが。化学品の扱いに詳しい専門家なら誰でも分かる事実だ」

中国で化学品を取り扱う専門家の声である。資材置き場は工場ではない。ここでの開封は通常、あり得ない。つまり、独立した資材置き場、倉庫での爆発事故は極めて珍しい。誰かが故意に開封し、空気と混ぜ合わせなければ火はつかない。報告書の中身と、化学の常識はかけ離れていた。

そこで注目されるのが、中国の有力経済誌「財経」が2015年末に報じた動きである。驚くべき事実を暴露している。

夜中の現場に不審な化学物質を積んだタンクローリーが侵入し、間もなく爆発が始まった——。テロ説の根拠になりうる重大な証拠だ。実際に映像として残っている。調査過程で闇に葬られてしまったが。

独裁国家独特の厳しい報道規制が敷かれるなか、記事を世に出した勇気ある記者らの姿勢に敬意を表したい。「天津致命爆発再調査」と題された記事を少し詳しく引用する。

「8月21日、政府のある消息筋が明らかにした。爆発の中心地の監視映像システムは爆発事故ですべて破壊された。しかし、爆発前の監視映像は完全に保存されている」

「監視映像の中の3分前後の長い中身だ。火が出る少し前、タンクローリーが危険化学物質のある倉庫に入って行った。内容は、天津市の関係部門が国務院に提出した事故報告に詳細に描かれている。この報告は公安部、国家安全部など多くの部門委に送られた」

「調査部門が（天津港の）税関の監視映像について聴取した内容によると、最も早く火が出た場所は、コンテナの集積地のある地点で、そこで火花が上がった。その後、火が蔓延し、爆発が起きた」

「最近、天津爆発の調査チームの、ある一員が記者に語ったところでは、最初、調査チームも事故原因とこのタンクローリーの動きの関係に重大な関心を抱いていた。しかし、このタンクローリー内の液体、フルフリルアルコールは繰り返し行った実験の結果でも引火点が特別に高く、高温にならないと燃えない。これにより爆発との関係が排除された」

「爆発前に不審な火を見た」という証言はこれまでもあった。しかし、この報道は極めて具体的だ。しかも、「監視映像に残っており、天津市、国務院など上層部に報告されている」と報じた。まさに価値ある特ダネである。

そもそも「財経」が報じた中身は、事件発生の直後に危険を冒して取材はしたが、当局の報道規制の中で発表できなかったものだ。それが満載である。玉石混交とはいえ、タンクローリーの情報は極めて重大だ。

しかし、結局、当局によって無視された。引用した記事の後半で触れられているように、タンクローリー内にあったと見られる物質の特徴から、原因にはなり得ないとして排除されたという。引火点が高く、簡単には火がつかない、という論理だった。

しかし、このフルフリルアルコールを調べてみると、引火点は特別高いようには思えない。ちょっとした知識、経験があれば簡単に火がつきそうだ。おかしい。どう見ても「自然発火」という結論を導くために、あえてタンクローリーを無視したとしか思えない。

中国人記者らが抱いた疑い

タンクローリーの入った場所と、火花が確認された場所は同じと見られる。もし仮に積載物が無関係でも、このタンクローリーの運転手が、運搬物と関係なく、故意に放火した可能性も残る。運転席から降りて「作業」をすればよいのだ。当然、大爆発で運転手は死亡しており、証言は出てこない。真相は藪の中だ。

いずれにしてもこのタンクローリー問題は闇に葬られた。様々な端緒はあるのに、最終的にはまったく説明されていない。なぜなのか。

「今はどうしても隠したいショッキングな事実があるからかもしれない」。こう疑う良心的な中国人記者らも多い。

本当に中国トップが狙われ、しかも内部犯行の疑いがあるとの情報が広く流布されたなら、大混乱は逃れ得ない。小さな嘘ならバレるが、大きな嘘はバレにくい。

中国には、他国にあるような機密文書を一定の時間後に公開する制度はない。天津大爆発の真相は迷宮入りするだろう。共産党の独裁体制が終わり、次の政権が情報を公開しない限り。

16年8月12日。天津は大爆発から1周年を迎えた。犠牲者の遺族にとっては大事な一周忌だ。

しかし、一般人犠牲者を追悼する大々的な式典はできない。社会の安定維持の観点から見送られた。

事故直後、当局が発表した跡地に「エコパーク」を設備する計画は進んでいない。ただ、付近では破壊されたマンションの修復が進んでいる。新たな重点校の設置もあり、一部の地価が上昇する奇妙な現象もある。

これに先立ち天津市のトップの黄興国は爆発現場に近い天津港付近、自由貿易区などを視察した。8月10日のことだ。習近平に近い黄興国の完全復活のアピール。それが政治的な意味だったはずだ。

同じ頃、北戴河では重要会議が開かれていた。1年前と同じである。2017年の最高指導部人事に向けて極めて重大な意見交換が行われていた。習近平の頭の中は、会議の問題でいっぱいだった。

その場所は天津から遠くない。1年前のように天津で騒ぎが起こる事態は絶対に避けなければならなかった。習近平指導部の威信に関わるからだ。

事態急変、習側近のはずの黄興国が失脚

ところが事態は、思わぬ方向に動いていった。2016年9月10日、天津トップ、黄興国が重大な規律違反で摘発されたのだ。このニュースは大きな驚きだった。彼は習の側近だったはずで

ある。

それでも捕まるのか――。政界関係者は臆測しきりである。腐敗問題は彼の出身地、浙江省とも関係がありそうだ。しかも、浙江省では、20カ国・地域（G20）首脳会議が9月5日に終わったばかりだった。

そして焦点は、天津爆発事件の真相と関係があるのかである。事件直後、彼は〝責任〟に言及したことがある。事件当時のトップの摘発なのだから、仮にまったく無関係と説明されても、誰も納得できない。

後任の天津市のトップになったのは、湖北省からきた李鴻忠だった。彼も習を「核心」とする運動に早くから参画していたが、江沢民グループのイメージが強い。

では、黄興国はなぜ習に切られたのか。反対勢力は、黄興国の汚職の証拠を突きつけるなど攻勢をかけた。これに習サイドが抗しきれなかった。それは確かだ。

もう一つある。「天津で習主席が命を狙われた事件を防げなかったという重い責任を取らされた」（中国の政界関係者）というのだ。

古来、中国では、皇帝の地方視察の際、命を狙われるような不祥事があれば、その責任は地方の長官が取った。詰め腹を切らされたのだ。今回はそれに当たる。

さらに言えば、天津の爆発事件の発生後、黄興国はしばらく表に顔を出さなかったばかりか、危機対応も大幅に遅れた。この経緯について「最高指導者は不満を抱いていた」との証言もある。

いずれにしても15年8月12日の事件では、中南海の中枢が、爆発直後に「テロ」であると直感して動いた。この事実は重要である。それは、今の習近平政治の現状を象徴している。

多くの中国人が「故意」を疑い、さらに周永康らにつながる人脈との関連を想起している以上、習近平の権力闘争に絡む「政治的事件」として長く記憶されることになるだろう。

２００４年、金正日を狙ったテロに酷似

「北朝鮮の金正日が軍から命を狙われた事件があった。それと同じだ」

天津大爆発については、こんな見方がある。北朝鮮問題にも詳しい中国の関係者の声だ。極めて興味深い指摘だった。十数年前の事件を振り返ってみたい。

２００４年4月22日、中国訪問が終わり、中朝国境を越え、新義州を経て帰国する特別列車が標的になった。天津と似た大爆発である。しかし、こちらは、金正日が乗った列車が通過した数時間後の大爆発だった。天津大爆発事件の経緯と逆である。

場所は、平安北道龍川郡の龍川駅だった。１７００人規模の死傷者を出したとされるこの爆発事故について北朝鮮当局は、硝酸アンモニウム肥料を積んだ貨車と石油を積んだ貨車の交換過程の事故としている。極めて不自然な説明だ。なぜか中国の発表と似ていないか。

爆発規模に関して報道は「１トン規模の爆弾１００発が、瞬間に一箇所で爆発したレベルだった。強力な爆音と爆風で失明または鼓膜が破裂した被害者が多数発生し、爆発地点から1キロの

周囲は完全な廃墟となった」とした。これも事故後の天津の惨状に似ている。天津は巨大な穴と廃墟であった。

金正日の行動日程は、絶対に明かしてはならない機密のはずだ。これを正確に把握し、第1級警備をかいくぐって駅周辺に手際よく爆発物を設置している。軍と警察の関与なしには無理だ。爆発規模からみて、相当、綿密な準備をしていた。

この大事件に関して、金正日自身が後に「命を狙われた」と漏らしたという話が国際関係筋の間で流れている。中国でも「暗殺を謀ったもの」との認識が一般的だ。

２００４年の金正日と、15年の習近平の共通点。そして今、北朝鮮では、金正恩が命を狙われたと推測できる不審な事件が起きている。独裁国家のトップの安全確保は、政治の機微に触れる問題である。

2　延辺視察、２０１５年7月の異変

真夜中の装甲車、異様な示威行動

実は、天津大爆発の前月、２０１５年7月にも異変はあった。習近平の地方視察の際である。同月16日、習は吉林省にある延辺朝鮮族自治州の中心地、延吉に入った。その前夜から未明にかけて、延吉の街角で異様な光景が出現した。数え切れない戦車、装甲車が街中を隊列を組んで走

行したのだ。　上空には軍のヘリコプターが飛んだ。　その爆音が響き渡り、住民は一睡もできなかった。

「中国とどこかの戦争が起きたのか。朝鮮（北朝鮮）での異変か……」

住民はうろたえた。延辺のすぐ東は北朝鮮の国境だけに、住民は敏感になっている。北朝鮮は核実験を繰り返し、その放射能が中国側でも観測されたという話があった。

騒音で眠れない夜が明けると、習が視察にやってきた。当然、安全上の理由から、その時までトップの視察は伏せられていた。

真夜中の装甲車の走行の目的はなにか。

「空港から街までを走ったことから、万一、爆弾などが仕掛けられていないか厳重に点検する目的だった。装甲車なら、仮に走行中に爆発があっても安泰だ」

「不満分子に対する威嚇、示威行為でもある。『これだけ厳重な警備を敷いた。変な動きをすればすぐに射殺できる』。そう言いたいのだ」

軍の動きに詳しい関係者が説明する。

吉林省には、習が汚職で摘発した前制服組のトップ、徐才厚が仕切った部隊がある。習にとっては〝敵陣内〟とも言える。

習の地方視察は頻繁にあるが、前夜にこれだけの示威行為をしたケースはほかにはない。延辺視察の事前調査で「危険がある」との情報があった可能性がある。

延辺でこれだけの異様な警備体制を敷いたのに、1カ月もたたない翌8月には天津で大爆発が起きた。事態は緊迫していた。

習近平・中国国家主席 ©ZUMA／amanaimages

重慶視察には4万人を動員

習近平が身辺の安全に気を配らなければいけない状況は、天津大爆発の後も続いた。このため、しばらくは地方視察自体を控えた。天津で判明したように特に地方が危ないのだ。習に不満を持つ誰かが突飛な行動に出かねない。

習の危機意識が最も表れたのは、2016年1月の重慶への視察だった。この地は、かつて薄熙来がトップとして仕切った場所だ。薄熙来は無期懲役に追い込まれ、その残党は一掃されたはずだ。しかし、すべてを排除するのは無理な話である。しかも薄熙来の盟友は、公安、武装警察の親玉だった周永康である。

「習近平の重慶視察に投入された警備人員はなんと4万人余りという空前の規模だった」

地元関係者らの話である。しかも、重慶の地元の公安警察では不安があるので、中央や遠隔地からの動員もあった。習はそれほど重慶という地を恐れていた。

当たり前である。重慶は、権力者だった薄煕来の妻、谷開来が英国人ニール・ヘイウッドを簡単に殺すような地だった。

薄煕来は、闇社会との癒着一掃の名目で、重慶市司法局長だった文強を死刑に追いやった。文強は重慶の公安・警察を指揮する立場にいた人物だ。かつて重慶市トップを務めた賀国強（前政治局常務委員、中央規律検査委員会書記）の腹心だった。文強は、薄煕来とは犬猿の仲だった。

薄煕来はさらに自分の腹心で公安局長に抜てきした王立軍とも袂を分かつことになる、捕まれば殺されると悟った王立軍は、女装までして逃亡。四川省成都の米国領事館に駆け込む。

一連の事件は、２０１２年の最高指導部人事を前に起きた。すべては権力を巡る闘いの材料に使われた。

重慶は今、次世代最高指導部メンバーの有力候補者、孫政才がトップの地位にある。孫政才は、習近平に忠誠を尽くす構えだ。それでも習にとって重慶は油断のならない地だった。

3　ジョーカーは周永康――軍服の習大大を宣伝する能天気

当局も黙認、腐敗幹部を晒すトランプ

「腐敗幹部トランプ」のジョーカーは周永康と徐才厚――。

ブラックジョークのようなトランプが中国で売り出され人気を博していた。習指導部が摘発した主要54人を写真、略歴付きのカードとした。切り札のジョーカーは、大悪人を意味する「大虎」とされた2人。最高指導部メンバーだった周永康と、軍制服組トップの中央軍事委員会副主席だった徐才厚（2015年3月に病死）だ。

同じ制服組トップの郭伯雄は党籍剝奪の発表が7月末だったため発売に間に合わなかった。前国家主席、胡錦濤の側近だった令計画はスペードの2。ハートのエースが軍の腐敗が暴かれる端緒となった総後勤部副部長だった谷俊山。大虎、小虎を含めた腐敗幹部オールスター登場の様相である。

値段は25元（約400円）だが、1つ買えば、おまけでもう1つもらえる。賭け事が好きな中国の庶民が、赤のジョーカーである周永康のカードを切り札に仲間内で盛り上がる様子を想像するのはシュールだ。

この洒落の効き過ぎた「腐敗幹部トランプ」は、当局のいわゆる公認ではないようだ。だが、今のところ容認されている。販売業者とネット上でやり取りすると、逆にこちらの身分を警戒する問いかけがあった。

「そちらは周永康の一味ではないだろうな？」

現在の当局による取り締まりも警戒すべきだが、かつて全国の警察を牛耳った周永康の残党の仕返しが最も恐ろしいのだ。しかも、彼らの店の所在は、南京や連雲港だった。いずれも周永康の故郷である江蘇省にある。

「正義の味方のイメージをつくり上げた習の『大衆人気』に依拠した〝あやかり商法〟だ。いくら腐敗幹部とはいえ、こんな人権無視はやりすぎだろう」

北京の知識人が顔をしかめる。

共産党中央宣伝部は、反党的な動き、言論を徹底して取り締まる一方で、習の大衆人気の押し上げに心を砕いてきた。「腐敗幹部トランプ」もこの方針の下、ひとまず容認されていると見てよい。

似た現象はほかにもあった。「平易近人」（気さくで身近なその人）、「肉まん屋」と名付けた習の庶民性をたたえる歌がつくられ、インターネット上で流行したのだ。少し前、習は北京の庶民的な店に突然、立ち寄って安価な肉まんを食べるパフォーマンスをし、話題をさらった。

文化大革命の教訓から、個人崇拝につながる歌づくりは党内でご法度のはずだったが、これも当局容認の下、流布されていく。

面白動画で宣伝される「軍との近い距離」

もっと直接的なメディア戦略もある。一般大衆向けに動画を発信し、親しみやすさを演出する作戦だ。

主役は、習大大（習おじさん＝「大大」は陝西省の方言でよく使われる親しみを込めた「おじさん」の意味）と、妻の彭麻麻（彭麗媛お母さんの意味）である。

２０１５年の建軍記念日（８月１日）にあわせてネット上に流されたアニメーションがあった。中央宣伝部直轄のニュースサイトによる「軍服を着た習近平」と銘打った動画だ。そこでは軍人として昇進していく習の経歴、全国の軍区や艦隊の視察の様子などを詳しく紹介していた。

クライマックスは軍所属のスター歌手、彭麗媛との結婚――。アニメでは、ハートマークの中で若き習と彭麗媛が仲良く手をつないで登場している。そして、わざわざ「一目ぼれ」だったという説明まである。芸能ニュース好きの大衆を意識した演出だった。

庶民をターゲットとするこの動画の狙いは別にあった。「習は若い頃から極めて軍に近く、今も軍をしっかりと掌握しているんだぞ」。そんな極めて政治色の強い宣伝だ。コンピューターゲームの画面を見るような面白さもあり、動画は数億人のスマートフォンを使う庶民らに広く伝播してゆく。

「習主席の虎退治の姿勢はいいね。前トップ（前国家主席の胡錦濤）は何もしなかったから……」

政治談議が大好きな北京のタクシー運転手でさえ習を支持していた。北京の料理屋で出された料理の中身を尋ねると、10代の女性店員が親しみを込めて「習大大の料理よ」と答えた。習一族の故郷、陝西省の料理という意味だった。

苛烈な反腐敗運動で多くの政敵を捕まえ、彼らの恨みを買おうとも、大衆の支持がある限り、習の地位は当面、安泰だ。

とはいえ習人気はいつまでも続くわけではない。大衆は飽きやすいのだ。特に周永康のようなわかりやすい大虎退治のショーが終われば、見せ場は少なくなる。そして株安、景気の後退が庶民の暮らし向きに直接、影響してくればなおさらだ。

共産党がすべてを仕切る中国には、習の大衆人気を客観的に調べる「内閣支持率」のような調査は存在しない。だが、そもそも強い支持基盤を持たない習は、大衆人気が衰えれば自らの政治力に響くことを熟知している。ここは日本の首相、安倍晋三と同じである。

4　親の七光りなくば失脚の憂き目──充満する不満

親の七光りこそ最大の財産

「人民の軍隊のはずなのに、親が偉ければ子もエスカレーター式に出世し、庶民の子は、最後は雑草として刈り取られる。共産党の国なのに『銀のさじをくわえて生まれた子』がいるのはおかしい」

政治談議が大好きな中年の〝北京っ子〟が、顔を紅潮させて熱弁をふるっていたのを思い出した。彼は人民解放軍の関係者だ。父は、かつての軍人削減で早期退職に追い込まれた陸軍の軍人だった。共産党の軍の飯で育ったのに、今や「軍への尊敬は失せた」という。

軍は給与こそ安いながら、国民の尊敬を集めてきた。かつて中国の長距離列車には必ず、軍人専用の車両があり、特別待遇もあった。１９８０年代、その車両に外国人観光客がうっかり入ろうものなら、すぐに車掌が飛んできて排除された。

軍人の息子が指摘した「雑草」とは、失脚した制服組トップだった前中央軍事委員会副主席の徐才厚、郭伯雄らを指す。徐才厚の父は、貧しかった中国東北部の農民だという。郭伯雄の父は早世し、母親が苦労して育てた。

無期懲役となった周永康も江蘇省無錫のしがない農家の出だった。貧しく、近くの川で田ウナギをとって売り、生活の足しにしていた。彼らは確かに品が悪く、汚職もあった。とはいえ、かつては、人並み以上の努力をしてはい上がり、伸びてきた雑草だ。

今、中国で誰もが口にする「紅二代」という言葉。高級幹部の子弟を指す「太子党」と似るが、こちらは長い革命戦争を勝ち抜いた共産党の一握りの大功労者の子息らを指す。国家主席、習近平の体制は、言わば「紅二代にあらずんば人にあらず」。現代中国では「親の七光り」こそ最大の財産である。

軍の不満分子を一掃へ

現在、中国人民解放軍の最高位の将官は上将だ。40人近い現役の上将のうち23人は習近平が中央軍事委員会主席になってから昇格させた。トップ就任後、3年半に過ぎないのに、驚くべきスピードである。すでに半数を超えている。

上将のうち父親が高級幹部だったのは、まず総装備部長を務めた張又俠である。「開国上将」、張宗遜の子息で、典型的な「紅二代」だ。１９７９年の中越戦争、84年の中越国境紛争で部隊を率いて戦った。実戦経験がある数少ない将官である。父子で上将というのもさすがに珍しい。

張宗遜は陝西省の人だった。習近平の父、仲勲（元副首相）も陝西省出身。若い頃、２人は同じ軍で戦い、共産党内の「西北閥」に属していた。親同士の親しさは、習近平と張又俠に引き継がれた。習の軍内の人脈は父の遺産である。

「代々、将軍を出す武勇の誉れ高き家柄に生まれた子は、やがて出陣し、父子の絆を持つ団結した軍隊を率いる」。中国にはこんな格言がある。かつては「軍人の子は軍人に」という伝統があった。

タカ派発言で有名な国防大学政治委員の劉亜洲（上将）も軍人だった老革命家の息子である。しかも妻、李小林（中国対外友好協会会長）は、国家主席を務めた李先念の娘だ。

中央軍事委員会委員で海軍司令員の呉勝利、同じく空軍司令員の馬暁天、さらに軍再編後の東部戦区司令員の劉粤軍も「紅二代」だ。劉粤軍は、15年7月、上将に昇進した。

軍では、勝ち組の「紅二代」が肩で風を切って歩く。それは習との「近さ」を示している。

不満は、粛清された元最高指導部メンバー、周永康が仕切っていた巨大な公安（警察）組織、武装警察も同じだ。特に武装警察は、人民解放軍と密接なつながりがあり、大枠では中央軍事委員会の傘下にある。そこには不満が渦巻いている。軍、警察、武装警察は、習近平の基盤であるはずなのに、依然として最も警戒すべき対象だ。不安は15年9月の大軍事パレードでの厳戒態勢に引き継がれる。

5　厳戒の軍事パレード――戦闘機後部に銃を持つ保安要員

行進する兵士の銃に対する厳重な検査

「天津での爆発に内部の人間が関わっているなら事態は深刻だ……」

2015年9月3日の北京での大規模軍事パレードは疑心暗鬼のなかで進んだ。真相はなお解明されていなかった。「獅子身中の虫」が、そこにいるかもしれない。

目立ったのは、北京のガソリンスタンドの封鎖だった。そこには危険物が詰まっている。もし周永康の石油閥の残党が報復に出るなら、ガソリンスタンドを使うのが手っ取り早い。

「戦闘機などの編隊飛行では、後部座席に銃を構えた兵士まで配された」

安全保障関係者がささやく。万一、パイロットが天安門上空でおかしな動きを見せれば、直ちに銃殺する特殊な任務を担っていた。これは、当時のテレビの公開報道の映像などを注意深く観察すれば分かる。問題発生を恐れ、後に映像は削除された。もう2度と見ることはできない。

しかし、仮にパイロットが射殺されてしまえば、コントロールを失った戦闘機が天安門ではないにしろ、中心地に墜落する。甚大な被害が出る恐れがある。それにも一定の配慮がなされた。できうる限り、パイロットを２人としたのだ。１人が命を落としても、別の１人が代行できる。墜落を避けられないとしても、できるだけ被害の少ない場所を選ぶ余裕も出る。

もう一つ、異例の状況があった。軍事パレードに参加する兵士が持つ銃に対する異常なまでの安全検査である。

兵士の持つ銃も入念に検査された軍事パレード
（2015.9.3）©ZUMA／amanaimages

そもそも、行進で持ち歩く銃は実弾は込められていない。だが、もし誰かが故意に弾を込めていたらどうか。天安門の楼閣上やオープンカーで閲兵する習近平を至近距離から狙える。打ち損じはない。

「銃の中身の安全検査は、一丁の銃について３回も行われた。三重の防備だった」

異常さは北京の一般市民の間でさえ話題になった。９月３日の軍事パレードは、見た目の派手さと裏腹に綱渡りだった。

6 消された長老の揮毫

「軍の腐敗は江沢民のせい」とのメッセージ

「中国の反腐敗闘争は『権力闘争』ではない。（米大統領周辺の権力闘争を描く米人気テレビドラマ）『ハウス・オブ・カード』（の世界）も存在しない」

2015年9月、訪米した習近平は、シアトルでの演説で陰謀渦巻く米政界劇に触れ、笑いを誘った。中国の権力闘争に注目する世界の視線を意識し、あえて原稿に盛り込んだのだ。

実際には、中国の密室での権力闘争はさらに激しい。政敵を次々に捕らえる手法は1960年代の毛沢東に倣う第二の「文化大革命」と言われる。

9月3日、軍事パレード前の北京。青空の下、天安門の楼上に間もなく90歳になる元国家主席、江沢民が顔を見せた。1年ぶりの公式の場への登場だけに観衆から驚きの声が上がった。

習は隣の江の方に身体を向け、にこやかに話しかけた。江も笑顔で応じる。どう見ても暗闘の主役2人の会話には見えない。だが、それは中国共産党の「一枚岩」を世界に示す芝居に過ぎなかった。習の苛烈な「院政つぶし」はなお続いていた。

江が率いる「上海閥」の本拠、上海。ここに南京軍区の由緒ある教育施設、空軍政治学院がある。最近、訪れた関係者は仰天した。門から丸見えの校舎の壁一面に掲げられていた江の揮毫がはぎ取られたのだ。替わりに登場したのが習の文字だった。

「まさか自分の文字に差し替えるとは。露骨な老江（江沢民）いじめだ。習大大（習おじさんの意）はなかなかやる」。報道統制下でも、上海では暗闘が公になりつつある。前トップ、胡錦濤も江の院政に悩まされたが、蛮勇は振るえなかった。習は違った。真新しい習の揮毫が面白い。

「（共産）党の指揮に従い、勝てる、清廉な人民の軍隊に。習近平」

これまでは党の指揮に背き、弱い、腐敗した軍だった、と言わんばかりだ。江の揮毫の消去は、問題の所在が江にあった、との暗示でもある。これは軍を江の色から、習の色に塗り替える行為だ。習は15年末、江の影響力が残る南京軍区の司令部を視察した。すでに捕らえた江派の軍制服トップ、徐才厚の人脈つぶしだった。

習は、首都防衛を担う北京軍区や治安維持の要の武装警察の司令官に南京軍区から信用できる「お友達」を抜てきした。福建省、浙江省で長く過ごした習は南京軍区に人脈を持つ。その後、「お友達」らは軒並み最高位の上将に昇進した。

習は軍事パレードで軍掌握を誇示した。司会役は首相の李克強。過去は北京市トップが司会を務めた。格上げと言えば聞こえはよい。だが首相が司会役に成り下がったのは習への権力集中を象徴する。

習は、軍の30万人削減も発表した。「削減を名目に反抗的な軍人のクビを切れる」。軍政に詳しい関係者の説明だ。徐才厚、郭伯雄ら制服組トップを汚職で断罪し、子分のクビを切れば軍はなびく。習はそう読んだ。

習は党組織でも江の影響力の排除を形で見せた。北京郊外の世界遺産、頤和園近くに幹部養成機関、中央党校がある。道路脇には江が揮毫した「中共中央党校」の文字を金色に彫り込んだ巨石が横たわっていた。

巨石は観光客の記念撮影の場だった。8月下旬、それが突然消えた。跡地はブルドーザーでならされた。揮毫はぐっと後退し、目立たない門の内側に移された。一般客の記念撮影は難しくなった。

「江沢民の力の後退だ。指導部人事でも影響力をそぐサインだろう」

党員らは風向きの変化を感じた。江の揮毫の後退と習・江の闘いの関係を否定する公式見解も出たが誰も信じなかった。

7　上海閥攻囲戦――自由貿易区、宝山製鉄も標的

江沢民の「シマ」で大物摘発の衝撃

２０１５年11月、中国経済の中心地、上海の政・官・経済界に衝撃が走った。上海市副市長、艾宝俊が摘発のうえ、解任されたのだ。

上海の基幹産業を支える宝山製鉄の出身で、中国（上海）自由貿易試験区の責任者でもあった。

副市長として経済計画、物価、エネルギー源開発、港湾、社会安定などを管轄。上海経済界と官界をつなぐ重要人物だ。上海で強大な力を誇った元国家主席の江沢民に近かった。

艾宝俊は特に江沢民の息子、江綿恒との縁が深い。地元会合での２人の目撃談も多い。その江綿恒は16年１月、中国科学院上海分院の院長の職から前触れもなく降ろされている。国家主席、習近平が江沢民の力をそぐための手段だった。

苛烈な反腐敗運動を展開する習近平とはいえ、これまで江沢民の「シマ」である上海では大物を摘発できずにいた。それだけに、いきなり連れ去られた艾宝俊は当地で「上海最初の虎」と呼ばれている。中国で「虎」は、捕縛すべき悪人、犯罪人を指す。

共産党、国務院（政府）が対外経済開放の新たな象徴として大宣伝してきたのが自由貿易区だ。自由貿易試験区へ進出した外国企業から状況を問われても、上海当局は何一つ説明できない。トップを引きずり降ろされた上海の政・官・経済界は大きな衝撃を受けた。

「試験区の運用に一切、影響はない」「問題はない」と繰り返すしかないのだ。中国では政治案件の情報管理は厳格で、下手な説明をすれば責任を問われかねない。

「２０１７年に向けた戦いがいよいよ上海を舞台に始まった。その象徴が副市長への調査だ。まだまだ、序盤であり、来年からがヤマ場になる」

こちらは、上海の政界事情に通じる関係者の解説である。

しばらくしてもう一騒動あった。上海を基盤とする中国の巨大投資会社、復星集団の董事長、郭広昌が一時、消息を絶った。当局が捜査への協力を理由に連れ去ったと見られる。

郭広昌は、著名な米投資家、ウォーレン・バフェットになぞらえて「中国のバフェット」と呼ばれる有名人だ。復星集団が出資する上海豫園旅游商城は、星野リゾートトマム（北海道占冠《しむかっぷ》村）の株式100％を取得したばかり。日本でも大きな話題になった。復星国際は、仏リゾート運営企業クラブメッド（地中海クラブ）も買収している。

郭広昌はその後、復帰した。しかし、調査協力については何も語らず、真相は不明だ。上海の関係者の間では、副市長だった艾宝俊の事件や、他の企業の汚職問題との関連が取り沙汰されている。

とはいえ政治的なメッセージはただ一つ。習指導部が意図するのは、上海経済界への圧力だ。「習サイドに味方しないと面倒なことになるぞ」という一種の脅しと言ってよい。

もう一人いる。上海政界のフィクサーとして誰もが知る人物がすでに行動の自由を奪われた、との噂が広く出回っている。江沢民に極めて近く、側近の一人と言ってよい。

確かに習近平は反腐敗運動を手段に権力基盤を固めつつある。かつて権勢をふるった江沢民といえども、正面から対抗できないのが実情だ。江沢民は2016年8月17日の誕生日で満90歳になった。しかし、そんな高齢とはいえ、なお力を残している。

「習近平の主要施策に対し『それは危ういから、こうすべきだ』と物申すぐらいの力はある」「習近平にとって、江沢民はなおけん制し続けなければいけない手ごわい相手だ」

党関係者の見方である。そう考えれば、今の上海での一連の動きを理解しやすい。

胡錦濤の「上海閥つぶし」は、こうして失敗した

今回の動きは２００６年の「上海政局」を思い起こさせる。その年、上海市トップだった陳良宇が汚職などを理由に摘発、解任された。長い調査期間を経て、07年共産党大会の直前、党籍を剝奪。翌年、懲役18年の刑が下った。

当時、政治局委員だった陳良宇は、江沢民が大事に育ててきた若手エース。エンジニア出身で、上海閥の核をなす「機械工業閥」の一員だ。２０００年代前半、江沢民は自らの引退後も見据え、陳良宇の地位を一気に引き上げた。その後ろ盾がある限り、将来の最高指導部入りが確実視されていた。

陳良宇事件は、政治的には国家主席だった胡錦濤による「上海閥つぶし」だった。07年党大会の最高指導部人事に向けた前哨戦だったのだ。この事件では、策を弄した胡錦濤の側が勝利したはずだった。それなのに07年最高指導部人事では実質的に敗れてしまった。

胡錦濤は、巨大な政治勢力である共産主義青年団（共青団）の頂点に立つ。しかし、子飼いのエース、李克強を、将来のトップを約束する序列に押し込めなかった。その結果、李克強は５年後、党総書記にはなれず、首相に就く。

07年党大会で李克強より一つ上の序列６位の政治局常務委員に突如、抜てきされたのが、現国

家主席の習近平だ。ひたすら共青団の力を抑えたい江沢民が長老らと組んで巻き返しに出た。標的は李克強。李克強だけは絶対にトップに就かせない、との思いが習近平を選ばせたと言ってよい。この時、江沢民は、凡庸に見えた習近平から手痛い仕打ちを後に受ける、とは想像すらしなかった。

07年最高指導部人事で胡錦濤にはもう一つ、大きな失点があった。江沢民グループの周永康が武装警察を含む公安、司法部門を仕切る中央政法委員会書記に就くのを許してしまったのだ。しかも、周永康は序列9位の最高指導部メンバーとなった。

これでは胡錦濤は何もできない。当時の最高指導部メンバーは、管轄分野では大統領的な強大な決定権限を持っており、総書記といえども具体的な口出しはしにくい仕組みだった。司法・公安の権限を一手に握る人物には手を出せない。江沢民による院政の継続が確定した人事でもあった。

つまり、現在進行中の上海閥への攻囲戦で、習近平が優位に戦いを進めたとしても、それだけでは最終決着しない。やり方次第で再逆転もあり得る。油断はできない。

第2章

転機——習の驕りが招いた難局

1　胡錦濤の腹の内――「ポスト習近平」、無期懲役の裏側

「反習近平の陰謀は絶対に許さない」

先に詳述したように、中南海の要人の多くは「２０１５年８月の天津での大爆発が『故意』だったのではないか」と疑っている。危うい政治状況が背景だった。疑惑の目が向けられていた天津でまた一つ、大きな政治的な動きがあった。

16年7月4日、天津市第一中級人民法院が、前党中央弁公庁主任の令計画に無期懲役の判決を下した。前国家主席、胡錦濤の側近で、習近平がトップに就く前の10年間、中国の政局回しの中心だった人物である。

直近の共産党政治のキーマンへの断罪という点で、先の周永康への無期懲役より意味がある重い判決である。

しかも、周永康と同じ天津での裁判だった。周永康は15年6月11日に天津で無期懲役になり、令計画もほぼ1年後に無期懲役になった。周永康、令計画とも天津とはなんの縁もない。

「大爆発があった問題の地で、あえて令計画にも無期懲役を突きつけた。これは習近平の強気の表れだ。『反習近平の陰謀は絶対に許さない』という政治的メッセージでもある。同じ天津での

同様の判決は、周永康と令計画の結託という事実もにおわせた。天津は習近平側近の黄興国がトップであり、政治的にはコントロールが効く場所でもあった」

政界ウオッチャーはこう見る。それでもこの2人の「結託」だけでは、前トップ、胡錦濤側近への無期懲役という重罪判決の理由として不十分だ。他にも何かあるはずだ。

無期懲役の判決を受けた令計画
（ロイター／アフロ）

謎に答えを出してくれた人物がいた。１９８０年代から中国政治を観察してきた知識人だ。

「極めて簡単に総括するなら、令計画が消えた理由は『ポスト習近平』の最有力候補だったからだ。皆、誤解している。少なくとも2期目に入った頃から、胡錦濤の胸のうちにあった人物は令計画だった。皆が認めるかどうかは別として。令計画は確かに『切れ者』だった」

話は07年の共産党大会に遡る。そこでは大方の予想を覆し、習近平が「ポスト胡錦濤」の地位を手中にした。共青団を基盤とする李克強（現首相）を抑えて、若手で最上位の党序列6位に躍り出た。胡錦濤は子飼いの李克強をトップに押し上げる構想を長く温めてきた。だが、夢はついえた。このままなら胡錦濤が「院政」を敷く道は断たれる。胡錦濤は一計を案じた。「ポスト習近平」こそは、自らの息のかかった実力ある人物を据えたい。意中の人物は令計画である。

胡春華は07年時点では40代前半。いくら共青団のホープといってもまだ若すぎて戦えない。胡錦濤はそう思っていたという。

墓穴を掘った令計画

胡錦濤がこの計画を実現するには、どうすればよいのか。5年後の2012年党大会では、中央委員に過ぎない令計画を政治局委員か、政治局常務委員に引き上げなければいけない。政治局委員候補も選択肢の一つだった。

だが、令計画はその大事な年に自ら墓穴を掘ってしまう。発端は周永康、そして薄熙来にある。令計画と周永康を直接つなぐ事件は12年に起きた。令計画の息子、令谷は同年3月18日未明、北京の北四環路で起きた派手な事故で即死した。まだ23歳の若者だった。

運転していた黒いイタリア製高級スポーツカー「フェラーリ458スパイダー」は大破。全裸だったとされる女性2人が同乗していた。まだ好況だった中国の首都、北京。ここはフェラーリ、ランボルギーニなどの高級車が世界で最も売れる街だった。

事故直後の4月に開催した北京モーターショーでは、1台500万元（当時のレートで

8000万円）以上するランボルギーニのスーパーカーをデビットカード式の銀聯カードで買う若い金持ちが数多くいた。1億円近い現金が口座にあるのだ。

「何のために買うのですか？　高いと思わないですか？」。学生風の客の一人に質問してみた。答えはこうだ。

「趣味です。性能は抜群。それに見合った値段でしょう。高いとは思わない」。彼はあっけらかんと契約書にサインした。〝民営〟の海運会社の後継者だという。

令計画の息子の派手な事故は、バブルに沸いた中国の光と影を象徴していた。この高級車も令計画に近い地元の富豪が提供したものだという。

息子の事故の連絡を受けた令計画はひどく焦った。そこで要人警護を担う中央警衛局の人員を勝手に動員して事故を隠蔽。死傷した2人の女性の家族への補償金に充てたのは、周永康が仕切る石油閥の巨額の闇資金だったとされる。

石油閥の闇資金の話は、中国系メディアを通じてかなり流布されている。真偽は別にして、当局側が意図的にリークした内容だ。

周永康は党中央政法委員会書記の地位にあった。全国の警察と武装警察組織、検察・裁判所の事実上の指揮を執る権限を持っていた。令計画は当時、中央弁公庁主任。人民解放軍から人員が派遣される中央警衛局を仕切る立場にあった。この二人が組めばすべてが可能になる。そのはずだった。

周永康は同じく無期懲役になった元重慶市トップ、薄熙来の〝盟友〟でもあった。奇しくも令計画は薄熙来の一族との縁も深かった。薄熙来の父で共産党の重鎮、薄一波は山西省の出身だ。令計画も山西省から身を起こした。医者だった令計画の父は、新中国建国前からの薄一波の知り合いだった。

令計画が、山西省という片田舎から北京の共産主義青年団（共青団）中央にいきなり抜てきされたのは、山西省に縁がある薄一波の推薦があったからだ。令計画の父が、兄弟の中でも最も優秀と見た息子の北京行きを薄一波に依頼した。

習近平が使った「切り札」

令計画は、大恩人である薄一波の息子、薄熙来と親しい。「紅二代」を自負する薄熙来は、控えめな胡錦濤を軽視する言動も多かった。その声は胡錦濤に届いた。薄熙来を快く思っていなかったのは確かだ。その中でも薄熙来は、令計画を通じて胡錦濤サイドと連絡をとることはできた。

12年夏の「北戴河会議」。ここで令計画のフェラーリ事故隠蔽問題が政局の大きな材料になった。長老、江沢民らがこの問題を突いたのだ。

その直後、令計画は重職、党中央弁公庁主任から外された。そして閑職とも言える党統一戦線部長に回された。12年11月の習近平指導部発足に先立つ大事件だった。令計画は息子を失っただけではなく、さらなる苦難の道を歩くことになった。

習近平とすれば、自らのコントロールの効きにくい共青団系の令計画が万一、後継者になった場合、なにかとやりにくい。それは長老、江沢民にとっても同じだった。

対抗勢力の「ポスト習近平」候補者、令計画は自ら墓穴を掘ってしまった。長老は、そこをひと突きしただけだった。習近平にとっても好ましい状況が生まれた。一連の政治劇の結果、胡錦濤は12年11月の党大会で「裸退」に追い込まれた。党総書記、軍を仕切る中央軍事委員会主席の両方から退いたのだ。

令計画問題を巡る次のクライマックスは、14年夏の「北戴河会議」である。習近平がトップに就いて1年半が過ぎていた。すでに薄熙来、周永康の処理は固まり、焦点は令計画の扱いに移っていた。

習近平はここで「切り札」を使った。ある事実を突きつけたのだ。令計画が弟、令完成を通じ機密を漏らしていた証拠だった。漏らした先は、なんと米国だ。その中身と影響については第7章で詳述する。

令計画を側近とし重用した胡錦濤は、ぐうの音も出なかった。証拠があるのだ。認めざるを得ない。令計画の摘発が決まった。実際の摘発は14年12月。4カ月余りの準備を経て、令計画への調査開始が発表された。

劣勢の胡錦濤だったが、令計画の処分を呑む代わりに、1つだけ条件をつけた。元総書記、胡耀邦から受け継いだ共青団を守るのが胡錦濤の使命である。

令計画の失脚が確定した今、共青団を仕切れるのは、李源潮だけだった。首相の李克強は政局回しには向かない。しかも、政策を担当する首相の重職を担っており、共青団の世話まではできない。

「李源潮にだけは手を出すな」。胡錦濤は、そんな意味のメッセージを習近平側に提示した。

習は、こちらは渋々、受け入れた。あいまいな形ではあったが。この時点では、令計画の処分を急ぐのが重要だった。何しろ令計画は「プリンス」だったのだから。急がなければ政治情勢が変わりかねない。その他のことにまで手は回らなかった。李源潮を巡る政治劇の後話は、第8章で触れたい。

2 軍再編にメド、大攻勢へ

露払いは「大爆発」の地から

2016年。中国の伝統では2月8日が元日だった旧正月で年が切り替わる。この前に、中国の政局上、注目すべき動きがあった。これは2017年の共産党大会での最高指導部人事にも大きく影響する。

主役は習近平。そして習の側近で天津トップである黄興国だ。15年8月12日の天津大爆発事件の際、多くの犠牲者を出しながら、なかなか記者会見に出てこなかった人物（天津市党委員会代理書記）と言えば、思い出してもらえるだろう。彼は16年９月10日に重大な規律違反で摘発され失脚した。ここはその前段の動きである。

謎だらけの天津の大爆発事件以来、政治的に沈黙を守ってきた黄興国が動いたのは１月８日。地元会議で驚くべき発言をしたのだ。

「習総書記という『核心』を断固、守り抜かなければならない」

「核心」は、習が党内の激烈な権力闘争を勝ち抜くうえで極めて重要な用語だった。簡単に言えば、もはや旧来型の集団指導体制ではなく、集権に成功した習が共産党を完全に仕切る「核心」の人物になったことを意味する。

黄興国は、習がかつてトップを務めた浙江省で長く仕事をした縁から側近の地位を固めた。天津の爆発事件でミソをつけたものの、今回の発言で習に恩返しをしようとした。習を持ち上げる「露払い」の役割だった。

「核心」を巡っては党内で長い歴史と闘いがあった。最高指導者だった鄧小平は１９８９年の天安門事件後、ダークホースの江沢民を総書記に指名した。その上でネームバリューのない江沢民に箔をつけるため、革命第３世代の「核心」と位置づけた。

一方、鄧小平は文化大革命（１９６６～76年）での毛沢東独裁への反省から、自らをも革命第２世代の集団指導体制の「核心」にとどめた。個人崇拝を戒めたのだ。

問題は革命第４世代に属する前国家主席、胡錦濤である。彼は実力と気魄の不足から誰もが認める「核心」になれなかった。江沢民は2002、03年に党総書記、国家主席からは退いたものの、軍トップの中央軍事委員会主席に居座り、胡体制下でも院政を敷いた。04年秋、江はようやく軍トップの地位を手放した。とはいえ実質的な党の「核心」であり続けた。それは習が党トップになった12年11月の時点でも同じ。人事を壟断《ろうだん》し、経済上の利権も江の手にあり続けた。

習は、惨めな胡錦濤の轍を踏みたくないと考えた。闘う決意を固めた新しいリーダーは「反腐敗」という武器を手に、経済的な利権を含めた江の院政に挑む。その目的は、江がいまだに持つ暗黙の「核心」の地位を奪い取ることだった。

1月8日の黄興国発言の効果は絶大だった。この後、四川、安徽、湖北各省、北京市のトップが次々に追随し、「核心」に言及する。太子党（高級幹部の子弟）である習の一派と距離をとってきた共産主義青年団系の幹部まで、習派の参陣争いに加わらざるをえなかった。

最後は党中央を仕切る中央弁公庁主任、栗戦書（政治局委員）がとどめを刺した。『「核心」意識を高めなければいけない」。栗戦書は習の最側近である。江派重鎮の元最高指導部メンバー、周永康を秘密裏に軟禁する際、中央警衛局を指揮し、極めて重要な役割を果たした。

満を持して習が「核心」に言及

地ならしは終わった。年も押し迫った2月1日、習は北京で7大「軍区」を5つの「戦区」に

7つの軍区は5つの戦区に再編された

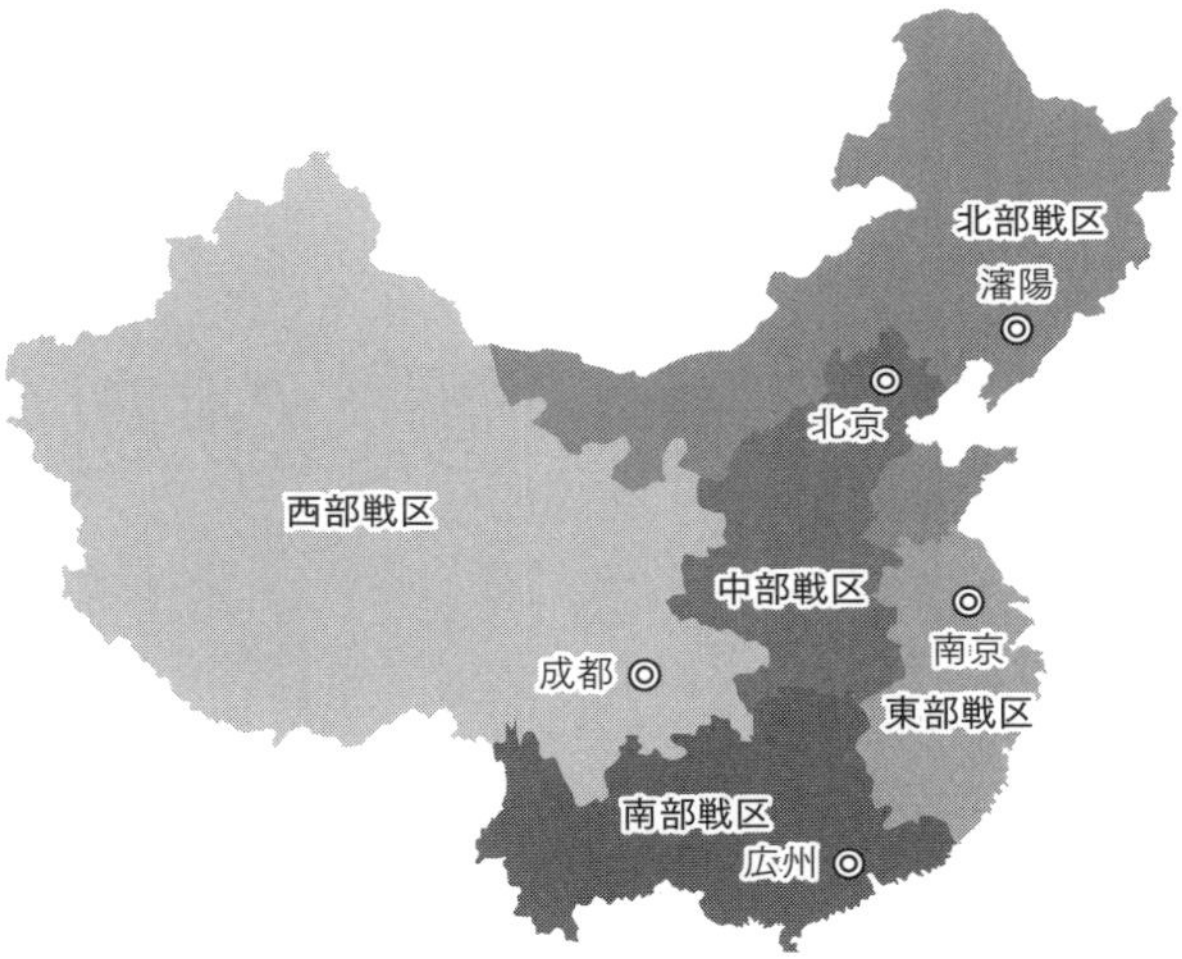

再編する〝大改革〟を宣言。同時にもう一つ、党指導部メンバー、軍幹部に重大な指示を発した。

「各戦区は一糸乱れず共産党の指揮に従い、『核心』意識を強化すべきだ」

人民解放軍の大改編を就任3年余りで固めた習は笑みをたたえ、得意げだった。

胡錦濤、いや江沢民という先輩の地位をも凌駕できる――。こんな事実上の勝利宣言である。「核心」という言葉を自ら発したのが今回のポイント。これは「核心」を規定した鄧小平に並ぶ地位を目指すとの意味にもとれる。

習の勝利宣言には前段があった。まず、習が「核心」とともに口にした「党の指揮に従う」という標語に注目してほしい。

習はすでに15年9月3日の北京での大規模軍事パレード前に、各軍の施設で長くスローガンとして掲げてきた江の揮毫をはずすよう指示していた。代わりに登場したのが習自身の言葉。それが「党の指揮に従う軍隊」だった。

従来ならあり得ない驚天動地の露骨な院政つぶしである。江のスローガンを公然と降ろせば、末端の兵士にさえ江の力の凋落が分かってしまう。しかも習は今回、政治が軍を仕切る原則を改めて打ち出した。江、胡の時代の軍指揮には問題があったと認めたも同然だった。

習はすでに江の色が強い徐才厚、郭伯雄という軍制服組トップ2人を汚職で断罪していた。この2人は中央軍事委員会副主席だった。苛烈な軍の綱紀粛正は、習による軍権の完全掌握と、一連の軍再編への布石となった。

軍の再編には人事が伴う。新たに立ち上げた北部、東部、南部、西部、中部の5戦区。そして総政治部など4総部体制を崩した後に発足した15部門。習は実質的にすべてのトップらを任命した。

既得権を脅かされる軍内には不満があっても今の習には逆らえない。「習をないがしろにした」と見られれば、汚職名目で断罪されかねないのだから。こうして軍でも習の色が強まってゆく。

実は「核心」を巡る地ならしは、周永康が自由を奪われた13年後半から密かに始まっていた。江沢民の影響力が強いある省のトップは、北京での重要会合から戻ると、内部会議で地元幹部ら

中国軍再編後の組織

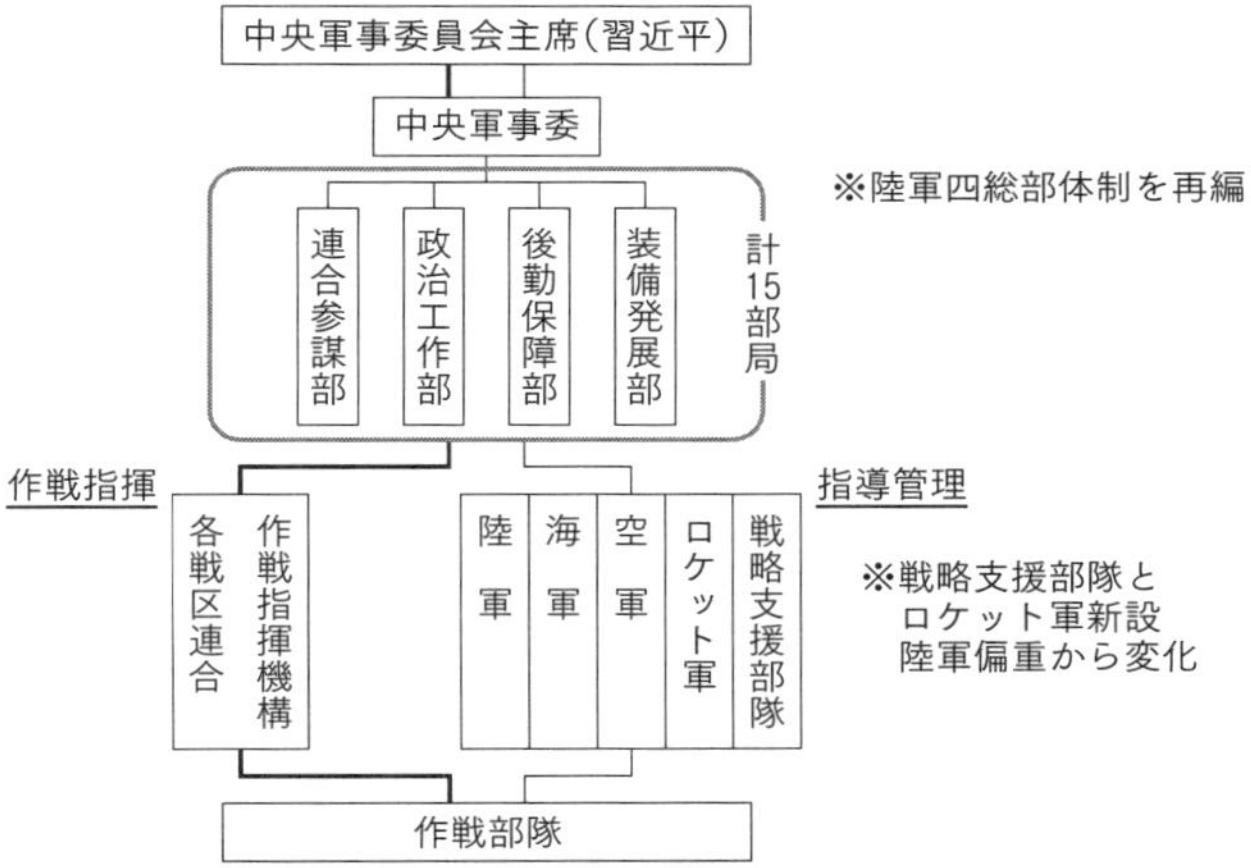

に「習主席はすでに党の『核心』になった」とあえて説明していた。

省内で習が主導する反腐敗の嵐が吹き荒れるなか、身を守る手段でもあった。「習を核心に持ち上げる政治的な動きにいち早く乗れば自らの身は安泰だ」と踏んだのだ。

とはいえ胡錦濤、江沢民の色を引きずる軍幹部が全員、習派に入れ替わるには時間がかかる。

「『核心』と自ら口にした習主席の実力が、本当に判明するのは17年の共産党大会だ。自在な最高指導部人事ができれば、老江（江沢民）を超えた事実が証明される」。ある党幹部の見立てである。それは、後の黄興国の失脚でますます、わからなくなった。

過去を振り返っても党大会の前年には、政局に絡む大事件が発生している。上海市トップだった陳良宇の失脚劇（06～07年）や、重慶市トップだった薄熙来の失脚劇（11～12年）だ。

やはり、その予感は当たった。党政治局員になる可能性があった黄興国の摘発がその端緒である。習近平は急ぎ過ぎたのだ。つまり、長老を含めた党内から「驕り高ぶっている」と見られた。飛ぶ鳥を落とす勢いだった彼が初めて立ち止まらざるをえなくなった。

李克強は無視、張徳江には「作り笑顔」

2016年3月5日、全国人民代表大会（全人代、国会に相当）の開幕式。中国首相の李克強が演説を終えて自らの席に戻っていく。30カ所も読み間違えただけに汗だく。それでも、ひな壇に並ぶ指導部メンバーらは拍手で迎えた。

ただ1人、拍手もせず、不機嫌な表情の人物がいた。3000人を超す聴衆の目は彼に注がれた。国家主席、習近平である。李克強の席は隣だが、会議が終わったあとも挨拶どころか目も合わせない。

3年前の政権発足時、内外のメディアは新進気鋭の習と、経済の司令塔、李克強を「ツートップ」とする「習・李」体制ともてはやした。今、そう呼ぶものはいない。まさに習の1極体制だ。経済を仕切るはずの李克強に十分な実権が伴わない問題は、減速が著しい中国経済の運営に暗い影を投げかけている。

対照的なのが数日後の習の表情だった。全人代トップで共産党内序列3位の張徳江が演説を終えて席に戻る際、拍手しながら笑顔で迎えたのだ。「作り笑顔」に見える。しかも着席後も隣に座る張徳江に顔を寄せ、しきりに話しかけている。明らかに気を遣っている。李克強をまったく相手にしなかったのに、である。

習にとって浙江省での先輩としてよく知る張徳江は重要だ。今後、最高指導部人事に向けた権力闘争を有利に進める上で、少しでも引き寄せなければいけない相手でもある。

元々、張徳江は元国家主席、江沢民に近かった。江沢民は引退後も院政を敷き、長く最高指導部人事に口を出してきた。次期人事ではこの構造を崩したい。それが習が江沢民に近い元最高指導部メンバーの周永康、元軍制服組トップの徐才厚、郭伯雄を摘発した目的でもあった。

少し効果が表れた。全人代閉幕式の際、張徳江は口頭による会議総括で「核心意識」を明言したのだ。「核心」という言葉は政治的には極めて重要だった。習が現在の党を仕切る別格の領袖である事実を示している。

習は、年初から自らに近い地方幹部らに「核心」を提起させ、地ならしを進めてきた。今回、張徳江は「核心」に繰り返し言及した。だが最高指導部内では、なお十分な合意を得られていなかった。序列４位の全国政治協商会議主席、兪正声は政協閉幕式の挨拶で「核心」にあえて言及しなかったのだ。

3　最高指導部内に響く深刻な不協和音

消えた「核心意識」と「一致意識」

「これまで習近平（国家主席）の『一人舞台』だった中国だが、ここにきて最高指導部内で不協和音が聞こえ始めた。来年の重大な人事に向けて顕在化するかもしれない」

２０１６年の全人代を終えた北京で、中国政界の風向きを測っている内部関係者がつぶやいた。端緒は意外なところに現れた。中国共産党の序列第４位、兪正声の発言である。全国政治協商会議の閉幕時、同会議の主席である兪正声はこう挨拶した。

「政治意識、大局意識、責任意識を一層強める……」

兪正声の前に座る委員らの中でも、政治的な嗅覚が鋭い諸氏は、ハッとして顔を上げた。本来なら、政治意識、大局意識、核心意識、一致（中国語で『看斉』）意識、と４つをそろえて言わなければならない場面だった。なぜなら共産党の指導部が全員そろった政治局会議での事実上の合意事項だからだ。

兪正声は４つのうちの、後半の２つを言わなかった。「核心意識」と「一致意識」を省き、代わりに「責任意識」と言い放った。

「核心意識」と「一致意識」は、習の権力固めの上で極めて重要な言葉だ。「核心」は習を指している。共産党の単なる指導者であるばかりではなく、すべてを仕切る一段上の地位を意味する。習は、年初から子飼いの地方指導者らに次々とこの言葉を言わせて、政治的に定着させていった。

3月の全人代までに、かなりの数の地方指導者らが先を争うように「核心」を口にした。そこに「一致意識」も加わる。これは「右にならえ」との意味である。ここでは「核心」となった習にならえ、というニュアンスになる。戦略はほぼ成功したはずだった。

「兪正声は4つのうち2つをあえて言わないことで、簡単には習の核心という地位を認めず、習になびくこともない、と宣言したのだ。一種の抵抗だろう」。別の研究者の分析である。

問題となるのは、兪正声が言及した「責任意識」である。この責任は、政協委員のみならず指導者、とりわけ習や、首相の李克強にも向けられていた。メッセージは、リーダーとしての職責をきちんと果たそう、というものだ。

習は不機嫌だった。確かに兪正声の報告があった全国政協会議の閉幕式の際、習は仏頂面。眠さからか、不機嫌さからかは不明だが、常に頭が揺れており、写真を撮ろうにも焦点を定めにくかった。

兪正声は政治的にどんな立場にいるのか。そもそも元国家主席、江沢民に近い。長年、中国政界で力を持ってきた機械工業閥、上海閥の一員でもある。

江沢民も、上海のトップだった当時の兪正声の仕事ぶりについて、外国人客の前で「兪正声はよくやっている」とあえて褒めている。現最高指導部で言えば、江沢民の人脈には、思想・宣伝担当の劉雲山、石油閥系の張高麗らがいる。

習は、長く「院政」を敷いてきた江沢民の力をそごうと「反腐敗」運動を発動した。江沢民グループの重鎮だった周永康や、軍の制服組トップだった徐才厚（故人）、郭伯雄らを摘発し、牢の中に追いやった。今、習と江沢民は微妙な関係にある。

一方、兪正声は、最高指導者だった鄧小平の一族と極めて親しい。鄧小平の息子、鄧樸方（身体障害者福利基金会会長）の秘書役だった経歴からだ。1980年代には、この立場で鄧樸方と共に来日し、旧首相官邸で当時の首相、中曽根康弘と会っている。

兪正声には、江沢民の系列と鄧小平一族に連なる「太子党」（高級幹部の子弟ら）という二重の人脈がある。なかなか強い。

しかも兪正声の父は、毛沢東の妻、江青の元夫だ。江青は、悲惨な文化大革命を主導した「4人組」の1人である。兪正声自身も「太子党」の一員だ。一方、80年代には、安全部門にいた実兄が米国に〝亡命〟し、米中央情報局（CIA）に情報を提供するという一族にとって不名誉な事件もあった。

「（当時9人だった最高指導部の）最後の1人になんとか滑り込みたい」。2012年の人事を前に、兪正声は周囲に意欲を語っていた。

ところがフタを開けてみると、2人減って7人になった最高指導部の序列4位。すでに67歳という高齢にもかかわらず、予想外の大抜てきだった。江沢民系と鄧小平系の2つのバックのなせる業だった。

兪正声は、親しい人物らに現政権での自らの役割について「自分はバランサーになる」と説明している。習、江沢民系、鄧小平系など各グループの間に争いが起きそうな場合、仲裁役になるという意味だ。

今、まさにそういう時期に突入している。皆、17年秋以降の共産党大会での最高指導部人事を見据えている。前哨戦は始まっているのだ。習は権力集中に成功しつつある。それでも人事を自由自在に行うにはなおハードルがある。長老らの力は侮れない。

最高齢指導者が「多様性」に言及する意味

兪正声は初めから習にケンカを売っているわけではない。なぜなら、３月３日の全国政協会議の開幕式での報告では、幅広い層、党派から選ばれる政治協商会議委員の中の共産党員だけに適用するという限定付きで「核心意識」と「一致意識」に触れた。留保付きで習への礼儀は尽くした。ところが、しかし、閉幕式では、これを「責任意識」にすり替える意地を見せた。

開幕式の兪正声報告では、もう一つ注目すべき言い回しがあった。「具体的な問題の見方や認識には違いが生じる。多様性を尊重するなかで一致を求める」。多様性にも繰り返し言及しているのだ。異例である。この言葉も臆測を広げた。

今、習をトップとする中国では多様性を許さない雰囲気が強まっている。不動産王のネット言論人、任志強の言論封鎖、一方で習への「個人崇拝」などだ。

1945年生まれの兪正声は現最高指導部内では最も高齢である。この時、71歳。党大会の際、68歳以上の人材は引退するとの内規に従うことになる。それだけに怖いものはない。不協和音が強まるなか、今後、どう立ち回るのか。

4　勇気ある習近平批判の風刺

「中国メディアの魂の死」

中国の新聞はその魂を失い、遂に死んでしまった――。

中国広東省の新聞、南方都市報が、第1面で国家主席、習近平のメディアへの締め付けを勇気を持って批判した、として話題になっている。

2016年2月20日付の実際の記事の見出しは、中国の多くの新聞と共通だ。

「(共産)党と(中国)政府が作ったメディアは(大衆に向けた)宣伝のための基地である。その姓は『(共産)党』とすべきである」

一家の長である共産党の命令に従うのは当然だ、と言い切っている。そもそも新中国のマスコミは発足以来、「共産党の喉と舌」とされる宣伝の道具である。これを確認した形だ。

ただし、南方都市報の1面の見出しには工夫が凝らされていた。その下に、死去した深圳の経済改革の父として有名な幹部の遺骨を海に散骨した写真を配置。「魂が海に帰る」との見出しを添えた。

上と下の文字を合わせて読むと「中国メディアの魂の死」という意味がにじむ。これは、中国のインターネット上などで即日、大きな話題になった。噂はどんどん広がり、その日の同紙の販売も好調だったという。

劉暁波に祝意を示した「実績」

南方都市報は、広東省共産党委員会の傘下にある巨大なメディアグループ、南方報業伝媒集団が発行している。実は、同紙には5年ほど前に「実績」がある。

２０１０年、中国の民主活動家、劉暁波がノーベル平和賞を受賞した。だが、中国当局はこれに大反発。既に懲役刑が確定していた劉暁波の出国を認めなかった。ノルウェーでの授賞式では、彼の椅子が空席のまま。これが世界に中継された。中国の異質さが際立つ印象的な場面だった。

南方都市報は、なんと彼の席が空席だった問題を風刺した写真を1面で掲載したのだ。写っているのは、空席の椅子と鶴。鶴の中国語の発音は「ＨＥ」であり、祝賀の「賀」の文字と同じ。つまり、劉暁波への祝賀を意味していた。広州で開くアジアの障害者競技会のリハーサルを報じる写真だったが、そこに深い意味を込めた。

今回の習を風刺する見出しも、当局の検閲をすり抜ける巧妙な手法を採った。共産党の監視部門が気が付いた時は既に遅かった。紙面はもう配達されており、後に回収するのは難しい。しかも回収を強行すれば、余計に目立ってしまう。これでは逆に南方都市報の宣伝になる。

同じ南方報業伝媒集団の週刊紙、南方週末は、習がトップに就いた直後の13年の正月紙面で憲法に基づいた政治＝憲政の重要性を論じようとした。しかし、習の厳しい姿勢を知る上層部が、その危うさに気がつき、書き換えを厳命。圧力を受けた編集幹部が、筆者を差し置いて勝手に記事を書き換えた。これに現場の編集者や記者が大反発。外部の活動家もデモを行うなど大事件に発展したのは記憶に新しい。

今回、南方都市報の特異な形の報道を惹起《じゃっき》したのは、2月19日の習の主要メディア視察である。共産党機関紙の人民日報、国営の新華社通信。そして同じく国営の中国中央テレビだ。3社を一気に回るのは極めて異例だ。習は15年末、中央軍事委員会の機関紙、解放軍報も視察している。

中央テレビは、習がアナウンサーや職員を前に挨拶する場に大型の液晶画面を置き、こんな文字を大映しにした。

「中央テレビの姓は（共産）党です。絶対の忠誠を誓います。（習総書記、）どうぞ検閲（視察、閲兵の意味）してください」

これらの文言は、インターネット上で直ちに大きな議論を引き起こした。「メディアは人民の味方で、真実を伝えるのが仕事ではないのか」。様々な批判の書き込みが殺到した。しかし、これらは最終的に当局によって削除されてしまった。

「習総書記と話せます」——〝支持率〟維持へ躍起になる

「新浪」など中国のインターネットメディアも抵抗を試みている。元首相、朱鎔基が1998年に中央テレビを視察した際の発言を引用して、習への反論をにじませた。

朱鎔基は当時、話題だった社会問題などを扱う中央テレビの調査報道番組のファンだった。その言葉が面白い。「世論の監督が重要である」。そして集まった記者、編集者を励ました。「群衆（人民の意味）の喉と舌となれ」と。型どおりの共産党の喉の舌、ではないのがミソだ。

習政権とはまるで反対だった。今回、中央テレビは、党、すなわち総書記である習への絶対忠誠を誓ったのだから。中央テレビなど大手メディアも、反腐敗運動で幹部が軒並み摘発されている。習に逆らうことができないのは当然だった。

では、習はなぜ今、主要メディアを視察したのか。そこには焦りもにじむ。中国にはトップの支持率の調査はない。だが、もし、それを現在、調査した場合、どういう結果になるのか。「1、2年前のような高い支持率にはならないのは明らかだ」。中国のメディア関係者の分析である。

反腐敗運動でバッサバッサと悪徳幹部を切り捨てる正義の味方、習近平——。その好イメージから大衆人気は当初、確かに高かった。しかし、3年もやれば飽きが出てくる。

しかも、厳しい「ぜいたく禁止令」による取り締まり、経済関係の役人のサボタージュも影響して、景気減速が著しい。一般人の生活、懐にも響きかねない情勢なのだ。これでは習に拍手ばかりを送ってはいられない。

だからこそ習は党宣伝部を通じて官製メディアを総動員し、自らへの支持を演出する作戦に打って出た。当然、宣伝担当の政治局常務委員、劉雲山も習の主要メディア視察に付き添った。

習はここで一つ、パフォーマンスをしている。人民日報社で自らの肉声の録音に応じたのだ。人民日報の顧客が、スマートフォンで習の写真付き画面の通話ボタンを押すと、向こうから習が「皆さん、こんにちは……」と話しかける。中身は、旧正月明けの元宵節を楽しんでほしい、というたわいもない挨拶だった。

中国トップがここまでやるのだ。そもそも党内基盤が強くなかった習にとって大衆の支持は重要である。しかも、17年は、5年に1度の共産党大会がある。最高指導部の大幅入れ替えを巡る闘いが行われる。その準備は16年から始まる。政治的には極めて重要な1年だ。

メディアの統制と利用、大衆を動員した政治運動。これは文化大革命を発動した毛沢東が用いた手法でもある。習は小さな毛沢東を目指しているようにも見える。

5　毛沢東ばりの個人崇拝——習近平バッジの波紋

チベット代表団の胸に、2つの習近平の顔

習近平への〝個人崇拝〟という問題を巡り水面下で激しい闘いが繰り広げられた。全国人民代表大会に出席したチベット代表団が胸につけた習近平の写真入りバッジがきっかけだ。2016年3月5日、北京の人民大会堂での開幕式に現れたチベット代表らは、そろって目立つバッジをつけていた。

よく見ると2つある。1つは習近平の単独の写真。もう1つには、毛沢東、鄧小平、江沢民、胡錦濤、習近平という5人の歴代トップの顔が見える。代表団の胸には2つも習近平の顔がある。

文化大革命を連想させるに十分だった。行き過ぎた毛沢東への個人崇拝もあって多大な犠牲者を出したあの惨禍である。当時、人民は皆、胸に毛沢東バッジをつけ、紅い表紙の毛沢東語録を手にしていた。

共産国家の指導者バッジと言えば、北朝鮮をも思い起こす。かつての指導者、金日成のバッジだ。今、公務員らが指導者のバッジをつけているのは独裁国家、北朝鮮など、ごくわずかだろう。

一部とはいえ、現代中国で復活したのは驚きに値する。こうした動きは習自身が指示したものなのか。それは不明だ。しかし、文化大革命を否定した鄧小平と、その指名によってトップに就

いた江沢民、胡錦濤の時代にはあり得なかった現象だ。

「これは個人崇拝ではないのか……」。当然、中国国内では、表に出にくいところで論争が巻き起こった。限られた知識人らばかりではなく、一般人の間でも、である。

共産党の党規約は「いかなる形式の個人崇拝をも禁止する」と明記している。文化大革命の反省から、1982年改正で当時の最高指導者、鄧小平の主導で盛り込まれた。議論は自然な流れだ。

中国政治の中心地「中南海」でもこのチベット代表団のバッジが話題になり、議論されたはずだ。証拠もある。3月13日、北京では「反腐敗」の成果について司法部門が報告した全人代全体会議が人民大会堂で開かれた。この時、チベット代表団の面々の胸から、習の単独バッジが基本的に消えたのだ。

なお習の単独バッジをつけている人物はわずかにいる。だが、カメラマンらが写真撮影しようとするとさっと隠してしまう。見せてはならない、というように。

大部分のチベット代表は、バッジを2つとも外したか、毛沢東から習までの歴代5トップが並ぶバッジだけを身につけている。この2つのバッジは2015年秋、チベット自治区成立50周年の際に作られたもので、その後も時に応じて使われている、というのが公式の説明である。

習の権威が高まる今の中国の雰囲気のなか、かなり目立つ習単独のバッジのほうを外す決断は重い。下で勝手に判断できるはずもない。上層部の指示があったのは間違いない。

退場途中の、あるチベット代表は、記者団から「初日につけていた習主席のバッジをなぜ外したのですか」と質問を受けた。答えはこうだった。「我々はチベット代表団である」。厳しい顔である。つまり、それには答えられない、という意味だった。

チベットの民族、宗教問題は複雑だ。国外にいるチベット仏教の最高指導者、ダライ・ラマ14世はすでに80歳と高齢。後継者の選び方を巡ってダライ・ラマ14世が口にした輪廻転生制度の廃止は波紋を広げている。チベット代表らの口が重いのは当然だった。

腫れ物となり、批判しにくくなった文化大革命

中国政治の構造からバッジ問題を読み解いてみよう。習のサイドに立てば、自分を含む歴代5トップのバッジをチベットの全人代代表につけさせるだけでも十分に意味があった。なぜなら毛沢東や鄧小平らに並ぶ偉大な指導者になった、と公に示せるのだから。

しかも歴代5トップが並ぶバッジの真ん中に習がいる。習の写真は、江沢民や胡錦濤よりころもち大きく、目立つ。2つをセットで見れば、習が毛沢東や鄧小平に並んだか、それを超えた印象になる。これは慣例を一気に破った特別な待遇に見える。

例を挙げよう。中国共産党の歴史を宣伝する天安門広場脇の国家博物館、抗日戦争史をテーマとする北京・盧溝橋の抗日戦争記念館など中国各地の博物館の展示を見ればすぐにわかる。毛沢東から胡錦濤まで歴代指導者の写真を飾る際、細心の注意が払われている。すべて同じ大きさな

のだ。

2016年は、文化大革命の開始から50年。終了からも40年という節目の年である。鄧小平は文化大革命を明確に否定したが、習の態度には曖昧さが残る。「(文化大革命の否定と共に1978年から始まった)『改革・開放』後30年の歴史で、その前の30年の歴史を否定できない」

習がトップ就任の直後に口にした言葉は、「文化大革命を肯定するかのように聞こえる」として物議を醸した。いわゆる「左派」が習への強い支持を表明してきた大きな要因になったのが、この発言だ。これらは〝悪徳役人〟を次々捕まえる「反腐敗運動」での大衆からの支持と相まって習人気を支えた。

だが今、副作用も目立ってきた。トップが文化大革命を明確に否定しないため、共産党内でそれに触れたり、評価するのを回避する傾向が強まっている。皆、「それに過度に触れるのは危うい」と感じ始めたのだ。理由は簡単である。

「文化大革命と、激烈な習主席の『反腐敗運動』の本質は同じだ。どちらにも邪魔立てする勢力やライバルをたたき落とし、権力固めにつなげる目的がある」。北京の政治通が解説する。それだけに文化大革命の扱いは微妙だ。

習の父、習仲勲は、毛沢東への個人崇拝も絡んで長く失脚に追い込まれた経緯がある。その息子、近平が、文化大革命と個人崇拝という問題にどんな態度をとるのかが問われている。

6　中国版ＡＫＢが、文革礼賛で詐欺騒動

美少女アイドルらが毛沢東、習近平を礼賛

中国版ＡＫＢ48とも言われる紅い美少女アイドルグループが、共産党の規律を犯し、悲惨な文化大革命を礼賛したとして大騒動に――。

２０１６年５月16日は、半世紀前、毛沢東が権力奪回のため発動した文化大革命の端緒となった日だ。党中央による「５１６通知」の結果、毛沢東の妻、江青らによる「中央文革小組」が置かれた。

事件はその直前の５月２日に北京の人民大会堂で起きた。「フラワーズ56」と名乗る美少女アイドルグループが、文革の代表的な礼賛歌を熱唱。背景に軍服姿の毛沢東の絵が掲げられた。まるで無期懲役となって服役している元重慶市トップ、薄熙来が重慶で派手に展開した毛沢東を礼賛する紅い歌を唱う会のようだった。

さらなる問題は、アイドルらが唱う演目表に、習近平を礼賛する新しい歌が少なくとも２つあった事実だ。毛沢東と同様に習を持ち上げている。その歌は「肉まん屋」と「あなたを何と呼べばよいのか」。「肉まん屋」は習近平が13年に北京の安価な肉まん店を突然訪れ、一庶民とともに食べたエピソードを歌にしている。

習の庶民性をたたえる個人崇拝色の強い歌は、事実上の共産党公認。当時、中国の知識人らは、文革を想起するとして眉をひそめ、一部で強い批判も出た。5月2日の人民大会堂での演目では「世界の人民が団結して侵略者の米国と、その走狗を打ち破ろう」という時代錯誤の文革期のスローガンも掲げられた。北朝鮮並みである。

過去に中国紙が「フラワーズ56」を紹介した記事によると、共産党の紅い歌などを唱うために結成されたアイドルグループで、民族主義の色が濃い。ただし、ミニスカート姿である。

日本のAKB48の姉妹グループとして上海を中心に活動するSNH48に対抗心を燃やす。以前、「フラワーズ56」のメンバーが秘密裏にライバル、SNH48のオーディションを受けたため、クビになった事件まであったという。

このグループは中国政府の文化省と関係が深く、彼らの稽古場には役所の看板がかかっていた。メディアを指揮する党中央宣伝部、党の人材育成機関である共産主義青年団（共青団）中央の指示もあるとしている。

中国に住む56民族を代表する15、16歳の少女らで構成する。とはいえ「五十六」と書けば、くしくも文革開始の日の「五・十六」に合致する。5月2日は、まさに文革を奉ずる美少女アイドルに成りきっていた。

中国国営通信、新華社のインターネット版によると、5月2日の公演は、「党中央宣伝部社会主義核心価値観宣伝教育弁公室」「共青団中央中華未来の星全国組織委員会」「中国歌劇舞劇院」

などが共催していた。

文革称揚への猛反発――褒め殺しの裏に権力闘争

党・軍関係者、一般客で満席だった5月2日の公演が終わるとすぐに情勢は急変した。元労働相、全国政治協商会議元副主席の娘、馬暁力が、党中央弁公庁主任で習の側近である栗戦書に宛てて、告発の公開書簡を送ったのだ。文革を称揚する内容は党の過去の決議に明確に違反しているうえ、現在の党中央の大方針と不一致だ、と喝破している。

なぜ、馬暁力が栗戦書宛てに書簡を送ったのか。そこには意味がある。中央弁公庁が、このような人民大会堂での大イベントを仕切る立場にあるからだ。承認したのは中央弁公庁。つまり、その責任者で習の側近である栗戦書ということになる。

舌鋒鋭い馬暁力は党高級幹部の子女を指す「紅二代」＝「太子党」である。同じ「紅二代」の習とは小学校の同窓で、幼なじみという。共通点は、父親が文革など政治運動でひどい迫害を受け、自らの少年少女時代にもその影響があったという経歴だ。ここがミソである。習の側に立って左への傾斜を戒めている構図だ。効果は絶大だった。

5月6日、開催に関係した2団体が「我々はだまされていただけだ」という趣旨の声明を発表した。主催者である中国歌劇舞劇院、そして公演開催の申請を認めた北京市西城区文化委員会だ。党中央宣伝部の社会主義核心価値観宣伝教育弁公室が主催者に入っているのは嘘だ、というのである。

間もなく5月2日公演時の写真を含む様々な報道、「フラワーズ56」と先に紹介した2つの声明が載った関連サイトは閲覧を制限されたり、削除されたりした。奇怪である。内部で大論争、闘いが勃発した証拠とも言える。

2つの声明は「党中央宣伝部はこの公演に無関係。我々もだまされただけ」と説明している。ではだましたのは誰か。よく分からない。余りに奇怪な展開のため、中国政界では様々な臆測が一気に広がった。

「5月2日の派手な公演内容について党決議違反との声が党内で強まり、大問題になったため、慌ててフタをした」「褒め殺しで習近平を追い落とそうとしているにおいさえ感じる」

後者の「褒め殺し」については、馬暁力自身が中国系メディア、鳳凰資訊のインタビューに答えている。余りに率直な内容のため、すでにインターネット上では削除されているが、紹介したい。

「彼らは個人崇拝、個人への迷信という大きな落とし穴を掘った。褒め殺しだ。その対象は習総書記である。個人崇拝は全党の怒り、反感を買う。文革では教訓があった。こんな行為をする人間には必ず野心がある。警戒が必要だ」

極めて明快である。そして、警戒すべき相手も指し示した。

「フラワーズ56の子どもら、歌劇舞劇院には何の責任もない。非常に悪劣なのは、組織者、操縦している者らだ。薄熙来はもう人民大会堂に入れないが、彼らは入れる。そして誰が認めたのか。はっきりさせるべきだ」

薄熙来を支持した左派、特に「毛左」といわれる極左への警戒感をあらわにしている。さらに、文革礼賛を認めてしまった党中央宣伝部などにも矛先が向いている。

絶大な権限を持つ党中央宣伝部は、常に権力闘争の中に身を置いている。宣伝・イデオロギー担当の最高指導部メンバー、劉雲山は新華社の出身で、もともと江沢民に近かった。習が「反腐敗」運動で江に近い人物らを次々と捕らえたため２人の関係は極めて微妙だ。

党中央宣伝部長の劉奇葆は、共青団中央書記処書記から上がってきた共青団派だ。共青団は、紅二代＝太子党と人事を巡って権力闘争を繰り広げてきた経緯がある。現在、共青団を束ねる立場にあるのは首相の李克強。経済政策のかじ取りの実権まで事実上、奪った習との仲は冷えきっている。

一方、集権を進めてきた習は今、経済減速、苛烈な反腐敗への反発など様々な壁にぶつかり、これまでのような勢いを失いつつある。ついに党規律検査部門が調査を開始したこの奇怪な「５・２事件」。結局、最後まで結論は出せなかったようだ。

7　民主化の幻想——左右のバランスを取りつつ言論統制

胡耀邦も、その政敵も持ち上げる真意

　この文革、個人崇拝の問題を考える上で重要な行事が２０１５年11月にあった。同月20日、元共産党総書記、胡耀邦（故人）の生誕１００年を記念する行事が北京の人民大会堂で開かれた。国家主席の習近平のほか６人の最高指導部幹部が全員出席した。

　１９８７年１月16日、当時の最高指導者、鄧小平は、学生運動への対処を誤ったとして胡耀邦を解任。彼は失意の中で89年４月15日、〝憤死〟した。胡耀邦の死は、学生の民主化運動が鎮圧された同年６月４日の「天安門事件」の引き金を引く。

　胡耀邦は、その開放的な姿勢から、いまだに多くの人から慕われている。経済面の開放を大胆に進める当時の「改革派」の代表で、右派とされた。

　しかし、党が「反革命暴乱」と位置づけて封印した天安門事件の評価に絡むため、政治的には扱いが難しい人物だ。今回、習近平は学生運動が起きる前の86年10月までの演説などを収録した『胡耀邦文選』の発行も許可した。

　では、習近平は「民主化」「自由化」を容認する姿勢に転じたのか。それは違う。胡耀邦の記念大会の実行は、あくまで習の権力固めの手段に過ぎない。その証拠となる別の行事が、胡耀邦

記念大会の5日後、同じ北京で開かれた。15年2月、99歳で死去した元党宣伝部長、鄧力群の業績をたたえる座談会だ。

鄧力群は胡耀邦の政敵である。改革・開放に慎重な保守派の理論家、イデオローグとして有名で、「新左派」と呼ばれる毛沢東を崇拝するグループへの影響力をいまだに持っていた。

鄧力群は中央書記処書記を務めたが、最高指導部の一員でもない。党内での地位は、トップだった胡耀邦とは比べものにならない。だが、習はこちらの座談会にも現役の政治局常務委員、劉雲山（党内序列5位）を送った。葬儀にも、政治局常務委員7人が皆、参列した。異例である。

「胡耀邦の記念大会を理解するカギは（高級幹部の子弟らを指す）『紅二代』『太子党』と習近平の関係だ」「『紅二代』には右も左もいる。習は両方に配慮している」

「紅二代」に連なる人脈に属する老人が語っていた解説を思い出した。11月20日の胡耀邦の大々的な記念行事は、党内でかなり早くから準備されていたのだ。

胡耀邦は、習の父である仲勲の盟友だった。胡耀邦を最後まで擁護した仲勲は当時の最高指導者、鄧小平からにらまれ、事実上、失脚。精神面にも問題が生じるなど、2002年に亡くなるまで不遇の時代を過ごした。失脚した胡耀邦の息子である胡徳平は、似た境遇で育った習と親しい。

習の立場からすると、いわゆる右派、改革派を中心に幅広い人脈を持つ胡徳平らをひき付けておくことは政治的に大きな意味あった。

反逆者、林彪の娘ら「紅二代会合」は容認

一方で重要なのが、扱いが面倒である左派だ。最近では、毛沢東に反逆した〝極悪人〟とされた林彪の娘、林豆豆も、「紅二代」の会合に出席し、発言している。写真も公に出回った。14年11月、中国紅軍幹部の子弟らの座談会だった。

習は、党内規律を厳格に適用する「八項目規定」に絡み「私的な政治的会合」を取り締まる意向を示している。だが「紅二代」だけは例外だ。保守派の重鎮だった胡喬木の娘らは、16年の旧正月に大々的な会合を開いている。習はこれをとがめてはいない。

「改革・開放後の30年の歴史で、改革・開放前の30年（毛沢東時代）を否定することはできない」

習はトップに就任して間もない頃、重要講話でこう語っている。これは左派への配慮だった。

これを耳にした左派の面々は喜び、習への支持を表明した。「習は素晴らしい。胡錦濤政権の不遇の時代は終わった」と。

だが、習指導部は、13年11月の中央委員会第3回全体会議（3中全会）で、国有企業改革を含む大胆な改革を打ち出した。もし、実行されれば左派への打撃になる。慌てた左派は、その〝主犯〟を首相の李克強と見て、彼への攻撃を強めた。

この頃、最高指導部経験者、周永康の問題が焦点になりつつあった。左派にとっては、国営石油企業を育て、公安相、中央政法委員会書記として民主勢力をたたいた周永康は英雄だった。「本当に周永康を捕まえるのなら、同じカネの問題がある（前首相の）温家宝も捕まえなければ

おかしい」。左派を代表する北京の大学の老学者は、こう声を荒らげていた。

周永康は13年12月1日に汚職を理由に自由を奪われ、最終的には無期懲役になる。習の権力固めには必要だった。しかし、国営企業改革は保守派の抵抗もあり、いまだ中途半端な状態にある。こちらは、改革断行が習の権力掌握にマイナスに作用する可能性もあり、足踏みしている。

改革派雑誌はついに「廃刊」

習は、左右に配慮するとは言っても、言論統制は緩めない。まず右。リベラル色の強い改革派の雑誌「炎黄春秋」は厳しい状況下に置かれた。

同誌は１９９１年、元国家新聞出版署長の杜導正らを中心に創刊され、体制内での政治改革の必要性を訴えてきた。中国では異色の自由で偏らない論調が特徴だった。しかし、編集長で、この雑誌の顔だった楊継縄は15年7月、辞任に追い込まれた。胡耀邦の息子でリベラル派に影響力を持つ胡徳平が社長に就く計画も実現しなかった。

この「炎黄春秋」。実は習の父、仲勲と関係が深い。創刊10周年の２００１年、仲勲は「弁得不錯（よくやっている）」との揮毫まで寄せている。仲勲が亡くなる直前だった。それでも習は、自由な言論を探る「炎黄春秋」に対して党中央宣伝部を通じて圧力をかけ続けている。

つまり、習は言論の自由化に反対の立場であるのは間違いない。同様に、毛沢東が発動し、悲劇を生んだ「大躍進」（１９５８～61年）、「文化大革命」の真摯な研究も封じている。失敗がすべて明らかになれば、共産党の一党独裁体制を崩す恐れがある、と見ているからだ。

ちなみに新華社の記者だった楊継縄は著書『墓標』で「大躍進」の失敗による餓死者を3000万人と推計している。香港で出版され、大陸では発禁になった。

「中国には憲法があるのに、憲法に基づく政治を意味する『憲政』に関して自由に議論できない」楊継縄は、こうした言論状況を憂いていた。習がトップに就いた後の13年のことだった。中国では、憲法の上位概念として共産党の指導がある。中国は西側民主主義諸国が「憲政」をたてに共産党による統治を崩そうと画策している、と警戒している。

16年7月、事態は来るところまで来た。「炎黄春秋」が自ら事実上の廃刊宣言をしたのだ。原因は、監督機関になった中国芸術研究院が、いきなり杜導正の退任と、同院幹部の新社長就任を発表したことだった。

同誌側は人事、出稿、財務の自主権を認めた協定が一方的に破棄されたとして猛反発した。16年7月18日、同誌はついに休刊を宣言した。「基本的な編集・出版の条件が失われた」という理由だった。

もし、中国芸術研究院などが主導して今後も「炎黄春秋」という名の雑誌が発行されたとしても、現在の「炎黄春秋」とは何の関係もない、とまで言い切っている。

「炎黄春秋」が創刊されたのは、江沢民の時代である。「天安門事件」後の厳しい時代だった。同誌は、江沢民時代も党中央宣伝部から様々な圧力を受けた。しかし、潰されることはなかった。

胡錦濤時代も発行は続いてきた。そして創刊から四半世紀。習近平時代に入り情勢は大きく変わった。

歴史ある「炎黄春秋」がこのまま事実上、廃刊になるなら、中国言論界の最後の希望が消えてしまう。習指導部の下では、過去の江沢民、胡錦濤時代と違い、穏健な体制内政治改革の議論すらできないことになる。同誌に期待を寄せてきた改革派知識人らの落胆は大きい。

8　習近平 VS 李克強

李演説に潜む習との確執

中国最高指導部の面々にとって1年に1度だけの晴れ舞台である3月の全人代。２０１６年には、繰り返される全体会議で隣り合わせに座るトップの習近平と、首相の李克強はただの一度も握手することもなく、まともな会話もなかった。視線さえ合わせない。

全人代代表とテレビの前の視聴者の視線を一身に集める場だけに異様だ。普通、仲が悪くても、大人なら皆の前では体裁を繕うため笑顔で握手ぐらいはする。1年前の全人代では、李の首相演説の前と、退場する際に2人の会話が成り立っていた。

「そのくらい2人の仲は冷え込んでいる。李首相の演説（政府活動報告）の文言からも対立が透けて見える。そのうち、もっと明確に分かる時が来るだろう」

全人代終盤だった3月半ば、北京の政治関係者は心配顔だった。

その首相演説の文言とは以下を指す。「怠慢、消極的な仕事ぶりを断固、ただす。地位にありながら、何もしないのは許さない」。つまり、サボタージュ行為を許さないと言っているのだ。行政の長たる首相の言葉だけに穏やかではない。

しかも、この文言は、習が推し進める「反腐敗」の徹底と、集権に向けて提起した「核心意識」の項目のすぐ後に、唐突に登場する。文章にやや混乱があり、何を指しているのか分かりにくい。だが、中国の官僚らは、サボタージュ行為と言われればすぐにピンとくる。皆、身に覚えがあるからだ。

「反腐敗運動」は経済減速の大きな要因

李克強は全人代閉幕後の記者会見で「中国経済のハードランディング（急速な悪化）はあり得ない」と言い切った。著名な投資家、ジョージ・ソロスが1月、中国経済に関して「ハードランディングは避けられない」と断言したのを意識していた。

中国経済の減速の一因は政治状況にもある。地方中心に経済の実務を担う官僚の動きが鈍い。習近平の「反腐敗」という政治運動は地方でも苛烈を極める。官僚らは実務上、不可欠な民間業者との打ち合わせさえ尻込みする。

例えば工事発注側の役所の責任者Aと、その部下B（いずれも共産党員）が民間業者Cと会うとする。Ｂは監視役として同行する。ＡとＣの間に不透明な会話があれば、Ｂは直ちに共産党の規律検査部門に〝密告〟する義務を負う。Ａは調査を受けて処分され、Ｂが恩賞として昇格する例もある。上司Ａとすれば、会合を一切、中止するのが賢い選択だ。当然、仕事は滞る。

「仕事をさぼるな」。李克強が中央の会議で発破をかけるが、身を守るのに必死の官僚らは耳を貸さない。全権は習の盟友で党の規律検査担当、王岐山にある。捕まれば人生が終わる。中国の内外で事業を展開する大手民営企業の経営者は「昨年（15年）から官僚の『さぼり』がひどくなった。民間企業を育てようというのは掛け声だけだ」と嘆く。

公務員の会食予算も内規で厳格に制限されている。各地で違うが、１人50元（約８００円）ほど。空港の喫茶店のコーヒー１杯が30元（約５００円）だから、物価が高い都市ではまともな昼食も無理だ。反腐敗のあおりで高級店が次々、閉鎖に追い込まれている。役所が多い北京市西部の高級海鮮料理店は庶民的な北京料理のチェーン店に衣替えした。正常化とはいえ、消費経済の下押し要因ではある。

習の３年間の苛烈な「反腐敗」運動で、中央、地方を合わせて何十万人という政府、党幹部が調査、拘束、断罪された。彼らの一定部分は「カネに汚い」という問題はさておき、がむしゃらに働いて中国の国内総生産（ＧＤＰ）引き上げに貢献してきた。従来基準なら評価の高い有能な官僚らだ。

今、生き残っている幹部らは「反腐敗」で捕まるのが恐ろしいため、意図的に仕事をさぼっている。捕まって一生を台なしにするくらいなら、何もせず嵐の過ぎるのを待つ。「上に政策あれば、下に対策あり」。中国官僚の典型的対応だ。

しかも、これまで許されてきた「灰色収入」を得る道も断たれた。安い正規の給与だけでは住宅や自動車のローンも払えない。やる気が出ないのは当たり前だった。

こうした中央、地方官僚のサボタージュの結果、中国各地で多くのプロジェクトが進まない。カネはあるのに様々な手続きが必要な実際の案件が実行に移されない。しかも習指導部になってから、地方GDPの伸び率は、幹部の成績評価でさほど重視されなくなった。働き損だ。そんな雰囲気が充満している。

形の上では経済の司令塔である李克強。彼が怒るのは当然だった。「ふざけるな。とにかく働け」。こう発破をかけているのだ。問題の根にある習の「反腐敗」運動の進め方に正面から異を唱えるのは無理だ。自分の地位が危うくなる。とはいえ「仕事をしろ」とは言える。

変わりつつある風向き――李克強の反抗と「民心」争奪戦

しかし、これまではまったく効果がなかった。権限がないと見られている李の指示を真面目に聞く官僚は少ない。「習自身が自分を捕まえないと保障してくれるなら別だが」。中国東北地方の末端組織の幹部の声である。

ところが、3月の全人代を経て、少し風向きが変わった。「反腐敗」を利用した習への権限集中、個人崇拝的な色彩、メディアへの締め付け……。経済にまで悪影響が出ていることで、共産党内で「バランスをとるべきだ」という声が強まりつつある。

変化を肌で感じた李は腹を決め、反攻へ一歩、踏み出した。「ここで存在感を示せなければ首相の椅子から降ろされかねない。そんな危機感もあったはずだ」。北京の老知識人の見方である。

4月15日午前、李は北京の名門、清華大学を訪問し、教育や科学技術の重要性を訴えた。そして午後には北京大学も訪れた。清華大学は習の母校だ。清華大を先に訪れ、自分の母校である北京大を後にしたのがミソだ。

しかも副首相の劉延東、北京市党委員会書記の郭金竜らが同行した。自らの基盤である共産党の巨大な人材育成機関、共産主義青年団（共青団）系の人物を数多く伴った大々的な視察だった。

李は、前国家主席、胡錦濤が引退した今、9000万人近い団員を擁する共青団の人脈のトップにいる。習指導部で劣勢の共青団系の人材を17年の共産党大会で引き上げる責任は李にある。「知識人の間で人気がない習主席にケンカを売ったかのようだ」。北京の大学関係者はこう見る。

李の狙いは、共青団の団員も多い大学生、知識階層からの支持固めにあった。視察時には、清華大や北京大の共青団員らも数多く動員された。

李は学者的な気質を持つインテリである一方、切った張ったの政局回しは不得手。実直さが売りだ。自らの特徴を知ったうえで、インテリ層との親和性が高いと判断したのだろう。

そこには根拠があった。07年の党大会前の支持の動向は、清華大学を含めた北京の大学に限っては李克強が優勢だったというのだ。習が清華大学の出身であるのに、である。そのころの習は清華大でも知られている存在ではなかった。若い時から共青団で活躍してきた李克強の方が断然、名が知られていた。

そもそも個人崇拝的な傾向を強める習は、大学生を含む知識階層内では煙たい存在。好かれるキャラクターではない。半面、一般大衆の間では絶大な人気があった。腐敗幹部という悪を懲らしめる正義の味方――。そんなイメージが功を奏したのだ。

この面で習は毛沢東に似ている。知識人を嫌った毛沢東は、文化大革命の際、打倒すべきうるさい知識人らを「牛と蛇の化け物」と蔑んだ。インテリ層は、強権的で個人崇拝色の強い毛沢東の手法に危うさを感じていた。

習が自らの支持勢力として重んじる集団がもう一つある。人民解放軍だ。習は、父が副首相を務めた共産党幹部で、「太子党」「紅二代」の人脈に属する。軍内には多くの「紅二代」の仲間がいる。

しかも習には長い軍歴もある。清華大を出たあと、中央軍事委員会で働き、その後も、地位に応じた軍の肩書を持ち続けた。ここが元国家主席の江沢民、前国家主席の胡錦濤との大きな違いだ。

李克強の動きをいぶかる習も機を見て反撃に出た。4月20日、中央軍事委員会の連合作戦指揮センターを視察して重要講話を発表。一連の軍改革の成果を強調した。その服装が話題を呼んだ。なんと戦時に着る迷彩服に身を包んで登場したのだ。文民の江沢民や胡錦濤が決してしなかった戦闘的な軍服姿だった。異様な迷彩服姿だけに、習の映像・写真はインターネットなどを通じて広く流布された。

俺には軍がついている。逆らうのはやめたほうがいい——。こう脅しているようにも見える。この局面で軍を視察した習の視線の先には、南シナ海で対峙する米国だけではなく、内政もあった。

文化大革命で毛沢東は、一般大衆、年少の「紅衛兵」のほか、軍からの支持も重視した。「政権は銃口から生まれる」。毛沢東の有名な言葉だ。軍を重視する考え方も習と毛沢東の共通点である。

2日後、習はもう一つ、けん制球を投げた。清華大の設立記念日をとらえて祝電を送り、国営中国中央テレビの夜のメインニュースのトップで報じさせた。李訪問のちょうど1週間後だった。習の祝電の文言は、愛国、国家と民族への貢献に重点があり、李の訪問時の発言とは趣を異にする。自らのシマを荒らした李への複雑な思いが垣間見えた。

習に対抗するため知識階層からの支持を得ようと動いた李。これに対し、習は、一般大衆に加えて軍からの支持をアピール。李や、面従腹背に転じかねない党内勢力をけん制した。広い意味での「民心」の争奪戦である。まるで西側民主主義諸国の選挙運動を見ているようだ。

緩かった江沢民時代が懐かしい……

中国の世論動向を敏感に表すインターネット空間に面白い言葉が登場した。「長者」という単語である。これは元国家主席、江沢民を指す。しかも、良い響きの言葉だ。日本昔話にある「わらしべ長者」の長者である。

江沢民は在任中と次の胡錦濤時代、中国国内で極めて人気のないトップだった。毛沢東や鄧小平に比べ、カリスマ性、威厳に欠けるからだ。ネット上では、その容貌の故に「カエル」という隠語で蔑まれた。

しかし、高度成長に中国を導いたトップだったのは間違いない。13年間も党総書記の地位にあったが、特に後半の成長は著しかった。その間、もちろん個人崇拝などとは無縁。言論への締め付けも緩かった。

今、自由な発言を封じられてしまった有名、無名の「ネット言論人」が、長者という隠語を使って江沢民時代を懐かしがっている。

対局にあるのは、個人崇拝の傾向、言論締め付けが目立つ今の習近平時代である。景気も江沢民時代と違って下降傾向が著しい。

では、習近平はネット上の隠語でどう呼ばれているか。「土包子」――。日本語に直すと、田舎っぺの肉まん野郎、と言ったところか。かなりの悪態だ。

江沢民を持ち上げ、習近平をけなす雰囲気は、2016年前半に強まった。ネット世論は、まさに政治の雰囲気を反映していた。

第3章

南シナ海、危機一髪

1　大失敗の米中首脳会談——国事訪問で共同声明も出せず

中国が一方的に成果を発表

「国家主席、習近平の初の米国への『国事訪問』にもかかわらず、包括的な米中共同声明は発せられなかった。異例だ。いや、厳しい雰囲気の中、初めから発表するのをあきらめた」

北京の政治学者が慨嘆する。中国国営メディアが、習訪米の成果を大宣伝しているのとは対照的だ。南シナ海、サイバースパイ、人権の各問題での対立はそれほど深刻だった。なんとか発表したのは、気候変動に限った共同声明だけである。この事実は習訪米を象徴している。

２０１５年9月25日、首脳会談を終えた習と米大統領のオバマは共同記者会見に臨んだ。併せて米ホワイトハウスは、国事訪問に関する「ファクトシート」を公表した。これに7時間遅れて、中国国営通信の新華社が「国事訪問に関する中国側の成果の詳細」を配信した。

驚くことに双方の文書は、中身、項目建てもかなり違っている。目を引くのは、中国が第1項目の見出しで、米中の「新しい形の大国関係」をうたっている点だ。習は共同会見でも「新しい形の大国関係の構築」を訴えた。

米側文書には、見出しどころか、「大国関係」という言葉は皆無。「新しい関係」という言い回しさえない。「共に働く」としただけである。

中国が提起する「大国関係」は、米中2大国が世界を仕切るという印象が強い。米側がこれに言及すれば、力ずくで現状を変えようと動く中国を認めることになる。米政府が公式文書に盛り込むのを一貫して拒んでいる理由だ。

それでも中国は、メンツにかけてこの言葉を使い続けなくてはいけない。なぜか。端緒は13年6月の米中首脳会談にある。トップ就任後、初めて訪米した習が、カリフォルニア州パームスプリングスでオバマと会った際、鳴り物入りで提起したキーワードなのだ。

「新しい形の大国関係」には、米国に中国の実力を明確に認めさせる意味もある。米国と肩を並べる世界大国の実現は、習が掲げる「中華民族の偉大な復興」と同義だ。習は内政上の理由からも「大国関係」を実現したい。

13年の首脳会談で習はもう一つ、キーワードを発している。「広い太平洋には米中両国を受け入れる十分な空間がある」。これは、軍事、経済的に強大になった中国は、広い太平洋の西半分ぐらいまで勢力圏とする権利を有している、と主張したと解釈された。

少なくとも、米艦船、航空機が「我が物顔」で振る舞うのを阻み、米国の力がアジア太平洋地域のすべてに及ぶ現状を変えたい、との思いだ。習は本気だった。「大国関係」と「広い太平洋」発言はセットである。新任の習は、柔らかい表現ながら、米国に挑戦状をたたきつけた形になった。

「大国関係」については、国家安全保障担当の大統領補佐官、スーザン・ライスが２０１３年11月に認めるかのような発言をした経緯がある。しかし、習指導部が、いきなり東シナ海に防空識別圏を設置すると、米国内で対中警戒感が一段と高まり、米側からの「大国関係」への言及は一切、なくなった。

14年3月、オランダ・ハーグでの米中首脳会談でも習は「大国関係」の構築を強調したものの、オバマはまったく触れなかった。その後も中国が一方的に「大国関係」を宣伝しているに過ぎない。

一般の二国間関係では、首脳会談で合意できない内容は、文書に書き込まないのが常識だが、中国は違う。あえて「中国側の成果」と銘打って発表した。「新しい形の大国関係」は、最も強調した部分なのだ。そこには中国の内政を外交の場に直接、持ち込む強引さがある。自らが世界の中心だと考える伝統的な「中華思想」も見て取れる。

11年、当時の国家主席、胡錦濤は米国を国事訪問し、オバマと会談した。その後、慣例に則って米中共同声明が発表された。先々代のトップ、江沢民も97年の米国への国事訪問の際、共同声明を発表している。

「この点だけを見れば、現時点で習は先代、先々代に及ばない。心配だ」

中国人学者がつぶやく。当然、中国メディアが、共同声明を出せない事実を積極的に報じる心配はない。笑顔の習とオバマの写真を掲載し、習がいかに米国で歓待されたか、だけを報道している。

中国は、胡錦濤時代まで、爪を隠して力を蓄える「韜光養晦《とうこうようかい》」と呼ばれる外交・安全保障政策を採ってきた。習はこれを明確に転換。向上した自らの軍事、経済力を表に見せて、米国にある種の圧力をかける姿勢に変わった。南シナ海での岩礁埋め立て、東シナ海での防空識別圏設置が典型的な例だ。

この強硬策への転換のツケが15年の訪米に現れた。米中共同声明を出せないのは、当然の結果と言える。とはいえ、習はあきらめない。国家主席としての任期は最大で2022年までである。今後、メンツにかけて「ポスト・オバマ」の新大統領との間で、共同声明を出そうと動くだろう。そこに、なんとしても米国と肩を並べる大国となった証しとして「新しい形の大国関係」を盛り込みたい。捲土重来である。

成就できなければ、習はただ対米関係を険悪にしただけになる。外交面で胡錦濤、江沢民に劣るという歴史的な評価になりかねない。それでは、毛沢東、鄧小平に並ぶ偉大な指導者の仲間入りなどほど遠い。習は必死だった。

「米国が本気で怒れば危うい」

13年前半、中国の太平洋を巡る経済安全保障の環境に大変化があった。安倍晋三政権がTPP（環太平洋経済連携協定）交渉参加を表明したのだ。

「日米主導で太平洋の経済・貿易の果実の分け方が決まってしまう。米国、日本の最大の貿易相手国、中国を無視した協議など無効だ」。当時、中国の経済官僚が口にした心象風景である。焦った中国は、TPP参加を秘密裏に研究した。だが、当然、断念せざるをえなかった。

強い危機感の下、習はオバマに軍事、経済両面の安全保障を念頭に置く「太平洋の米中分け合い」を暗示した。それが13年6月以来の「広大な太平洋」発言だ。

もう一つ伏線があった。米太平洋軍司令官だったキーティングの議会証言である。07年、中国軍幹部は、訪中したキーティングに「中国が空母を持ったら、米国がハワイから東を管理し、中国軍が西を管理することで合意できないか」と持ちかけたという。

その後、実際に中国は空母を保有し、有力な「飛び道具」も手にした。米空母キラーと呼ばれる弾道ミサイル「東風21D」、射程5000キロ以上で南シナ海全域やグアムの米軍基地を狙えるとされる「東風26」だ。これらは15年の軍事パレードに初登場した。

米国は身構える。14年11月の北京での米中首脳会談の共同記者会見でも習は「太平洋は十分、大きい。米中両国の発展を受け入れることができる」と訴えた。半年後の15年5月、米国務長官のケリーが急拠、訪中した。中国による南シナ海の岩礁埋め立て問題が先鋭化していた。習はケリーにも「広大な太平洋」発言をぶつけた。

ところが15年の訪米は違った。9月25日のホワイトハウスでの共同記者会見で、習はキーワードに言及しなかった。米中首脳会談の中国側の成果と題した文書にもこの言葉はない。

中国国営通信、新華社の報道によると、15年9月24日夜、オバマと夕食を共にした会談で、習は「十分に広い太平洋」に触れたとしている。計3時間の突っ込んだ意見交換だった。しかし、報道はこの一度だけ。その後はまったく強調されていない。なぜなのか。

米大統領の迎賓館「ブレアハウス」での3時間にわたる少人数会談の様子が気になる。中国側報道の言葉遣いからも、南シナ海、サイバースパイ問題などを巡る激しいやり取りが推測できる。習は、オバマに対し、意見が割れたことを示す中国語である「分岐」を3回も使った。厳しい対立を示唆する中国の外交用語だ。習は、対立を収めるため世論誘導を強めるべきだ、とまで要求している。中国への警戒が強まる米国内の世論を標的にしたのだ。習の「いらだち」が見てとれる。

ここで「ツキディデスのわな」が登場する。古代ギリシャで勃興するスパルタとアテネが戦った故事を例に、覇権を確立した既存の大国と、新興大国が容易に衝突することを意味する。オバマは習に「『ツキディデスのわな』には同意しない」と語った。対中けん制と受けとることもできる。

「首脳会談の結果を見れば、形の上では米国への挑戦色を薄めた。この数年、習主席は一歩踏み込んだが、今は半歩退くかに見せる現実的な策だ。米国が本気で怒れば危うい」。中国人識者の声だ。

3時間の米中首脳の意見交換で、習は「中国が提起した『一帯一路』（陸と海で中国から欧州までつなぐ新シルクロード経済圏構想）、アジアインフラ投資銀行（ＡＩＩＢ）は、すべて開放的で透明だ」とも説明した。これは当面の中国外交の重点を意味する。

太平洋では半歩退いて時間を稼ぐ

中国は、米国との直接衝突は避けつつ、南シナ海での主権は死守したい。それだけでも難しいのに今、太平洋にまで戦線を拡大すれば危うい。そう見た習が「半歩退く」という選択肢を視野に入れたのは、15年5月下旬以降だ。ケリー訪中の後だった。米側はかなりの圧力をかけた。中国は14年に米が主導する多国間の環太平洋軍事演習「リムパック」参加に踏み切った。16年の参加も首脳会談の成果に盛った。アフガニスタン復興でも協力する。衝突だけは避ける手段である。

米中首脳会談の前から中国は動き出していた。インドネシアの高速鉄道の受注競争で信じがたい好条件を示し、日本を出し抜いた。インドネシアは、中国が打ち出した「海上シルクロード」構想の有力中継地で、ＡＩＩＢでも拠点づくりのターゲットだった。中国はなんとしても受注したかった。

中国は、15年に発足したＡＩＩＢの準備と、新シルクロード経済圏構想に没頭した。習は15年10月20日から訪英した。欧州勢が雪崩を打ってＡＩＩＢ入りする契機となったのが、意表を突いた英国の参加表明だった。経済面で対中傾斜を強める英国への訪問は、新シルクロード経済圏構想の一環だ。

太平洋で半歩退いた習の狙いは、時間稼ぎにある。中国が今、保有する空母は旧ソ連製を改修した「遼寧」だけだ。だが、大連や上海で建造中とされる国産空母も一部は近く完成する。中国の空母機動部隊が太平洋に進出する日は、いずれやってくる。

しかも、米空母キラー「東風21D」が控える以上、米軍は気軽に中国近海に空母を展開できない。軍事面では、米国に太平洋でのプレゼンスを強く主張できる環境が整っていく。そう読んでいる。

米国に対抗するには経済力も重要となる。その核が中国主導の新シルクロード経済圏づくり。日米主導のTPPをけん制する手段でもある。

2　永楽帝に倣う新皇帝の驕り

小粒ばかりの参列国——メンツを満たさない軍事パレード

失敗に終わったワシントンでの2015年の米中首脳会談。その原因は3週間前にあると言っても過言ではない。15年9月3日、北京での大規模な軍事パレードに各国から集まったのは、計51カ国の外国首脳・代表、国際機関の関係者だった。

本来、習近平は、中国主導のアジアインフラ投資銀行（AIIB）に引き入れたイギリス、フランス、ドイツなど欧州連合（ＥＵ）の主要国の参加を見込んでいた。だが、実際はロシア大統領のプーチン、韓国大統領の朴槿恵《パク・クネ》を除けば小粒。習のメンツを満たす面々ではない。

中国共産党の中央宣伝部も、習の体面を気にした。そして、モンゴルなど集ったメンバーらと習の会談記事を大きく扱うよう中国メディアに異例の通達を出した。竜頭蛇尾。これが実態だった。

それでも、習は３週間後の米大統領、オバマとの会談では、世界から友人を集めて大々的に式典を挙行した大国のトップを演じた。共同声明は出せないことを予感しながらも。

気鋭の〝新皇帝〟にとって南シナ海での妥協は許されなかった。その気負いは、９月３日の儀式に表れていた。軍事パレードの直前、習近平は皇宮内で儀式に臨んだ。

次々と〝拝謁〟したのは韓国の朴槿恵、ベトナム国家主席のチュオン・タン・サン、モンゴル大統領のエルベグドルジ、ウクライナ問題でＧ７と対峙するロシア大統領のプーチン、国連事務総長の潘基文《パン・ギムン》らだった。

各国首脳らはまず列をつくったうえで、個別に呼びだされ、紅じゅうたんの上をかなり長く歩かされた。そして最後に中山服姿の習近平と握手し、記念撮影する。隣には紅いドレスを身にまとった夫人、彭麗媛の姿があった。

毛沢東でさえ避けた皇宮入り

封建統治を批判してきた中国共産党のトップが、天安門ではなく、かつて中華帝国の皇帝の居所だった皇宮内で外国の数多くの賓客の拝謁に応じるのは初めてだ。あの毛沢東でさえ、天安門には登ったが、壁の内側の皇宮内に足を踏みいれることは一度もなかった。

「中国史や、古来の中華秩序に詳しくない人は気がつかないだろう。習主席は、世界帝国だった明王朝の最盛期の皇帝、永楽帝（明の第3代皇帝、在位１４０２〜24年）に倣ったのだ。中国人として誇りを感じる」

「この接待方式は習主席にこびる形で決まった。かつての中華皇帝への朝貢を思い起こさせ、中国脅威論まであおりかねない。中国の経済力が強いから皆、文句を言わないだけだ。国際社会をよく知る中国人は心配している」

これらは、北京在住の知識人の感想だ。正反対の反応なのが面白い。少し説明が必要だろう。各国首脳との謁見の場となった現在の故宮は、明清代の皇帝の居所である広大な紫禁城である。そして習近平が立っていたのは「端門」の前の広場だった。

この端門の歴史が意味深い。15世紀の中華帝国の覇者、永楽帝が肝煎りで建設した正門である。永楽帝は、長さ１２０メートルを超す巨大な木造船も数多く建造した。雲南出身のムスリム、鄭和（１３７１〜１４３３年）が指揮する大艦隊は、永楽帝の威光を全世界に知らしめるため計7回も送り出された。

大艦隊は南シナ海、インドからアラビア半島、そしてアフリカ（現在のケニア）にまで達した。名目は異なるが、現代中国の南シナ海での岩礁の埋め立て、アフリカへの経済進出を思い起こさせる。

再び世界帝国を目指す中国の〝新皇帝〟が、皇宮で外国首脳の拝謁に応じれば、少なくてもかつて中華秩序の中にいたアジアの国々は身構える。

緊張と焦りの朴槿恵、中華秩序の外だった日本

微妙な力関係の中、ちょっとした珍事があった。端門前の赤じゅうたんを長々と歩いた朴槿恵は、習夫妻と握手し、かなり長く話をしたあと、記念撮影を拒むかのように習近平の後方へ立ち去ってしまった。習近平も立ち去った朴槿恵のほうに振り向き、下を見ながら困ったような表情を見せた。

呼び止められた朴槿恵はようやく戻って来て、習夫妻との撮影に応じたのだ。結果的に長い間、朴槿恵と習近平は〝対等〟に会話を交わした。

天安門前の大型スクリーンでこの様子を実況中継で見ていた観衆は、朴槿恵が緊張のあまり3人での記念撮影に関して勘違いしたのだ、と思い、どっと沸いた。集合時間の午前4時前後から5時間も待たされているメディア、そして招待者、市民の緊張もほぐれた一瞬だった。

「朴槿恵は『この状況はまずい』と気がつき緊張した。そしてあえて突飛な行動に出た」

「今はよいが、後に中国にこびる姿勢を韓国内で批判されかねない。誇り高い韓国の元首として当然、そう思った。臣下のように握手し、素直に記念撮影することに少し抵抗したのだろう。結果としては、長い間、対等な会話ができたからよいのでは……」

朝鮮半島と中国の歴史をよく知る中国の識者2人の見方である。「単純な間違い」と見るのは浅はかで、意識的な行動だった、というのだ。1人は中国東北地方出身の漢民族。もう1人は朝鮮系の中国人だ。日本人にはうかがい知れない中国と朝鮮半島の複雑な史実を知るからこその意見だった。

朝鮮半島の王朝は古来、中国皇帝に認められて朝貢する中華秩序の内側にいた。中国の王朝を宗主国とする冊封《さくほう》体制である。漢族ではなく満州族の王朝になった清の時代には「明朝までの伝統的な真の中華秩序を体現できるのは朝鮮だけである」とする〝小中華〟の考え方が朝鮮で流布された。

朴槿恵の軍事パレード参観は中国で大歓迎され、ネット上では「高麗女国主の来朝（朝貢）」と表現された。中国は古来の宗主国の目線で「女国主」を見ていた。朴槿恵自身も気がついていたはずだ。

朴槿恵は、中国への経済依存が強い韓国の現実的な生きる道として、軍事パレード参観を政治決断した。だが、完全に中華秩序の内側に入るのは躊躇した。北朝鮮となお戦争状態にあり、米韓同盟を組む国としては、当然かもしれない。

不思議なことに、端門前で中韓首脳が握手してから長く話す映像は、朴槿恵の不可解な動きとともに中国の公式のネット上からかなりの部分が削除された。握手の順番が後ろだったプーチンは出てくるのに、直前の朴槿恵が消されている。情報操作である。

中国の博物館には、皇帝への朝貢に訪れたアジアの国々の旗を持った使者らを描いた大きな絵が残る。朝鮮は朝貢しているが、当然、日本はいない。日本は中華秩序の外に位置する。

軍事パレードの際の習近平を主役とする皇宮内の儀式の形式は、中国の識者が指摘するように中華秩序の体現だった。それなら、仮に日本の首相、安倍晋三が訪中したとしても、参加困難な行事だったのは明らかだ。天安門広場や人民大会堂の歓迎式とは意味が違う。

しかも、その後、各国首脳は、習近平に導かれて天安門に登り、米空母を狙う弾道ミサイル「東風21D」などの車列を見学した。これも安倍にとってはハードルが高い。日米同盟の一方の当事者が、対米威嚇兵器を笑顔で眺めることなどできない。

中国が主催した15年9月3日夜の抗日戦争勝利、反ファシズム戦争勝利70年の記念行事を巡っても、日中両国の和解、融和を演出できるまでの雰囲気づくりは難しかった。

3　ベトナムのしたたかな対中外交

習と日本の防衛相を、同日に招いて優勢勝ち

２０１５年11月、習近平のベトナム訪問は突然だった。直後の歴史的な中台首脳会談の陰に隠れたとはいえ、南シナ海での中国の岩礁埋め立てが批判を浴びる中での〝敵地〟入りだけに世界の目が首都ハノイに集まった。

習の訪越は、形式からして異例だった。中国共産党を代表する総書記と、中国政府を代表する国家主席という二重の身分での訪問とあえて発表。一連の行事では両共産党の伝統的関係を宣伝した。

国家間の関係は、南シナ海でぶつかる領土問題を巡って隠しようもないほど傷ついた。今や数少ない社会主義国同士の特殊な党関係を持ち出すことで、なんとか双方が折り合ったのだ。

ベトナムは歴史的に隣の大国である中国の圧力を受け続けており、警戒感は強い。それだけに外交巧者でもある。習訪越でも絶妙なバランスを取った。習と同じ日に日本の防衛相（当時）、中谷元を招き入れ、南シナ海に臨む中南部の要衝、カムラン湾の視察を許可。翌日の防衛相会談では、海上自衛隊艦船の同港寄港で合意した。

良港のカムラン湾は、日露戦争時に日本海海戦に向からバルチック艦隊が寄港し、最近では旧

ソ連やロシア海軍が使った。ベトナム側は、日本の自衛艦の寄港は中国へのけん制になると踏んだ。

メンツを重んじる通常の中国の外交感覚なら、日本の防衛相が訪越し、カムラン湾で対中けん制の雰囲気を醸し出している最中に、中国トップが訪越することなどあり得ない。

しかし、対米関係が波立つ厳しい事情から、ベトナムとの関係安定化を最優先。その先にシンガポールでの中台首脳会談が控えているため日程を巡るゴリ押しもできなかった。外交巧者、ベトナムの優勢勝ちに見える。

習のハノイ入りの直前、中部の商業都市、ダナンでも最近の日越の密接さを象徴する出来事があった。ダナン港はベトナムにとって南シナ海のチュオンサ（英名・スプラトリー、中国名・南沙）諸島の領有権を主張する上で重要な拠点だ。港にひしめく漁船群も南シナ海を目指す。

ダナンで日本がベトナム海上警察に引き渡したのは2隻のマグロ漁船だ。巡視船に改造され南シナ海の監視に当たる。日本の途上国援助の新しい形である。

今、ダナンの海岸には高級リゾートホテルが建ち並び、各国からの観光客でにぎわう。最近の観光の目玉は、火と水を吹く派手な「ドラゴン・ブリッジ」だ。とはいえ、海岸から内側に一歩入るとフェンスや高い塀で囲まれた立ち入り禁止の荒れ地が広がる。ベトナム最大だった米軍基地の跡地だ。

ダナンはベトナム戦争の激戦地だった。1965年、米海兵隊が上陸し、大規模な基地を建設した。68年の旧正月、南ベトナム解放民族戦線がダナンの米軍を一斉攻撃したのが有名な「テト攻勢」だ。

南シナ海の角逐――主役は中越

米国とのベトナム戦争の印象が強すぎるが、そもそもベトナムが陸と海で繰り返し戦ってきたのは中国である。中越は第2次世界大戦後の南シナ海を巡る陣取り合戦の主役だ。

76年の統一ベトナムの成立まで、中国の相手はベトナム共和国（南ベトナム）だった。74年、中国軍はパラセル諸島で南ベトナム軍を攻撃し、全域を支配する。南ベトナムを支援した米軍は前年に撤退しており、中国軍の優勢は明らかだった。

その後、中国は社会主義ベトナムとも戦う。1979年の中越戦争と84年の衝突だ。88年にはベトナムにとって忘れ難い屈辱の出来事があった。3月14日早朝、岩礁に立つ軽装備のベトナム兵が、中国の駆逐艦からの機関砲射撃をまともに受けて、ばたばたと倒れた。停泊中のベトナム輸送艦2隻も撃沈された。犠牲者は64人。「チュオンサ海戦」と呼ばれる悲惨な戦いだった。

この戦いがあった付近の岩礁こそ、14年以来、中国が信じがたい速度で埋め立てているジョンソン南礁だ。ベトナム名はガクマ礁、中国は赤瓜礁と呼ぶ。

海上に立つ歩兵を、駆逐艦の機関砲などで撃ちまくる、という戦いは極めて稀だ。ベトナムの敵だった米兵でさえ当時、中国軍の非人道性を噂し合い、ベトナム兵犠牲者に同情したという。

その後、ベトナム政府は中国との関係が改善したこともあり、目立つ追悼式などをしなかった。だが、噂を耳にしたベトナム庶民の間で「中国憎し」の感情が広がっていく。

最近では「チュオンサ海戦」の犠牲者らの追悼式が公式に開かれている。厳しい中越関係を映す動きだ。

14年5月、中国が南シナ海での係争海域で石油試掘を強行した。ベトナム政府が反中国のデモを容認すると一部が暴徒化。中国人に犠牲者が出る事態となった。その夏、在北京の各国外交官らは「再び中越戦争が起きるのでは……」とささやき合った。

宿敵、米国との協力拠点に

今やダナン港は、ベトナムにとって、宿敵だった米国や、その同盟国である日本との協力の拠点となっている。軍事力でかなわない中国になんとか対抗するには、日米の助けが必要だった。国交回復後、20年に過ぎない米越は急接近している。２０１０年には国交回復15周年を記念して米原子力空母、ジョージ・ワシントンがダナン沖に停泊し、米越両軍が救助などの合同訓練をした。

14年は、ダナン港に海上自衛隊の輸送艦を含む日米豪の艦船が集まり、ベトナム軍の病院などで災害時医療の指導などを行った。劇的な変化だ。

それでもベトナムは米国一辺倒にはならない。国境を接する中国が本当に怒れば１９７９年のように戦争になりかねない。中国の経済力も魅力だ。だからこそ中国主導のアジアインフラ投資銀行（ＡＩＩＢ）の創設メンバーに手を挙げた。

厳しい状況下でも工夫を凝らして習の訪越を受け入れ、対話はする。中国をにらむベトナムは、米イージス艦による南シナ海の「自由航行」を基本的に歓迎している。だが、外交巧者だけに声高には叫ばない。

「中国とは何度も戦った。好きにはなれない」。ダナンで話した40歳代のベトナム人の本音だ。それでも商売が絡めば現実的になる。「豊かな中国人観光客には来てほしい。隣国からの客は大歓迎だ」

ダナン近くの世界遺産、ミーソン遺跡では、広東語、福建語、上海語、そして普通語（マンダリン）が飛び交う。中国各地からの客だ。14年夏の反中デモで中国人に犠牲者が出た際は、観光客は激減した。だが、翌年の旧正月シーズンまでには、かなり回復した。

米中両国とはバランスを取りながら付き合い、経済と安全保障の利害が反する場合でも均衡点を探る――。両大国との戦争を粘り強く戦い、最後は両軍を追い払ったベトナム。その経験を踏まえた知恵と、したたかさを垣間見た。

4　南シナ海ミサイル危機

すぐに反故にした「軍事拠点化はしない」の公約

中国は南シナ海のパラセル（西沙）諸島ウッディ島（永興島）に長距離地対空ミサイル「HQ（紅旗）9」を配備した。これは衛星写真で確認され、台湾の国防部も「把握している」とした。

米メディアによれば、海岸線に少なくとも8基の地対空ミサイル発射台とレーダーシステムの配置が確認できたという。パラセル諸島の領有権を主張するベトナムにとっても看過できない事態だ。

「軍事拠点化はしない」。中国国家主席、習近平は15年9月、ワシントンで会談したオバマに公約していた。南シナ海で中国が埋め立てた岩礁などに関してである。これを早くも反故にした形だ。

「メンツを潰された習が対抗措置に踏み切ったと見てよい」。中国の安全保障問題に詳しい国際情報筋の見方だ。裏付けがある。「固有の領土で防衛施設を配置するのは、国際法で付与された主権国家の自衛権だ。軍事化とは関係ない」。中国外相、王毅の発言も対抗措置をにおわせる。

共産党機関紙、人民日報傘下の国際情報紙、環球時報は2016年2月19日付の社説で、長年、中国が実効支配する島だとしたうえで「西沙への防空ミサイル配備は、すべて国際法に則った行為だ」と断じた。

中国のミサイル配備は「キューバ危機」の再現？

「航行の自由」を掲げた米艦船は、南シナ海で中国が領土と主張する島の周辺を堂々と航行し、米軍機も飛びまわった。

そこに200キロの射程を持つ「紅旗9」を配備すれば、米軍機の飛行もけん制できる。中国の「本気」を米国に見せるためだ。米国防総省は、中国が過去に2回、ウッディ島にミサイルを配備した事実も明かした。これも米国への対抗措置である。

どこかで見た風景だ。1962年のキューバ危機である。旧ソ連は米国の裏庭とされたカリブ海のキューバに核搭載可能な弾道ミサイルを持ち込んだ。それが米軍のU－2偵察機の空中撮影で判明したのだ。米国はキューバ海上封鎖を発動。大統領のケネディは空軍に核兵器搭載を命じた。

その緊迫の攻防は、実弟のロバート・ケネディが著した『13日間――キューバ危機回顧録』に詳しい。戦後、核戦争の危機が最も高まった事件だった。最後に旧ソ連は折れ、ミサイルは撤去された。

今回、中国は南シナ海の島を自国領と主張しており、ミサイルの完全撤去はない。危機は続く。現段階では1962年のような核戦争の危機ではない。しかし、南シナ海を中国が完全におさえれば、核搭載の潜水艦発射弾道ミサイルが米本土を容易に狙える。これまでの均衡は崩れる。

5　習近平、オバマを脅す――THAADで米中確執

米中首脳会談で放った「無礼な言葉」

2016年3月31日、ワシントンで開かれた米中首脳会談。中国国家主席の習近平は、米大統領のオバマに予想を覆す厳しい言葉を伝えていた。

焦点の南シナ海問題ではない。米国と韓国両政府が真剣に協議している米軍の地上配備型高高度ミサイル迎撃システム（THAAD）の韓国への配備問題である。北朝鮮の〝核ミサイル〟に備える防衛網の整備は、日本の安全保障にも大きく関わる。

「THAADの韓国配備に断固反対する。みんなの損害となり迷惑だ。あなた自身（米国）のためにもならない」。100分もの長時間にわたった米中首脳会談の一つのクライマックスだった。米中対峙の舞台は、南シナ海ばかりではなく、朝鮮半島でもある。

あなた自身のためにもならない――。公式外交の場で中国トップがこの言葉を使うのは珍しい。中国人がこうした批判の言葉を投げつけられた場合、軽蔑されたという印象を持ち、憤慨しかねないという。つまり、無礼な言い回しなのだ。

中国側が習の言葉を紹介しているのだから、実際の現場ではさらに鋭い舌鋒だった可能性もあ

る。「覚悟を持った米国への脅しの言葉と考えてよい」。中国の国際問題の専門家の指摘だ。

「みんなの迷惑」のみんなとは、中国自身である。「米国のためにならない」の意味は、韓国配備が現実化すれば、中国として対抗措置をとる権利を留保する、ということだ。米国を脅している。

「開戦1時間でTHAADを殲滅」――解放軍報1面の衝撃記事

北朝鮮は、核実験と長距離弾道ミサイルの発射実験を繰り返し、ワシントンを〝核ミサイル〟で攻撃する宣伝映像まで公開した。映像公開は、16年3月、米中会談があったワシントンでの核安全保障サミットの直前だった。「核なき世界」を掲げてノーベル平和賞を受賞したオバマをあざ笑ったのだ。

そのうえ、北朝鮮の国営メディアは4月1日、「血で結ばれた友誼《ゆうぎ》関係を捨て、あちこちの国と密室でつくったもので正義と真理を抑えつけようとしている」と国連安保理の制裁強化に同調した中国まで暗に批判した。中国はまず、北朝鮮を抑えなければならないが、それができない。

こんな状況下では、THAADの韓国配備を止められないのは明らかだ。それなのに習はなぜ、こだわったのか。1、2カ月前からの中国内の動きに伏線がある。軍部である。

「THAADが韓国に配備されれば、中国と韓国の自由貿易区構想もぶち壊しになる」。これは中国空軍の少将が2月に語った激しい内容だ。中国依存度の高い韓国経済を人質にとる言い回しである。

同じ頃、複数の中国系メディアが、(仮に開戦となれば)中国空軍の爆撃機が1時間以内に韓国などのTHAAD基地を殲滅できる、という趣旨の衝撃的な見出しの文章を掲載した。実力向上が著しい中国空軍の爆撃機編隊による遠距離爆撃訓練に関する記事だった。人民解放軍機関紙、解放軍報の1面トップの内容を引いた中国内外の分析に関する記事という体裁をとっている。

万一の開戦の場合、中国空軍の第一目標が、韓国のTHAADとなり粉砕できる。勇ましい内容だ。この手の記事には裏がある。韓国の反応を見るアドバルーンの役割だ。

米軍がTHAADを韓国に配備すれば、その高性能レーダーによって、中国の内陸部、奥地にある虎の子のミサイル基地の様子まで探知されてしまう。「中国軍が核ミサイルを発射しても無力化され、米国に対する核抑止力が損なわれかねない。そうなれば、南シナ海でも中国軍は不利になる。容認できない」。中国軍には危機感があった。

軍の立場を代表する将校が口にした話、軍系を含む中国メディア報道と、習のオバマに対する発言は呼応していた。習は16年1月、軍の再編を華々しく発表した。「戦うことができる軍隊づくり」。これが習が掲げた伝統的な「7大軍区」を「5つの戦区」に組み直す一大改編の目的だ。習は清華大学を出たあと、中国軍を指揮する中枢、中央軍事委員会で働いた軍歴がある。長年の軍との関わりを最大限に活用し、その力を利用して権力固めを進めてきた。

共産党内の一部では、習の強引な手法への反発がくすぶる。中国の国内経済、外交的な立場も厳しいなか、軍をひきつけておくことは習にとって極めて重要だ。軍の政治利用である。

その証拠に習は3月23日、中国軍の最高教育機関、国防大学を視察。軍再編の成果を強調してから、核安全保障サミット出席など一連の外国訪問に出発した。外遊中、後顧の憂いがないよう手を打ったのだ。

「共産党の指揮に従い、勝てる、清廉な人民の軍隊に。習近平」。全国の軍施設にこの習の言葉が掲げられつつある。党の指揮とは、中央軍事委員会主席である習の命に従うという意味だ。

習は、かつての政権と違い、空軍人脈も重用している。制服組トップの中央軍事委員会副主席、許其亮は空軍出身である。近代戦では、空軍、ロケット軍（旧第2砲兵）、海軍が重要な意味を持つ。中国も同じだ。習が進めたのも、その概念に沿った軍再編だった。南シナ海問題は、海軍の今後の権益にも大きく関わる。これも習の南シナ海での強硬姿勢につながっている。

注意を要するのは、中国軍は心情的には依然、北朝鮮寄りの立場だという事実だ。当然だろう。韓国軍は、中国軍と南シナ海などで対峙する米軍の傘下にあると言ってよい。米韓同盟は、朝鮮戦争（1950～53年）以来、中国と北朝鮮を敵としてきた。

92年の中韓国交樹立以来、経済を中心に両国関係は大きく進展したが、安全保障面での枠組みが根本的に変わった訳ではない。それでも韓国大統領の朴槿恵は、15年9月、中国・北京で開かれた軍事パレードに参加した。その選択の是非が今、問われている。中国は結局、THAAD配備で韓国に理解を示すことはない。あくまで自国の安全保障を優先する。

米中首脳、100分の激論

ＴＨＡＡＤや南シナ海でやり合った16年3月の米中首脳会談は2時間近くにもわたった。国際会議を利用した会談としては異例の長さだ。激論で会談が長引いたため、その後の中韓首脳会談は、当初予定より1時間も遅れた。

習は、ＴＨＡＡＤに関して、韓国の親分と見る米国にくぎを刺すことを優先した。朴槿恵には、もう少し慎重な言い回しを使った。あくまで中国は、米国にらみだ。それが中国が一方的に「新しい形の大国関係」と叫ぶ対米関係の考え方でもある。

オバマ政権下、最後の核安全保障サミットは、ベルギーでのテロ事件もあり、テロ対策などに重点があるはずだった。ところが、習の本当の関心事は、自国の核兵器の有効性と安全保障にあった。米中対峙の複雑化を象徴する長時間のオバマ・習会談だった。

しかし、ここまで中国がこだわったＴＨＡＡＤ配備の阻止だったが、結局は韓国に押し切られた。

ＴＨＡＡＤも絡む中国と北朝鮮、そして韓国の関係は第4章で詳述する。

6　友邦の多さを宣伝する「習の苦境」

習・プーチンの連続会談――強面な二人の連携

英国の欧州連合（ＥＵ）離脱と、その影響が世界各国のニュースの大半を占めるなか、隠れてしまった〝重要会談〟がウズベキスタンのタシケントと、中国・北京で連続2回、行われた。主役は中国国家主席、習近平とロシア大統領のプーチンである。

習はプーチンに「永遠の友人」と呼びかけた。プーチンは習を「親友だ」と口にした。強面の二人だけに、すこしゾッとする蜜月関係の演出だった。

特に16年6月25日のプーチン公式訪中は、24時間に満たない短時間だった。中国系メディアでさえ〝電撃訪中〟と銘打つ慌ただしさだ。忙しいプーチンがそこまでした理由は何か。

「今回の珍しい日程は中国側の強い要請の結果だ。習主席は1日だけ間を置いて、またプーチン大統領と会った。しかも北京でのアジアインフラ投資銀行（ＡＩＩＢ）初年次総会の開幕日に当てた。『友人の多さ』を誇ったのは、苦境の裏返しでもある。南シナ海問題は中国にとって非常に重い」

外交関係者によるかみ砕いた解説だ。この習・プーチン連続会談に道筋をつけたのは、外相の王毅だった。この3月、王毅は年に1度の重要会議である全国人民代表大会（国会に相当）の後

プーチン露大統領と会談する王毅外相
©ZUMA／amanaimages

半を欠席してまでロシアを緊急訪問し、プーチンと会った。中国が厳しい状況にあった裏返しでもある。

6月25日午後7時、国営中国中央テレビが放送したメインニュース「新聞聯報」は特異だった。トップは、習近平がタシケントで23、24両日に開いた上海協力機構（SCO）会合で演説した内容など。そして翌日からのプーチン公式訪中と中ロ首脳会談。続いて北京でのAIIB初年次総会と、南シナ海問題で中国の立場を支持する国の多さを宣伝するニュース。最後が英国のEU離脱の影響だった。

習近平が最も重視するのはプーチンとの盟友関係である。2人は1年間で5、6回の頻度で会談。この3年余りで習は5度も訪ロし、プーチン訪中も4回にわたった。2人は良好な関係を世界に向けて宣伝した。

実際のところ、両国の貿易額が減少するなど課題は多いが、政治関係は別である。SCO会合を利用して会談。そして北京に移動し、25日に再会談した。

世界秩序の維持を主導するのは、米国やEUではなく中ロ両国の枠組みである——。

タシケントと北京での連続会談の隠れたメッセージはこうなる。米国への対抗意識がにじむ。共産党機関紙、人民日報傘下の環球時報は6月25日付で中ロ関係の大特集を組んだ。党宣伝部の統一的な指示があり、中国メディアは中ロ一色だった。

15年9月の習近平訪米では公式訪問にもかかわらず、包括的な共同声明さえ出せなかった。翌年6月の中ロ首脳会談では、両国は包括的な共同声明で「戦略的パートナー関係」を強調した。米軍のTHAADの韓国への配備への強い反対で一致。インターネット、極地、海洋など幅広い分野での協力をうたった。宇宙・ロケット分野、遠距離大型旅客機、大型民生用ヘリコプターでの研究協力も含まれていた。

極めて幅広い枠組みだったため、双方からは7名もの副首相が出席した。中国側は、最高指導部メンバーで、経済担当の副首相、張高麗。そして対外経済担当の副首相、汪洋。女性副首相の劉延東も姿を見せた。

ロシア側は第1副首相のシュワロフら計4人の副首相。まれに見る重厚な布陣である。短時間のプーチン訪中のためだけに、各分野の責任者が北京に大集合した。ロシア代表団の規模は200人以上という。プーチンは2カ月余り後、中国・杭州で開かれた20カ国・地域（G20）首脳会議でも再び訪中し、習と会談した。

ＡＩＩＢ総会と同じ日に

「中ロは形の上では同盟関係にない。だが、多くの領域で事実上の同盟的な関係、盟友である」。中国の外交・安全保障問題の研究者はこう見る。

タシケントでの上海協力機構会合で習近平が重視したのは南シナ海問題だった。気にしているのは、常設仲裁裁判所の司法判断が間もなく下るからである。提訴したフィリピンの立場がなんらかの形で認められた場合、中国のメンツがまる潰れになりかねない。

そこでプーチンは〝盟友関係〟に配慮して十分に協力した。ロシアの影響も大きい上海協力機構の主要国は、中国の南シナ海問題での立場に支持を表明している。共同声明にこそ明記されなかったが、習近平としては満足できる結果だった。

そして、中国はもう一つ、舞台を用意した。北京での習・プーチン会談と同じ25日、中国が主導するアジアインフラ投資銀行（ＡＩＩＢ）の第1回年次総会が北京で開かれた。プーチン公式訪中の1日目に当てたのが目を引いた。

承認された第1号案件は、バングラデシュの送電線事業への単独融資に加え、パキスタン、タジキスタン、インドネシア3カ国の事業への協調融資だった。そこではアジア開発銀行（ＡＤＢ）、世界銀行、欧州復興開発銀行と組む。この4カ国はすべて中国が進める「新シルクロード経済圏」構想の重点地域だ。今は協調融資が主体だが、徐々に単独案件が増えるのは間違いない。

ＥＵを離脱する英国、そしてフランス、ドイツ、イタリアなど欧州主要国を含む57カ国は

ＡＩＩＢの創設メンバーである。初の年次総会には、新たに加入を希望する24カ国の代表も出席した。出席者に大物は少ないとはいえ、中国が仲間の多さを誇るには格好の場になった。

南シナ海での〝友人〟としてネパール、タンザニアまで動員

中国のニュースでは、南シナ海問題で中国の立場を支持する友人の多さを誇る宣伝モノが目立っていた。この「官製ニュース」は、英国のＥＵ離脱問題より大きな扱いになりがちだ。

だが、映像に登場して中国への理解を示したのは、ネパールといった海のない国家の政党人。そして遠いアフリカの各国の人々。タンザニアの政党人らである。やや苦しい。だからこそ、大国、ロシアとの〝盟友関係〟が重要になる。

「当事国の同意を得ないまま、一方的な行動をとることに反対する」。習近平は南シナ海問題で自らくぎを刺した。中国トップが公の場でここまで発言するのは珍しい。25日の中ロ首脳会談後の共同会見での出来事だった。

プーチンは6月26日、到着から24時間も経ずに北京を後にした。中ロの枠組み強化で、「日米同盟vs中ロ盟友関係」の構図がさらに鮮明になるのか。これは首相の安倍晋三とプーチンの関係も絡む日ロ関係の行方とも大きく関係する。

7 南シナ海で全面敗訴

「60カ国の支持がある」という空虚な宣伝

２０１６年７月12日、オランダ・ハーグの常設仲裁裁判所は、中国が管轄権の根拠とする「九段線」には国際法上の根拠がないとの判決を下した。中国が現行の国際法の体系を尊重するのか。この判決は決断を迫っていた。

中国は国連海洋法条約の批准国である。それにもかかわらず判決を拒否する声明を発表した。判決は法的な拘束力を持つ。これは条約に明記されている。だが、悲しいかな強制力はない。それをいいことに判決を無視するなら、国連軽視と言わざるをえない。

中国は国連安全保障理事会の常任理事国である。アジアと世界の安定維持に大きな責任があるはずだ。判決を一顧だにしない姿勢は、責任の放棄につながる。

判決はもう一つの面で画期的だった。南沙（英語名スプラトリー）諸島には、排他的経済水域（ＥＥＺ）が生じる「島」は存在しないとしたのだ。つまり、「岩」という指摘だ。専門用語では、高潮時には水没する「低潮高地」である。当たり前だが、12カイリの領海も発生しない。

〈仲裁裁判所判決の骨子〉

・中国が南シナ海に設定した独自境界線「九段線」には主権、管轄権、歴史的権利を主張する法的根拠はない
・南沙諸島には、排他的経済水域（ＥＥＺ）を設けられる国連海洋法条約上の「島」はなく、中国はＥＥＺを主張できない
・中国がスカボロー礁でフィリピン漁民を締め出したのは国際法違反
・ミスチーフ礁とセカンドトーマス礁はフィリピンのＥＥＺ内にある
・中国は南沙諸島で人工島を建設するなどして国連海洋法条約の環境保護義務に違反

中国が南シナ海で進めた人工島造成は法的な正当性を失った。そもそも古来、南シナ海で主権を有するという中国の主張には無理があった。それが国際法上もはっきりした。今は18世紀から19世紀にかけての帝国主義の時代ではない。力による現状の変更は認められないのは当然だ。近代国際法の枠組みを認めないかのような姿勢には、中国内部でさえ批判がくすぶる。北京在住のリベラル派の大学教授は、公開の席で「中国が無法国家だと思われるのは得策ではない」と発言している。

東南アジア諸国連合（ＡＳＥＡＮ）では南シナ海で領有権を主張するフィリピン、ベトナムのほか、シンガポールやインドネシアも「国際法に沿った解決」に賛同している。中国はカンボジア、ラオスなどの取り込みに躍起だ。

中国政府による「60カ国の支持がある」との宣伝も、中身は空洞だ。心底、中国の主張が正しいと思っている国は極めて少数でしかない。中国との経済関係を考慮して、表向き文句は言わないという姿勢である。つまり、単なる「お付き合い」だ。

完敗の判決が、苦境の習近平への助け舟に？

予想を超える中国の完敗だった。習近平はさぞかし落ち込んでいるに違いない。誰もがそう想像する。そんな中、数日を経てまったく違う声が中国内から聞こえてきた。

「確かに中国の完全な負けだ。それでもこの完敗は内政上、苦しい立場にあった習近平にとって逆に素晴らしい『助け舟』となった」

中国の内政、外交をつぶさに観察している中国人の見方だ。一見、信じがたい。とはいえ今回の動きの一側面を言い当てている。

中国国内向けには、メディアを通じて対外強硬路線を宣伝し、国民を一つにまとめるのが容易になった。矛先は、評判を落としていた習近平にではなく、ひとまず外国に向いている。

勇猛な言葉の裏に、軟化のサイン

習近平は強気に出ることで正面突破を図った。7月12日の判決発表の直前、北京で開かれた欧州連合（EU）との首脳会談で早くも「中国は仲裁判断のいかなる主張も受け入れない」と言い切った。

結果が出る前にトップが対外的に発言するのは本来、危険だ。例えば１９９９年、ユーゴスラビアの中国大使館を米軍機が誤爆し、犠牲者が出た際、当時のトップ、江沢民はテレビ画面になかなか登場せず、国家副主席だった胡錦濤がまず前面に立った。世論の推移を見定めてからトップが登場する慎重な手法だった。

しかし、今回は習近平自身が旗を振らなければ、重大な結果の糊塗《こと》は難しかった。南シナ海でここまで強硬姿勢をとった原因が、習近平の意向なのだから。中国は厳しい判決も予想し、早くからダメージコントロールに入らざるをえなかった。

外交トップである国務委員の楊潔篪、外相の王毅らもすぐに追随した。「法律の衣をまとった政治的茶番劇だ」。少し前には前国家主席、胡錦濤時代の外交責任者だった戴秉国が、米国で「判決は紙くずだ」と気勢を上げていた。

同じ頃、共産党中央宣伝部はインターネットを通じて南シナ海の主権を守れという大キャンペーンを展開し始めた。

中国の一つ（の領土・領海）も欠けてはいけない――。どの中国ニュースサイトを開いても南シナ海の「紅い舌」を含む派手な中国地図が登場する。習近平の権威の維持が目的だった。ネット上の宣伝を見た国民はコメント欄に「戦争も辞さない覚悟だ」などと勇ましい書き込みをした。

一方、世論が激高しすぎないよう手も打った。７月12日、北京の大学の党組織は「学生のコントロールを強化するように」との〝お触れ〟を出している。北京のフィリピン大使館の警備も極めて厳重だった。

2012年9月の尖閣諸島の国有化の際のように、中国各地で大規模デモが発生し、万一、収拾がつかない事態になれば、矛先は習近平自身に向きかねない。就任以来、大物の汚職摘発で人気を保ってきた習近平だったが、一般国民の間ではすでに飽きがきている。

「いくら『反腐敗』といっても単なる権力闘争にすぎないのでは……」。そんな冷めた見方が広がりつつあった。メッキは、はげつつある。

南シナ海を巡っては、表向き極めて勇ましい。半面、中国政府が裏で対外的に発したメッセージは違っていた。国際的な立場の悪さを認識し、軟化のサインもにじませた。習近平の対EU発言の最後の1行にも表れている。そこでは「平和解決」もうたっている。

中国の報道は、「西側」と違い、見出しや冒頭の語句は大事ではない。最も言いたい内容は最後にくる。

7月12日、中国政府は他にも手を打った。中国首相の李克強のサイドが、首相の安倍晋三と会談する日程調整に応じる意向を早々と示した。その週末までモンゴルで開くアジア欧州会議(ASEM)の際である。

この日中首相会談を巡っては、ウランバートルでの事前協議でも中国側は無理な注文は出さなかった。あれだけ南シナ海問題で反発していたのに、「応じなければ会談自体をキャンセルする」

という、いつもの脅しを使わなかった。

翌週7月18日からは日本の新外務次官、杉山晋輔の訪中も受け入れた。中国外務省筆頭次官の張業遂との協議では、懸案の日中韓外相会談を開く方向で調整も始まった。日中の首相会談、外務次官協議が続いたことは、中国の微妙な変化だった。

そこには日本の政局の分析も関係していた。7月10日の参院選で自公政権が大勝し、安倍の政権基盤が盤石になった。当面続く安倍政権を無視できない、という冷静な見方である。

李克強の〝愛想〟は、唐突な融和のサイン

それでも7月15日の日中首相会談の形式で中国側は、相変わらず体面にこだわった。指定された会談場所には安倍が先にやってきた。それなのに中国側は安倍を待たせた上で、後からやってきた李克強が先に入室。安倍を迎えた形を整える演出だった。

一方、李克強は、安倍との会談の冒頭で珍しく〝愛想〟をよく対応した。取材する日本の記者団を指差しながらこう言ったのだ。

「日中関係改善の勢いを維持できるのか、注目が集まっている。あの記者たちの姿にも注目が集まっている」

普段より冗舌だ。外交・安全保障問題を直接、担当していない李克強の番外発言としては異例である。上機嫌と言ってもよい。実際の会談では激しいやり取りもあったはずだ。しかし、双方

とも表に出すのは避けた。

それは、日本での開催を調整する閣僚級の日中ハイレベル経済対話、日中韓首脳会談。そして中国・杭州での20カ国・地域（G20）首脳会議での日中会談をにらんでいる。

習近平が、いきなり融和のサインを出すのは唐突だ。メンツも立たない。しかしナンバー2の李克強にならできる。その役割を忠実に果たした。

とはいえ、李克強は会談に先立つ安倍との握手の際は表情を崩さなかった。北京で開かれた2014年のアジア太平洋経済協力会議（APEC）の際と同じだ。3年ぶりの日中首脳会談で習近平は安倍との握手で厳しい表情を保った。中国国民がテレビ画面で注視する以上、李克強もカメラの前でにやけるわけにはいかなかった。

中国は一筋縄ではいかない。なおも日本攻撃は続いた。中国メディアは、裁判官に当たる仲裁人を任命した国際海洋法裁判所長（当時）の柳井俊二と安倍の関係に焦点を当てた。

中国国営中央テレビは、柳井が座長を務めた有識者懇談会が集団的自衛権行使の容認を巡る報告書を提出した経緯を紹介。「仲裁裁判所は日本の『右翼』が独断で組織し、公平性を欠く」とまで断じた。

八つ当たりである。中国自身が裁判を拒み、裁判官の人選に関わるのも避けたため、規則に従って時の所長が手続きを進めただけだ。

だが、国際的には通用しない論理をあえて持ち出したのは、中国国内向けでもある。あまりにドラスティックな判決だったため「中国政府は何をやっていたんだ」という批判が起きないための予防線だった。これは中国が苦しい状況に陥っている場合、使う手だ。その際、かなりの確率で日本が標的になる。過去の歴史に関する記憶がここに影響する。

ＡＳＥＭ議長声明で中国は南シナ海問題の明記の阻止に成功した。それでも「国連海洋法条約に従った紛争解決」との表現は盛り込まれた。1年前の同会議の表現をほぼ踏襲したとはいえ、判決が下ったあとの意味合いは異なる。中国への一定の圧力にはなった。

米海軍トップ、米大統領補佐官に秋波を送る

米中間でも動きがあった。判決当日から1週間もしないうちに中国は、米海軍作戦部長のリチャードソンを北京に招いた。米海軍の制服組トップに位置する人物である。

中国は、場所を山東省青島に移し、北海艦隊司令部、原子力潜水艦の乗員らを訓練する中国海軍の潜水艦学院、さらに中国が持つ虎の子の空母「遼寧」まで参観させた。

中国軍のメッセージは何か。リチャードソンと16年7月18日に会談した中国海軍司令官の呉勝利の発言にそれが表れている。

「中国海軍はいかなる軍事挑発も恐れない」

「計画通り島と岩礁の建設をやり遂げる」

「前線の軍行動を統制し、戦略的に誤った判断を下すのを避け、南シナ海の平和と安定を守る」

海軍の責任者が「島」の建設続行を明言したのは、一連の埋め立てが軍主導である点を示す。中国はあえて衣の下から鎧《よろい》を覗かせた。南シナ海での軍事演習を繰り返したのも同じ理屈である。

一方で重要なのは、呉勝利発言の最後にある「誤った判断をしない」という部分だ。あえて空母「遼寧」の視察を容認したのと合わせれば、米国との衝突は避けたい、という意向は明確だった。

リチャードソンは海軍大将である。空母「遼寧」の装備や乗員を一目、見れば、その機器のレベル、兵の練度を判別できる。中国側はそのリスクをあえて取った。

習近平は7月25日、北京で国家安全保障担当の米大統領補佐官、ライスと会談した。ラオスでの東南アジア諸国連合（ＡＳＥＡＮ）地域フォーラム（ＡＲＦ）の前日を選んだのは米国へのある種の秋波だった。

ライスは、米高官として唯一、習近平が提起した「新しい形の大国関係」を肯定した人物だった。２０１３年11月の講演でのことだった。ただ一度だけである。機を見るに敏な中国は見逃さなかった。直後に中国軍は東シナ海へ一方的に「防空識別圏」を設置した。

今度はオバマ政権が態度を一変させた。「新しい形の大国関係」に一切、言及しなくなったのだ。米側は、米中二大国による世界分割統治のニュアンスを持つ点を警戒した。

習近平は、この苦々しい経緯を熟知している。だからこそ「親中国」の面を持つライスに狙いを定めた。9月に杭州で開く20カ国・地域（Ｇ20）首脳会議の成功のためにも「一時休戦」の雰囲気を醸し出すのが目的だった。

だが、仲裁裁判所の判決を無視して「島」の建設を続け、南シナ海で実弾を使った演習までしておいて、米軍との衝突だけは避けたい、ではムシが良すぎる。習近平は、それでも米側が本格的な軍事行動に出ることはない、と読んでいた。

中国は７月25、26日にラオスで開いたＡＳＥＡＮ外相会談の共同声明で仲裁裁判所判決に触れるのを力ずくで阻止した。こちらは習近平が、外相の王毅に課した使命だった。

経済協力をテコに手なずけたカンボジア、そして議長国のラオスも中国側が描いたシナリオ通りに動いた。中国はしたたかだった。持てる力をなりふり構わずフル活用した。「完敗」判決による傷口が、それ以上に広がるのはひとまず防いだ。

「既存の国際秩序を変えるのは本当に難しい」

外国訪問中だった習近平は、かつて周囲にこんな本音を漏らしている。自らの肝煎りで米側に提起した「新しい形の大国関係」がオバマ政権に事実上、拒まれた後だった。

７月25日、習近平が米大統領補佐官のライスを前に口にした内容はまるで逆である。「現行の国際秩序と規則に挑戦するつもりはない」。融和姿勢を示したのだ。すでに中国が国際法を無視した以上、この発言は方便に過ぎない。

そもそも習近平が鳴り物入りで掲げた「中華民族復興の夢」は、米国が主導する既存の秩序を崩し、中国がより大きな役割を果たすことも意味する。今後も南シナ海、東シナ海での摩擦は続くだろう。

南シナ海問題の、責任を取るのは誰か

表は強硬、裏では秋波――。習近平主導の動きは、ひとまず内を固める効果があったとしても、その後の展望は見えていない。南シナ海での「完敗」は明らかだ。今後も中国に不利な情勢が続いた場合、最後に誰かが責任を取るのは世の常である。それが誰になるのか。

対外的には「一枚岩」を強調する共産党の伝統があるため、表向き南シナ海問題が権力闘争の材料になることはない。ただし、16年夏の「北戴河会議」では、長老らから様々な問題点が指摘されたのは、間違いない。南シナ海問題を柱とする外交・安全保障問題への評価は、17年の党大会人事に必ず影響する。

8　G20での挫折――対米〝大国外交〟は幻に

習とオバマの微妙な西湖散歩

20カ国・地域（G20）首脳会議が開かれた2016年9月4、5日両日、そして閉幕後の6日。900万人もの大人口を抱える中国の杭州市は薄曇り、にわか雨だった。

習近平の晴れの舞台であるG20の成功を演出するため、周辺の工場は8月下旬から最大16日間

もの全面操業停止を地元政府から言い渡されていた。杭州市の住人は合計２００万人が外地に出るよう命令された。自家用車を少なくしＰＭ２・５を減らすためでもあった。

警備上の理由のため、主会場の周辺50キロ圏は住人が消えるという異様な光景が出現した。それでも、空気を澄ませるという効果は限られていた。

そしてもう一つ。中国側がＧ20の成功を演出するための目玉の1つにしたいイベントがあった。米国大統領、オバマの大統領任期中の最後の訪中である。

習近平とオバマは9月3日夜、「人間天国（地上の楽園）」と称される杭州の名勝、西湖のほとりを2人で散歩した。特別待遇である。その途中で腰を下ろし、龍井茶で喉を潤した。とはいえ両人の表情はさえなかった。

それもそのはず。これに先立つ、中国での最後の習近平・オバマの会談、夕食会は愉快なものではなかった。

習近平にとって対米関係での最大の課題は、実は南シナ海問題ではなかった。２０１３年6月の訪米時に華々しく打ち出した米国との「新しい形の大国関係」を米国に受け入れさせるメドをつけることだった。米中両国が互いに〝核心的な利益〟を尊重し、事実上、世界を仕切るという野心的な試みだ。

もし、これを半分でも達成できれば、南シナ海問題などは大筋、解決したも同然である。しかし、ついにオバマの時代には実現しないことがはっきりした。習近平にとっては大きな挫折だった。

中国の国営メディアの報道は、さも米中の新しい形の大国関係の構築が進んでいるかのように報じている。だが、オバマはこれに一切、触れていない。会談では、南シナ海問題について国際法に基づく解決に言及した。先の仲裁裁判所による判決の受け入れを中国に迫っていた。

この「大国関係」という課題は、中国の内政上も大きな問題をはらむ。習近平は、2017年の共産党大会の最高指導部人事を主導したい。そのためには外交上の実績も重要だ。だが、米国との関係を中心にした対外戦略は思うように動かない。これでは、自ら掲げた「中国の夢」の実現も危うい。

うかうかしていると、うるさい長老らに習近平の失点として突かれる恐れさえある。習近平としては、気候変動問題以外、目立った成果もないのに、オバマとにこやかに歓談するわけにはいかなかった。

オバマも似ていた。南シナ海問題を巡っては、スカボロー礁で中国のしゅんせつ船が動き出したとの情報をフィリピン側が明らかにしていた。笑顔で習近平と会談していれば、「アジア回帰」を宣言した米国の沽券《こけん》に関わる。

杭州空港でケンカした米中

この微妙な米中関係を象徴する事件があった。舞台は、9月3日、オバマが大統領専用機、「エアフォースワン」で到着した杭州空港である。

米側の随行職員らが中国側の警備担当者からいわれのない制止を受けた経緯が大きな話題になった。特に問題化したのは、国家安全保障担当の大統領補佐官、ライスが専用機から降りてきたオバマに近付いた際、中国の警備担当の公安要員が強く遮ったことだ。

「ここは我々の国だ！　我々の空港である！」

さらに中国側の男性警備担当者は、ホワイトハウスの女性担当職員に声を荒らげた。

大統領の外遊時、同行の記者団は、専用機のタラップの下で大統領を見守るのが慣例である。だが、中国側は記者らの移動を許さず、退去を求めた。米側担当者が、自らの大統領であり、自らの大統領専用機である旨を述べ、記者の移動を認めるよう強く抗議すると、中国の要員が怒鳴り返したのである。

この時、オバマが「エアフォースワン」で到着した際、中国側は赤じゅうたんを敷いたタラップを用意していなかった。

オバマは専用機に附属するタラップを降ろし、そこから登場した。このタラップは機体の最後尾に近い場所にある。異例である。

専用機の「ケツ」から登場した意味

専用機の「ケツ」から大統領が、赤じゅうたんもない場所に降り立った。中国側の失態を逆手にとって、中国の対応を皮肉ったようにも見えた。

米国は政治的には杭州G20を重視していない――。オバマがそんなメッセージを発しながら、専用機のケツから降りてきたようだった。まさにケツをまくったのだ。

出迎えの方式、警備を巡って米中双方は事前にやり取りしていた。だが、その際に摩擦が起きた。結果として中国側がタラップを用意しなかったため、多くの人々が「中国側の嫌がらせに違いない」と受け止めた。海外メディアはこの事件を大きく取り上げた。

中国側は、中国系香港紙なども動員して「米側の要請だった」と反論している。矢面に立たされた中国外務省も北京での記者会見などで必死の反駁を試みた。

だが、現場は杭州であり、記者が空っぽになっている遠い北京での言い訳は効果が薄い。既に時は遅し。事件はG20の最大の話題の一つとして、世界中にニュースが駆け巡った。

オバマ自身は9月4日の杭州での記者会見で、この問題について「深読みしなくてよいのではないか」「初めてではないし、中国だけでもない」などと語り、受け流した。

米国の警備当局は、大統領の安全を最も重視し、他国より多くの航空機、ヘリ、車、警備員を現地入りさせる。このため「ホスト国側からすれば多過ぎるように思えるのだろう」という説明である。

いずれにせよ、この後味の悪い杭州空港でのトラブルは、今の米中の微妙な関係を表しているのは確かだ。

後話がある。ライスの制止問題である。「（中国側の）公安の現地担当者が、オバマ側近であるライスを知らなかったようだ。こんなつまらない話題にG20が乗っ取られてしまったのは残念だ。大きな失態だ」。中国側は頭を抱えた。

北京や上海といった国際都市なら、公安担当者ももう少し洗練されている。杭州だからこそ発生した問題だったかもしれない。

杭州人200万人排除、16日間の工場停止

国際会議に慣れていない地域ならではの問題は、先に紹介した工場閉鎖も同じだ。「明日から工場を停止せよ。16日間だ」。ある工場への通告は、なんと操業停止日の前日だった。

G20が終わるまで最大で16日間も操業を止めろという命令なのに、何の補償措置もない。「中央の命令だから」。その一言だった。G20成功の演出には必要という判断だった。

休業による経済的損失は計り知れない。もしも、民主主義国家だったなら、政府を相手取った訴訟が起きるのは必至だ。

G20の期間中、風光明媚な西湖のほとりは、ほぼすべてが封鎖され、一般人の立ち入りが禁止となった。ここは世界遺産に登録されており、景観は中国の一般人民ばかりか、世界の人々も価値を認める共通の文化遺産である。

しかし、西湖の湖上を利用した大仕掛けの舞台、花火を一般市民は見ることができなかった。

巨額の資金を投入しているのに、である。それればかりか、市民は一週間の休みを言い渡されて、外地に行くように勧められた。

「すべては最高指導者のため。これはかつての中国皇帝の発想だ」。こんな恨み節も杭州市民から聞かれた。

強権姿勢はG20の会議の運営自体もそうだった。日本政府が現地のホテルに設置したプレスセンターでは日中首脳会談などの記者ブリーフなどが行われた。しかし、わざわざ世界各国から集まった記者らが入れない。

中国政府が警備上の理由を盾に、このホテルに入ることができる人数を一方的に制限したのだ。日本側、各メディアは現場でも善処を求めたが、中国側は聞く耳を持たなかった。杭州空港での米中のトラブルと同種の問題だった。

こうした中国独特の高圧的な姿勢は、習近平が9月5日に首相の安倍晋三との日中首脳会談に踏み切った理由とも重なる。

安倍を真の意味で歓待はしない。だが、G20の成功の演出には、近隣の大国との2国間会談は必要だった。これが日中首脳会談であまり多くの成果がなかった理由の一つでもある。

中国はG20の成功のため、杭州の住民、200万人を外地に移動させた。会場周辺の50キロ圏に住む人々である。おかげで、浙江省の近郊の観光地は杭州人であふれた。

安徽省の名勝、黄山は杭州人の入山料を無料としたため、多くの杭州人が登山のため列をなした。

こんな大規模で強制的な住民移動を短期間に成し遂げることができるのは、中国がいわゆる「強権国家」「全体主義国家」であるからだ。

習近平による、習近平のためのG20――。一大イベントは9月5日、「大成功」という自画自賛の中で閉幕した。

北朝鮮の核実験――複雑怪奇なパワーゲームは続く

その日、習近平にとってもう一つ、いまいましい事件があった。関係改善を進めたはずの北朝鮮による3発のミサイル発射である。G20の閉幕日に合わせた中国への嫌がらせ。習はそう受け止めた。北朝鮮はその少し前、潜水艦発射弾道ミサイル（SLBM）の発射も成功させていた。

中国は国連安保理での報道向け非難声明に同意した。すると、9月9日、北朝鮮は建国記念日に合わせて核実験まで強行した。中国にもはや止める力はない。中国を取り巻く国際情勢はかくも厳しい。

とはいえ、G20終了後、すぐにラオスのビエンチャンで開かれた東南アジア諸国連合（ASEAN）首脳会議での南シナ海問題の扱いは、中国にとってひとまず胸をなで下ろすことができる内容だった。出席したのは外交を事実上、担当していない首相の李克強だ。

ASEAN首脳会議の議長声明では、南シナ海情勢に関して、中国の主張が退けられた7月の仲裁裁判判決に直接、触れなかった。「深刻に懸念」との文言は盛り込んだものの、従来の表現の踏襲だった。中国国内メディアは、これを「中国の勝利」などと大々的に報じた。

中国が議長国のラオスや、カンボジアを取り込んでいた成果と言えた。中国による「アメとムチ」の対東南アジア政策は侮れない。

ラオスにも入ったオバマは、これまで掲げてきた「アジア回帰＝リバランス」政策を総括する演説をした。それでも存在感を十分に発揮した、とはいえない状態だった。

予定していたフィリピン大統領、ドゥテルテとの初会談も彼の放言のせいでキャンセル。立ち話をしただけだ。

オバマと安倍の日米首脳会談も開かれなかった。こちらは直前、ウラジオストクで行われた日ロ首脳会談での安倍とプーチンの接近を耳にしたオバマが「へそを曲げた」とも噂される。

オバマが、ドゥテルテの代わりにじっくり話したのは韓国の朴槿恵だった。北朝鮮は、G20閉幕の日に弾道ミサイル3発を発射し、9月9日は5度目の核実験に踏み切った。

「レームダック」の懸念があるオバマと、ラオスで一矢報いたと自画自賛する中国。南シナ海を巡る米中確執は、次期米大統領が誰になろうとも続く。今後も複雑怪奇なパワーゲームになるのは間違いない。

第4章

しっぽが頭を動かす

――北朝鮮に振り回される中国

1　北朝鮮へ回帰する中国——近隣外交に行き詰まる

中朝のパイプをつないだ2人は死刑と失脚

「中国は北朝鮮について中華帝国の北東に付いている『しっぽ』のようなものに過ぎないと思っている。しかし、実態は『しっぽ』が、本体である中国の頭を振り回している」

中国人学者の慨嘆である。

対北朝鮮関係に悩む中国の思いがこもっている。面白い。劇的だった2015年中朝関係を分析するため、少し時代を遡ってみたい。

北朝鮮トップだった金正日と正恩の父子、訪朝した中国最高指導部メンバーの周永康、金正日側近で事実上のナンバー2だった張成沢。4人が並んで軍事パレードを参観し、周永康は笑顔で北朝鮮の観衆に手を振った。つい5年前、2010年10月10日、平壌での出来事だ。

「中朝トップがそろって交代したあとの周永康、張成沢の悲惨な末路を見れば、厳しかった中朝関係が理解できる」。中国の中朝問題専門家が説明する。

トップとして7回も訪中した金正日が11年末に死去。3男への権力継承後、中朝関係は暗転した。第一書記に就いた金正恩は北朝鮮として3度目の核実験に踏み切る。13年末には伯父で父の側近、張成沢を処刑した。対中関係を仕切った人物だけに衝撃は大きく、経済への打撃も計り知れなかった。

中国も大混乱していた。トップに就いて間もない習近平は、党内序列９位だった周永康を摘発した。北朝鮮に近い大油田で長く働いた石油閥の親分。国境警備も担う武装警察、公安の仕切役であり、北朝鮮とのパイプは太かった。一時、周永康の北朝鮮亡命説まで流れた背景である。

北朝鮮の最高指導者、金正恩 ©ZUMA／amanaimages

周永康摘発は、張成沢の処刑と同じ13年12月の事件だ。だが、中国は８カ月間も隠し続けた。「早期公表すれば、中国も北朝鮮と似た恐怖政治の国、との悪評が広まる。それを恐れた」との見方もある。絶対権力者の君臨する国では生死を賭した政治闘争が常に存在する。実態は見えにくい。

双方とも重要なパイプを失った中朝関係は、底が抜ける寸前だった。「中国と日本の関係も良くないが、習主席は安倍晋三首相と何度も会談している。だが、３男（金正恩）とは会ってない。中朝、中日のいずれの関係がましか明確だ」。中朝外交に詳しい幹部の解説は、言い得て妙だ。

その中朝関係が動き始めた。中国は15年10月10日の朝鮮労働党設立記念日に代表団を送った。率いるのは党内序列5位の劉雲山。金正恩と手を取り合いつつ軍事パレードを参観した。5年前の金正日と周永康とそっくり。だが一段と親密に見える。中国共産党対外連絡部長、王家瑞も同行した。

「劉雲山代表団の格は高い。その前段は9月3日、北京の軍事パレードだ。金正恩が特使として訪中させた軍高官の崔竜海を中国は意外に手厚くもてなした」。朝鮮半島情勢の研究者が解説する。

前回、中国が北朝鮮に代表団を送ったのは13年7月の朝鮮戦争休戦60年記念式典だ。トップは国家副主席の李源潮。見栄えは良いが、国家副主席は政府の身分である。中国では共産党が政府の上に立つ。しかも李源潮は最高指導部の一員ではなく、下の政治局委員だ。劉雲山代表団とは格が違った。

軍事パレード参列の北朝鮮代表、実は厚遇されていた

9月3日の北京での軍事パレードに話を戻す。北朝鮮の崔竜海は、前日に平壌を空路で出発し、中国東北部、遼寧省瀋陽の空港に到着。3、4時間の滞在のあと、再び空路で北京入りした。閲兵前には明清王朝の旧皇宮内で習と握手し、記念撮影もした。訪中した韓国大統領、

朴槿恵《パク・クネ》と同格の扱いだ。朴槿恵との違いは、映像に残りにくい目立たぬ形で閲兵した点である。

北京での習と崔竜海の個別会談の報道はない。習は9月2日午前、朴槿恵と会談したあと、歌までついた午餐でもてなした。金正恩自身が来ない北朝鮮は、冷遇されたとの印象が広まった。

実態は少し違う。「未公表だが、中国は要人を瀋陽に送り、崔竜海を出迎えた。北京でも習ではないにしろ最高指導部の一員が接触したはず」。中朝関係筋の見方だ。訪朝した劉雲山と見られる。

その劉雲山は10月9日の平壌入り後、真っ先に崔竜海と個別会談し、大きく報じられた。張成沢処刑のあと、中朝の党外交を担うパイプとして中国が重視している証拠だ。崔竜海の父は、北朝鮮建国前、事実上の中国共産党員として中国東北部で活動した。金日成の同僚だ。中国として信じるに足る。

中国の変化は10月9日、習が金正恩に送った祝電や、劉雲山を通じて渡された自筆の親書からも読み取れる。「私（習）は私個人の名義でも、あなた（金正恩）に。あなたを通じ朝鮮労働党中央に熱く祝い申し上げる」。習はあえて個人として金正恩に祝賀を伝えた。習・金の個人関係づくりにも見える。従来、習は言うことを聞かぬ北朝鮮や金正恩を「好きではない」とされており、異例だ。

劉雲山は、金正恩との会談で習からの親書をわざわざ取材団に開いて見せる形で手渡した。中国メディアはテーブル越しに親書を渡す様子を繰り返し報じ、格の高さ、中朝関係の重要性を宣伝した。

ここに習の戦術転換がにじむ。15年9月の訪米で米中共同声明を出せなかったように、対米関係は厳しい。米大統領選を前に民主党の本命候補、クリントンまで女性地位向上の会合を国連と共催した習にかみついた。「フェミニストを迫害しておきながら恥知らず」。当面米中の険悪な雰囲気は続く。

台湾も16年の総統選で中国と距離をとる野党、民進党の蔡英文が当時から有利とされていた。安全保障関連法を整備した日本との抜本的な関係改善の道は遠い。北東アジアで関係が良いのは韓国ぐらい。これでは地域安定を中国が主導することなど無理だ。朝鮮半島を巡る6カ国協議の再開もおぼつかない。

だからこそ伝統的な友好国、北朝鮮との関係改善が必要になる。すでに韓国の朴槿恵は落ちた。今度は再び北朝鮮にシフト。金正恩とのパイプづくりを含め、手持ちカードを増やしたい。援助も手段となる。15年7月16日、習は中国東北部吉林省の延辺朝鮮族自治州を視察した。向かったのは水田。そこで習が「大豊作」に言及したのは、中国で暮らす朝鮮系民族は食も豊かで幸せ、というアピールだ。食糧が不足しがちな北朝鮮が中国に従うなら十分な支援をする、との秋波に見える。

中朝関係はひと筋縄ではいかない。習は15年9月、ワシントンでの米中首脳会談で「朝鮮半島の緊張を高めるいかなる行動にも反対する」と明言した。北朝鮮を名指しこそしないが、強い表現は「核実験だけは許さない」との決意だ。では中国は弾道ミサイルの発射実験なら許すのか。北朝鮮が、各国とも権利を持つ人工衛星打ち上げ、と主張するなら完全阻止は難しい。これが中国の本音だろう。日米韓とは大きく異なる。

中朝の隔たりは他にもある。金正恩は劉雲山との会談で中朝関係を「血で固めた関係」と強調した。朝鮮戦争を共に戦った戦友を意味する。米韓は中朝共通の敵だった。だが、今回の中国側報道に「血で固めた関係」は一切ない。この用語は使わないという報道規制が敷かれているのだ。

9月3日、中韓首脳が並ぶ中国の軍事パレードのテレビ中継は、中朝国境付近の北朝鮮側でも鮮明に受信できた。北朝鮮当局は生中継を見た人々を「違法」として次々逮捕した。敵国の朴槿恵が、北朝鮮と「血で固めた関係」のはずの中国トップと談笑する。金正恩のメンツは立たない。

中国の大規模で派手な閲兵と、10月10日の北朝鮮の閲兵を自国民にテレビ映像で具体的に比べられると「みすぼらしさ」が際立ってしまう、という理由もあった。

2　金正恩による厳しい「お仕置き」の理由

李克強首相の招請に失敗

北朝鮮の対中パイプだった朝鮮労働党書記、崔竜海が姿をくらました。実質的に序列2位、または3位の地位にあったと見られていた人物だ。金正恩の祖父で建国の立役者、故金日成の同志だった重鎮の国葬に崔竜海の姿はなく、「失脚か」との噂が世界を駆け巡った。

北朝鮮のブラックボックスの中の権力闘争。その政治劇の影の主役はやはり中国だった。崔竜海は15年9月3日、中国・北京で挙行された大々的な軍事パレードの際、北朝鮮トップの意向を受けて訪中した。

平壌から遼寧省・瀋陽経由で北京入りした崔竜海は、1日半の短い中国滞在中、冷え込んでいた両国関係の改善について意見交換した。相手は、中国共産党対外連絡部長の王家瑞、そして党序列5位の政治局常務委員、劉雲山だった。王家瑞は瀋陽に出向いて崔竜海を迎えたという。「崔竜海は失敗した。金正恩が与えた使命を達成できなかった。その〝お仕置き〟が今回の措置だ」。中朝関係筋が真相を明かす。

使命とは何だったのか。それは、中国の序列2位の李克強首相を北朝鮮に呼び、10月10日に平壌で行う軍事パレードを金正恩と並んで閲兵させることだった。宿敵である韓国への対抗心だった。

9月3日の北京での軍事パレード。天安門上では、中国国家主席の習近平と、韓国大統領の朴槿恵が並んでいた。金正恩にとって「血で固めた同盟相手」であるはずの中国トップと、宿敵の韓国トップが並んだのは屈辱だった。

一矢報いるには、習近平は無理でも、ナンバー2の李克強ぐらいは平壌に呼びたい。そもそも訪中した崔竜海の北朝鮮内の地位も事実上、ナンバー2、3なのだから。

中国側は即座に拒否した。リスクが大き過ぎた。首相の李克強は国務院＝政府の代表者だ。この頃、北朝鮮は弾道ミサイルの発射実験への動きを見せ、４度目の核実験にまで意欲的とされていた。

首相の訪朝の最中や、その直後にミサイル発射や４度目の核実験があれば、中国の国際的なメンツは丸つぶれとなり、ダメージを受ける。中国は朝鮮半島の非核化を唱えており、２０１３年の北朝鮮の３度目の核実験が両国関係を決定的に悪化させていた。

とはいえ、李克強の訪朝が無理筋なのは、北朝鮮もある程度、わかっていた。崔竜海は次善の提案も携えていた。中国の序列４位の兪正声の招請だ。兪正声は全国政治協商会議主席で、吉林省の延辺朝鮮自治州などに住む朝鮮族を含む少数民族問題の担当でもある。

だが、中国側はこれも拒んだ。「朝鮮族と韓国は経済的にも関係が深い。中国の高位の人物の訪朝によって、せっかく極めて良い関係を築いた韓国を刺激したくない」。それが中国の態度だった。

結局、中国側がＯＫしたのはナンバー５の劉雲山だった。中朝関係の改善は、中国共産党と朝鮮労働党の伝統的な関係の改善から始めるしかない。劉雲山は党務を担当している。

劉雲山は金正恩の希望には沿わない人物だった。崔竜海が訪中時に持って行った招請リストにもない。だが、北朝鮮は、それを飲むしか選択肢がなかった。それでも劉雲山の訪朝は、２０１０年の周永康（当時、最高指導部）以来の高い地位の人物の訪朝になった。

金正恩は10月9日、習近平の親書を携えて訪朝した劉雲山と会い、談笑した。翌日、2人は並んで軍事パレードを参観した。しかし、金正恩はその笑顔とは裏腹に、心中では中国の対応に極めて不満だった。

誰かに責任を取らせなければいけない――。金正恩が李克強の訪朝を希望した経緯は党幹部が皆、知っている。落とし前をつけなければ党内に示しがつかず、トップの権威にも傷がつく。今後の外交にも影響が出かねない。当然、使命を達成できなかった崔竜海がやり玉に挙がった。

常に危険を伴う対中パイプという役割

独裁体制の北朝鮮では、いかなる高官でも突然、地位を失う恐れがある。特に対中パイプは危険な地位である。先に処刑された金正恩の叔父、張成沢のように。

北朝鮮は古代、北東アジアに君臨した高句麗以来の歴史的経緯もあり、極めてプライドが高い。韓国とは違い、中国に従属するのをよしとはしない雰囲気が強い。

では、金正恩は崔竜海を完全失脚に追い込んだのか。崔竜海の父親は、祖父の金日成と一緒に戦った英雄であり、長きにわたる「金ファミリー」への貢献は大きい。簡単に切るのは愚策だ。中国も激怒しかねない。崔竜海は、劉雲山訪朝のカウンターパートでもあった。

一つ、手掛かりがある。崔竜海の居場所だ。一部で報じられたような田舎ではないという。「平壌の中で政治学習中だ。いつかはわからないが、復活可能な処置だ」。関係筋の見方だった。崔竜海は過去にも姿をくらまし、再び蘇った経緯もある。

中国側も事態を深刻にはとらえていなかった。やはり根拠は「崔竜海の父親は建国前に金日成と共に中国東北部で戦った同志だ。中朝のパイプにふさわしい」（外交筋）と見たからだ。

果たして崔竜海は16年5月の朝鮮労働党大会の人事で完全復活を果たした。金正恩、金永南、黄炳瑞、朴奉珠と共に党中央委員会政治局常務委員に選出されたのだ。中央委員会の副委員長でもある。8月のリオデジャネイロオリンピックでは現地入りし、開会式に出席している。

3　美女と水爆——怒り招いた金正恩の罠、そして新冷戦

金正恩の〝小細工〟に習の怒りが爆発

北朝鮮が〝水爆〟を搭載した長距離弾道ミサイルを発射。大海を越えて米国と見られる大陸に着弾し大音響と共に陸地が沈みゆく。

衝撃的な宣伝映像は２０１５年末、北京でひときわ目立つ銀色のドーム、国家大劇院で上映されるはずだった。美女で名を馳せた北朝鮮のモランボン（牡丹峰）楽団の軽快な演奏と共に。

ここは江沢民時代に32億元（約５２０億円）もの巨額の費用をかけて建設した自慢の建物だ。シャルル・ド・ゴール国際空港も手掛けたフランスの建築家、ポール・アンドリューの設計である。正面には江沢民の足跡が残る。江による「国家大劇院」という目立つ揮毫だ。

美女楽団は前日までにこの銀色のドームでリハーサルを終え、準備万端、整えた。しかし、公演は土壇場でキャンセルとなり、美女らは足早に北京を後にした。

美女楽団の動きにばかり目を奪われがちだが、その本質は別のところにあった。アジアの安全保障を巡る地図を塗り替えかねない危うい話である。

「焦点は、2013年2月12日に北朝鮮が実施した地下核実験が『水素爆弾』だったかどうか。金正恩は、習近平に罠を仕掛けた。だが、それは稚拙すぎて失敗した」。平壌、北京の政治情勢に通じる中朝関係筋が解説する。

「我が国は自主権と民族の尊厳を守る自衛の核爆弾、水素爆弾の巨大な爆音を響かせることのできる強大な核保有国になれた」

15年12月10日、朝鮮中央通信は「平川革命事績地」視察での金正恩の発言を伝えた。これは中国への罠だった。連動する舞台は美女楽団の北京公演である。11日から3日間、予定されていた。

美女楽団は、金正恩が開放的なイメージづくりを狙って直々に結成させた選りすぐりの一団だ。その話題性からチケットは大方、売り切れ。ダフ屋が登場するほどの人気になっていた。

トップの意向を受けた北朝鮮側は当初、習近平や、首相の李克強の公演鑑賞を求めた。さすがに中国側は拒んだ。しかし、習や李以外の最高指導部「チャイナ・セブン」のメンバーが出席する可能性は否定しなかった。

金正恩は期待した。「最高指導部の誰かは出てくる。それなら中国が北朝鮮の核保有を認めたことになる」

美女楽団の演目には、北朝鮮の核保有をも意味する国威発揚、金正恩への個人崇拝が数多く含まれていた。とはいえ中身は10月に訪朝した中国共産党序列5位の劉雲山が平壌で鑑賞したものと似てはいる。大筋、中国側も容認していた。

だが、金正恩発言の報道で事態は一変した。水爆保有宣言の直後、中国最高指導部メンバーが、北朝鮮の核保有を示唆する演目をにこやかに鑑賞し、大きな拍手を送ればどうなるのか。北朝鮮の核、水爆保有を中国が事実上、公認することになる。それこそが金正恩の狙いだった。

南シナ海を巡って米国と中国の対立が深刻化。孤立する中国は、過去の盟友、北朝鮮を引き寄せたいはずだ。その弱みを突けば、中国は核保有宣言を黙認するのではないか。そうなれば金正恩は「中国のお墨付きを得た」と裏で宣伝でき、米韓との交渉でも優位に立てる。

見通しは甘かった。〝小細工〟に習の怒りは心頭に発した。中国は、安全保障上、朝鮮半島の非核化を最優先課題としてきた。北朝鮮の核保有、とりわけ水爆の保有など認めるわけにはいかなかった。それでは中国が目論む6カ国協議の枠組みも吹き飛んでしまう。

美女軍団の即時撤収と、核実験を命令の暴挙

指導部の意向を受けた中国当局の反応は素早かった。直ちに外務省報道官が午後の記者会見でこう述べた。「朝鮮半島情勢は非常に複雑、デリケートで脆弱だと見ている。関係当事国が情勢

の緩和に役立つことをするよう願う」。言外に金正恩を批判していた。中国の〝同盟国〟のはずの北朝鮮への物言いとしては極めて厳しかった。

中国側は次々、措置を取った。圧力をかけたと言ってよい。まず、美女楽団公演への出席者のレベルを下げ、最高指導部が関与しない行事とする方向に転換した。そして12月11日の国家大劇院での美女楽団のリハーサルを受けて、演目内容の細かい修正も要求した。

これに北朝鮮側が反発すると、さらなる行動に出た。出席者のレベルを一段と落としたのだ。「最後は文化省の次官を考えていた」。そんな関係者の証言がある。

本国にこの経緯が報告されると今度は金正恩が強く怒った。即時撤収を美女楽団に命じたのだ。鶴の一声だった。国内基盤がなお弱いなかで、最高指導者としてのメンツをつぶされることだけは避けたかった。12月12日、美女らは空路で北京を後にした。

金正恩の怒りは収まらなかった。なんと3日後の12月15日、核実験の「命令書」に署名する暴挙に出た。年明けには〝水爆〟とミサイル発射の実験に突っ走る。

国連の対北朝鮮制裁は中国の怒りもあって厳しい。それでも民生品を外したため中国が北朝鮮経済を支える構造は同じだ。美女楽団のドタバタ劇が示すように中国は北朝鮮に手を焼く。しかし地政学上、見捨てる選択肢はない。今も中朝は形の上では同盟関係だ。

新たに生み出された冷戦構造

北朝鮮による核実験とミサイル発射は、中国と韓国の蜜月関係にくさびを打ち込み、中国の意図を超えてアジアに新たな冷戦構造を生み出した。

朝鮮半島を巡る中朝ロと日米韓の対峙だ。米軍の地上配備型高高度ミサイル迎撃システム（ＴＨＡＡＤ）の韓国配備問題がそれを象徴する。中国は自らの核ミサイルも無力化されると反発し、ロシアも同調した。

中国は〝対韓制裁〟も臭わせる。中国で人気の韓国ドラマ、音楽の流入を事実上、制限する巧妙な手だ。中国は南シナ海問題でフィリピン産バナナ輸入を制限。中国の民主活動家、劉暁波にノーベル平和賞を贈ったノルウェー産サーモン輸入を絞った実績がある。

新たな冷戦構造は米中がさや当てを演じる南シナ海問題と連動する。米空母が南シナ海で中国の動きをけん制したあと、朝鮮半島付近での米韓合同演習に参加した。習主席は国内で軍改革が佳境の今、朝鮮半島でも、南シナ海でも譲れない。

本音を言えば北と南の「二正面作戦」は厳しい。南シナ海での対峙は米国、ベトナム、フィリピンに限りたい。もし米国と組む日本が関与すればゲームが複雑化し、中国に不利だ。日本の安全保障法も気になる。

中国当局者らが日本にくぎを刺す。「南シナ海に日本は関係ない」。最近、中国の研究機構関係者が日本人を前に奇妙な論理を口にした。「日本が南シナ海問題で騒ぐと、訪日中国人観光客が減りますよ」と。

首相の安倍晋三が進めるベトナム、フィリピンなどとの連携をけん制する観測気球である。15年11月、首相の李克強は「(対日関係は)改善の動きがあるが、なお脆弱」と語った。似た趣旨である。

米中を巻き込んだ北朝鮮の情報戦

金正恩発言の「自衛の核爆弾、水素爆弾」のくだりは2006年、09、13年の3回の核実験の成果の誇示だ。プルトニウム型、ウラン型の原爆のほか、最後の13年2月12日の実験では、水素爆弾を実験したと示唆している。金正恩が水爆に言及したのは今回が初めてだった。

これは中国、そして世界に向けた宣伝戦である。「すでにプルトニウム、ウラン、水爆の3種の原水爆を持つ北朝鮮を核保有国として認め、その実力を尊重せよ」という主張だ。特に最後の水爆は、金正恩時代の成果としたい。

伏線はあった。北朝鮮は、13年の核実験の直後から、水爆関連実験だったとの情報が中国上層部に伝わるように仕込んでいた。公式ルートではない。だが、意図的なリークだ。そして、米中確執の間隙を突く形で金正恩自身が水爆保有を宣言した。

世界の観測、研究機関の分析では、水爆実験そのものだったという科学的根拠はない。だが、その前段階の関連実験の可能性は指摘されていた。中国が金正恩発言を「完全なデマ」と考えるなら、これほど反応する必要もなかった。

中朝のドタバタ劇、神経戦は続いた。中国共産党の党外交を担う中央対外連絡部は、新任の部長、宋濤と、美女楽団を率いて訪中した朝鮮労働党の担当者が握手した写真、記事をウェブサイトから削除した。宋濤は、習近平と福建省で共に働いた側近である。ここにもトップの怒りが見て取れる。

15年12月17日は、4年前に死去した金正恩の父、金正日の命日だ。その日、中国外務省報道官は、金正日の業績を讃えた。中朝関係、北朝鮮の社会主義事業への貢献に関して「高く評価する」との表現を2度も使った。異例である。一方で現指導者にはまったく触れていない。裏を読むなら現指導者、金正恩への注文が透けて見える。中国が言いたいのは「父に倣って中朝関係を安定させよ」というものだ。

「美女と水爆」が舞台回し役だった習近平と金正恩の政治劇には、なお先があった。ここからがクライマックスだ。

4　金正恩の真の狙いは対米正常化

中国初の核実験は、東京五輪中だった

この1年ほど前の2015年1月9日、習近平は北京の人民大会堂で、中国の「水爆の父」と

して有名な老科学者に国家最高科学技術賞を授与していた。水爆実験を実施した毛沢東時代には機密保持のため名前を伏せていた于敏。齢は90歳になろうとしていた。そして、16年1月11日、朝鮮中央通信は、北朝鮮トップの金正恩が「水爆実験に寄与した」とする核科学者らを朝鮮労働党中央委員会庁舎に招き、記念撮影をしたと伝えた。

「金正恩は中国の過去の道を同じようにたどるつもりだろう」

「金正恩は毛沢東を意識している。毛は文化大革命（1966〜76年）の動乱期でさえ核開発にこだわり続けた」

中国と北朝鮮の動きを大陸でウオッチする関係者らの指摘だ。金正恩が毛沢東の戦略・戦術をまねている、と耳にすると、あの斬新な髪形まで毛沢東を倣っているような気がしてくるから不思議だ。

約半世紀の隔たりがある中朝の核開発を振り返ってみよう。

〈中国〉

1964年――初の核実験、「核実験は世界平和の維持への巨大な貢献だ」

1967年――初の水爆実験、「中国核兵器の新たな飛躍。毛沢東思想の偉大な勝利だ」

1970年――初の衛星打ち上げ成功「衛星は東方紅（毛沢東をたたえる歌）を放送している」

〈北朝鮮〉
２００６年――初の核実験、「核実験は朝鮮半島と周辺地域の平和と安定の維持に貢献」
２００９年――〝衛星〟と称するミサイル発射、「衛星から金日成将軍の歌、金正日将軍の歌が電送されている」
２０１６年――１月６日、〝水爆実験成功〟と発表、「５０００年の民族の歴史に特筆すべき大きな出来事が起き、天地を揺るがしている。水爆まで保有した核保有国の前列に堂々と立った」

北朝鮮が水爆実験に本当に成功したかは別として、半世紀を経た両国の発表内容は驚くほど似る。中国は１９６４年10月、東京オリンピックの最中にあえて初の核実験に踏み切り、日本国内でも放射性物質が確認された。東京には各国要人、選手が集まったが、中華人民共和国は蚊帳の外だった。

67年には水爆実験。１９９０年代まで中国が40回以上も実験を繰り返した場所は、スウェーデン生まれの地理学者、スヴェン・ヘディンが「さまよえる湖」の謎解明に取り組んだ新疆ウイグル自治区のロプノール周辺である。「楼蘭の美女」のミイラ発見でも知られるシルクロードの一角だ。

大阪で万国博覧会が開催中だった70年、中国は人工衛星を打ち上げた。中国内では衛星が発する「東方紅」の曲がラジオから流れ、北京はお祭り騒ぎに。中国の示威行為だった。中国は国際的に孤立していた。今、北朝鮮が置かれている環境に極めて似ていた。

水爆実験から5年後にニクソン訪中

中国に核開発の力がなかった時代、毛沢東は、米国などの核兵器を「張り子の虎」と呼び、虚勢を張った。だが、朝鮮戦争（1950〜53年）などで現実的に米国による核攻撃の瀬戸際に立たされると、自らの核開発にまい進する。

60年代には、文化大革命の混乱に関係なく、核開発計画だけは着々と動いていた。当時、中国では、将来を見据えた潜水艦発射弾道ミサイル（SLBM）「巨浪1号」の開発も本格化した。毛沢東が喉から手が出るほど欲した「両弾一星」は、原爆、水爆と人工衛星（核運搬手段としてのミサイル技術）を指す。中国は70年までに言わば「三種の神器」を獲得し、対米交渉力を格段に強めた。密使となったキッシンジャーとの秘密交渉を経て、歴史的な米大統領、ニクソンの訪中が72年に実現する。中国の水爆実験のわずか5年後だった。

中国は、対立していたソ連に対抗する手段として、当時は禁じ手と思えた米国と組む道を選んだ。続いて日本も中国と国交を正常化し、国際情勢は激変した。

金正恩の狙いも対米交渉にある。その先には日本との国交正常化も見据えているだろう。とにかく危機をあおって米国の注意を引きつけ、最後は米朝交渉→国交正常化で現体制の保障を勝ち取りたい。金正恩にとって米軍のＢ52戦略爆撃機が核兵器を積んで韓国上空を飛んだり、日米韓の外交・安全保障上の結束が強まるのは、狙い通りかもしれない。

そしてもう一つ。叔父まで粛清し、死刑にした金正恩の恐るべき手法も毛沢東を想起させる。「大躍進」の失敗などで地位が揺らいだ毛沢東は、奪権のため国家主席だった劉少奇まで死に追いやった。

毛沢東の文革的な方法で反腐敗運動を推し進める習近平でも、前最高指導部メンバーの周永康を無期懲役としたものの、死刑にはしていない。あくまで「ミニ文革」にとどまっている。現在の北朝鮮では、文革に似た事象が進行しているとの推測も成り立つ。

習近平にとっては、極めてやっかいだ。２０１６年1月6日の核実験の衝撃で北朝鮮国境に近い中国東北部はかなり揺れ、地割れまで生じた。「(北）朝鮮で戦争が始まったのか……」。住民は脅えた。北朝鮮の核実験だと判明すると、今度は放射能被害への恐怖も広がる。

中国には物資供給を止め、北朝鮮と手を切る選択肢もある。だが、それでは地域での影響力が低下するだけだ。それに北朝鮮は今でも形の上では〝同盟国〟だ。中朝友好協力相互援助条約（１９６１年）は破棄されていない。米中関係が南シナ海問題などで悪い今、北朝鮮カードを簡単には手放せない。その中国の弱みを金正恩は突いている。

美女楽団公演ドタキャンとの関係で広がる臆測

北朝鮮発表によると、金正恩が〝水爆実験〟の実施を命じたのは、先に北朝鮮の美女らによるモランボン楽団が、北京公演をドタキャンして帰国した直後だ。

さらに16年1月10日、北朝鮮で放送された前年1年間の金正恩の活動をまとめた記録映画からは「中国との蜜月の証し」が消されていた。15年10月、金正恩と手をつないで軍事パレードを参観した中国序列5位の劉雲山の姿がカットされたのだ。

核実験だけはしないよう圧力をかけ続けた中国は当然、金正恩の挑発と受け止める。中国外務省スポークスマンも金正恩の誕生日である1月8日に中国が祝電を送ったかについて「知らない」と素っ気ない態度を示し、事実上、否定した。

いざとなれば金正恩は「中国の1960年代の行動を見習っているだけ。自衛のためだ」と開き直ることもできる。自身の誕生日には、水中からの潜水艦発射弾道ミサイル（SLBM）の発射映像も公開した。これも60年代からの中国のSLBM開発を意識しているかのようだ。

5　中韓蜜月に楔を打つ、金正恩の皮算用

THAADが最大の関心事

「金正恩は最大の敵、（韓国大統領の）朴槿恵と、北朝鮮にとって鮮血で固めた同盟国だったは

ずの中国の習近平の仲を裂くのに成功しかけている。中韓蜜月は転機を迎えた」

中朝関係をよく知る識者の見方である。金正恩は習の制止を振り切って〝水爆実験〟の成功を宣言し、事実上の長距離弾道ミサイル発射試験に踏み切った。焦点はなお中国が慎重な国連安全保障理事会による厳しい制裁の行方だ。

しかし、世界の安保専門家らの関心はすでに別の問題に移っている。米国が主導する移動式の地上配備型高高度ミサイル迎撃システム（THAAD）の韓国への配備の是非である。米韓は、北朝鮮のミサイル発射実験直後の16年2月7日、THAAD配備の公式協議の開始を発表した。

この地上配備型の迎撃システムは、高高度で敵の弾道ミサイルを追跡・迎撃できる。韓国に配備されれば、朝鮮半島を超えて中国も射程内に入る。セットで運用する「Xバンドレーダー」により内陸も丸見えになる。中国は自らが配備する核ミサイルを無力化させかねない、と恐れている。

「項羽と劉邦」借りた痛烈な韓国批判

THAAD問題を巡って、16年2月、ドイツ訪問中だった中国外相の王毅がほえた。外国メディアのインタビューだった。現代のミサイル防衛という先端技術の問題なのに、持ち出したのは、なんと2200年前の項羽と劉邦の故事である。

「項荘（項羽のいとこ）が剣舞をした狙いは沛公（劉邦）の刺殺にあった。米国は何を狙っているのか。朝鮮半島の核問題を利用して中国の正当な権益を侵害するいかなる国の行為にも断固、反対する」

項荘の剣舞は「鴻門の会」の有名な故事だ。両雄の会見の場に臨んだ項羽の参謀、范増は劉邦を殺す絶好の機会と見て、項荘に祝いの剣舞と称して近づき暗殺するよう命じた。それは未遂に終わる。

王毅は、暗殺の危機に瀕していた劉邦を今の中国。項羽と狡猾な范増を米国にたとえた。范増の手先として剣（ＴＨＡＡＤ）を手に舞った項荘は韓国である。米国の「下心」を批判しているようで、その矛先は韓国にも向く。痛烈な皮肉だ。

15年9月、朴槿恵は西側主要国でただ一人、中国の大軍事パレードを参観した。習と朴が主導した中韓蜜月である。王毅がわざわざドイツから韓国を批判したのは、習の了解があるからと見てよい。もし、ＴＨＡＡＤが実際に配備された時、中国はいかなる態度に出るのか。

「貿易面で事実上の対韓国制裁に踏み切る可能性も捨てきれない。手段はいろいろある。項荘の剣舞による暗殺も最後は失敗した……」。中国の外交関係者の言葉は思わせぶりだ。

その場合、韓国の痛手は計り知れない。韓国の中国への輸出依存度は高い。国内景気に暗雲が漂うなか、中国頼みだった経済に一段と下押し圧力がかかる。

折しも、韓国国会は、南北協力の象徴だった開城《ケソン》工業団地を巡って大もめだった。すでに閉鎖に追い込まれた同団地で韓国企業は北朝鮮の労働者を雇い、賃金を支払ってきた。その7割が上納され、統治資金を管理してきた「39号室」などを通じて北朝鮮の核・ミサイルの高度化や、金一族のぜいたく品購入に投入されていたと言うのだ。

統一相の説明に対し、野党側は証拠資料を要求。事実なら韓国政府自身が安保理決議違反になる、と追及した。韓国は国会議員選挙を控えていた。韓国情報機関が〝水爆実験〟の兆候をまるでつかめなかった責任問題を含め、北朝鮮は鬼門だ。

逆に言えば金正恩は、〝水爆実験〟とミサイル発射で思惑通り中韓蜜月に楔を打ち込んだ。

手に負えない「東北の小虎」

北朝鮮としてはシリア、イラン問題に力を注ぐ米国が北朝鮮に本気で向き合う気持ちを固めてくれたなら大成功と言える。

金正恩は、中国による原油供給の完全停止などはない、と見切っている。中国にとって北朝鮮は重要な緩衝地帯だ。北朝鮮が崩壊し、統一朝鮮に駐屯する米軍と国境で直接対峙する事態は悪夢である。

15年末、訪中した米国の安保問題専門家は、中国の変化に驚いたという。北朝鮮政策に関わるある人物が「第一目標は核開発を放棄させることではない。安定維持と軟着陸だ」と明言したという。すでに核保有を宣言した北朝鮮の現状を事実上、追認した、とも受け取れる。本当なら金正恩が強気なのもうなずける。

北朝鮮にとってTHAAD配備は必ずしも悪いことではない。38度線を挟んで緊張が高まれば、中国は米韓への対抗上、北朝鮮を援助せざるをえなくなるからだ。

THAADの矛先はロシアにも向く。米ロ間もかつての冷戦状態に戻り、ロシアも北朝鮮に接近する可能性が出てくる。日米韓が結束するなら、中朝ロの連携も強まる。

中国の思いは複雑だ。ドイツでのフォーラムに参加していた外交官出身の全国人民代表大会スポークスマン、傅瑩の言葉が面白い。中国は北朝鮮へのコントロールを完全に失ったのか、との質問への答えだった。

「中国は一貫して他の国をコントロールしようと思わないし、自国を別の国にコントロールされたくもない」

模範回答だ。だが、白々しくもある。中国はある時期まで北朝鮮をコントロールできたが、1992年の中韓の国交樹立後、核・ミサイル開発を加速する北朝鮮への影響力を次第に失っていく。

「子猫だと思って適当に餌をやりながら放っていたら、いつのまにか立派な牙を持つ虎になりかけている。今後も檻に押し込めないなら大虎に変身する。習近平は国内では『虎退治』（反腐敗運動）に夢中だ。米国に逃げた令計画の実弟を連れ戻す『キツネ狩り』ばかりではなく、朝鮮の若い東北虎が暴れるのも止めたい。だが実際には無理だ」

朝鮮半島問題に詳しい中国人専門家の慨嘆である。

南シナ海問題で孤立する中国にとって「北朝鮮カード」は極めて重要だ。だから習は金正恩が北京に送った特使に会った。16年6月1日のことだ。

朝鮮労働党中央委員会副委員長の李洙墉は、金正恩がスイス留学時代から知る親代わりのような存在という。すでに70代後半と高齢だが、心を許せる本当の側近だろう。

習の本音は、小癪な金正恩の特使などには会いたくないはずだ。しかし、中国の置かれた苦しい立場を考えれば、北朝鮮でさえそでにはできなかった。対米カードになるからだ。

中国の落胆、THAAD阻止に失敗――裏で〝対韓国制裁〟も

16年7月8日、米韓両政府は、ＴＨＡＡＤの在韓米軍への配備を決定した。間もなく配備地点も発表した。場所は韓国南部の星州だった。

経済で中国への依存度が高いため、韓国は安保面でも中国への配慮を優先してきた。日米のミサイル防衛体制に入るのを慎重に避けてきたのだ。しかし、北朝鮮の性急な動きで破綻する。今回の決断に至った。

ＴＨＡＡＤ運用のカギを握るＸバンドレーダーを巡って、韓国政府は６００～８００キロに限定して運用するとした。最大２０００キロとされる機能をフルに使うと、中国の深部の軍事拠点の探査が可能となる。中国がこれに反発していたからだ。

だが、レーダーの運用に「限定運用」という概念は存在しないのは明らかだ。それでは作戦構

築上の価値が下がり、安全を確保できない。持てる能力は、必要なときに必要なだけ使うのが当たり前だ。

「中国は断固反対し、配備手続きの停止を強く促す」。中国外務省は直ちに米韓の駐中国大使を呼び、抗議した。効果はないだろう。

ただ、中国はこうも言っている。「必要な措置を検討する」。この意味は何か。軍事上の対抗措置は当然としても、経済関係にも影響が出る恐れがある。

中国が主導するアジアインフラ投資銀行（ＡＩＩＢ）を巡っても、すでに中韓関係は微妙だ。韓国は5人いる副総裁の一角に韓国人を押し込んだ。韓国産業銀行会長の洪起沢である。

しかし、韓国造船大手の粉飾決算問題の余波が洪起沢に及ぶ。中国は圧力をかけ、洪起沢を休職に追い込んだ。

しかも、洪起沢が担当していたリスク管理の担当ポストを局長級に格下げして公募。一方で、これまで局長級だった財務管理責任者を副総裁に昇格させる。

スキャンダルが契機とはいえ、洪起沢は韓国大統領の朴槿恵の経済ブレーンだ。2015年までの「中韓蜜月」と、従来の人事手法を考えれば、中国はこのスキャンダルを無視すると思われた。もしくは、韓国が確保した副総裁ポストを維持するため、差し替えを求めてもよかった。

今回は違った。韓国は4兆3000億ウォン（約3800億円）もの巨額出資をしたにもかかわらず、副総裁ポストを失う見込みだ。

「これは中国の報復ではないか。ＴＨＡＡＤ配備を性急に決めた韓国に圧力をかけようとしている」。中韓関係筋ではこうした見方が出ている。

この他にも中国が、あまり目立たない形で〝経済制裁〟を実施する可能性もある。貿易面の非関税障壁を高くするという手法だ。

中国ではいまだに「Ｋ－ＰＯＰ」は絶大な人気を誇る。韓国ドラマのＴＶ放映も多い。音楽業界のみならず、美容整形などを含めて韓国企業はかなり中国市場に食い込んでいる。中国当局が少し「いやがらせ」をすれば、韓国経済には大きな打撃になる。

韓国のＴＨＡＡＤ配備決定を受けて、中国側の〝口撃〟は激しさを増した。代表は、人民日報傘下の国際情報紙、環球時報である。

「中国の韓国への制裁は事実上、始まっている」

「『韓流』が中国市場に溢れる現状を見直す機会にすべき」

その論調は、韓国を標的に強い圧力をかけている。

韓国側も負けてはいない。中国の動きに激しく反発している。

中国はまず北朝鮮に圧力をかけ、その暴走を止めてから韓国にモノを言え――。

簡単に言えばこんな趣旨の反論をしているが、中国はまったく聞く耳を持たない。

脅しだけではない。〝対韓国制裁〟では実際の動きも出てきた。８月になって、スポーツ観戦などを目的にした３０００人規模の中国人の韓国ツアーが中止に追い込まれたというのだ。

中国で人気がある韓流ドラマは、中国各地の衛星テレビでは欠かせないコンテンツになっていた。それに伴い韓国のスターらが訪中し、中国人ファンと交流するイベントも花盛りだった。この現象も転機を迎えている。

「江南《カンナム》スタイル」のヒットで知られるPSY（サイ）の映像が地方局でカットされた、とも言われる。

韓国人ビジネスマンの商業目的の中国滞在ビザも以前より取りにくくなった。そんな情報も流れ始めた。

中国からの大型クルーズ船の接岸で潤う韓国第2の都市、釜山。現地のツアーガイドは、かつて日本語が話せる人材が非常に多かった。ここ数年は、日本人客の減少で商売あがったり。中国人相手に切り替え、中国語を学び始めたガイドも増えていた。だが、これもTHAADの影響を受け始めた。

「まだ、大きな影響はない。だけど、2017年にかけて中国人観光客は確実に減るでしょうね」

日本語に加え、中国語も学んだ50歳代のガイドは心配顔である。せっかくの中国人シフトが、あだになるかもしれないのだから。

韓国の旅行業界は今、浮足立っている。中国の監督当局が、中国の旅行会社に対して、韓国への旅行客を少し絞るよう圧力をかけ始めたとの噂で持ちきりなのだ。これこそ中国の思うつぼだろう。

北朝鮮の金正恩は、中韓関係に楔を打ち込んだことで、ほくそ笑んでいるに違いない。中国はまたまた北朝鮮に振り回された。それは8月上旬、北朝鮮が中距離弾道ミサイル「ノドン」と見られるミサイルを発射した後の中国の対応でも明らかだった。国連安保理が検討した北朝鮮非難声明さえ一度は中国の反対で見送られたのだ。

北朝鮮が5度目の核実験、焦る習近平

習の晴れ舞台だった杭州での20カ国・地域（G20）首脳会議は9月5日に閉幕した。その当日、北朝鮮は弾道ミサイル3発を発射した。そして9月9日には、なんと5度目の核実験に踏み切った。

核実験の前、北朝鮮は中国に事前通告をしたと見られる。北朝鮮高官も直前に北京入りしていた。ギリギリのところで中国のメンツを立てた形だ。だからこそ、中国国営通信、新華社は、かなり素早く論評を出すことができた。

とはいえ委員長の金正恩は、朝鮮半島の非核化という中国の方針に正面から抵抗している。長年、北朝鮮を援助してきた中国の沽券《こけん》に関わる事態であるのは変わらない。

9月13日、中国当局はB－1B戦略爆撃機2機を朝鮮半島に展開した米国を「緊張がエスカレートする」と批判した。

だが、北朝鮮を抑えられない以上、韓国への米軍の高高度ミサイル迎撃システム（THAAD）

配備に反対するのは無理がある。国連安保理の新たな制裁決議にも中国は渋々、付き合わざるをえなかった。

中国は朝鮮半島問題で主導権を握れないばかりか、後手に回っている。習の焦りは大きい。

第5章

習主席を悩ます、台湾「天然独」と香港「本土派」

1　80秒の握手――中台首脳の思惑

任期延長への布石

笑顔の中国国家主席、習近平が台湾総統の馬英九に先に右手を差し出す。1949年の中台分断後、初のトップ同士の握手は80秒間続いた。2015年11月7日のこの瞬間、習は胸中で何を思っていたのか。

「あの国共合作（国民党と共産党の協力）をにおわせる長い握手は、習（共産党）総書記の任期延長への布石になるかもしれない」

「習大大（習おじさんの意味）が公約した『中華民族の偉大な復興』に台湾統一は不可欠だ。その実現を名目にすれば、党トップ3選さえあり得る」

中国の内政に通じる関係者らの声に、ハッとした。これは17年共産党大会の最高指導部人事の話ではない。7年後の22年党大会のトップ交代の有無を左右する一大事件だという。

国を代表する国家主席の任期は1期5年で、続投は1回のみ。憲法は3選を禁じる。つまり最長で2期10年だ。12年に国家主席に就いた習は、憲法を修正しない限り22年には退く。だが共産党を代表する総書記には続投回数の制限規定がない。最近は総書記が国家主席を兼ねるため、双方とも最長10年で退く慣例があるだけだ。

習が絶対的な権力を握ったなら、名目さえあれば10年を超す続投は可能だ。その際、台湾統一は極めて良い口実になりうる。これを念頭に先の中台首脳会談を思い返すと面白い事実に気付く。

対等ではなかったトップ会談

「中国共産党と習にとっては大きな得点だが、台湾側は与党・国民党、野党・民進党、一般民衆とも明確な利益がない。『対等な会談』は名目だけ。実際は習が台湾を威圧した。唯一、馬だけは元国民党主席の連戦に代わる中国とのパイプとして政治生命を保てる。得をした」

中台双方と一定の距離を置く外国籍の華人学者の分析である。対等ではないのは、まず会談場所となったシンガポール入りまでの動きだ。習は11月５日からのベトナムとシンガポールを国事訪問。シンガポールでは首相のリー・シェンロンとの会談のほか国立大学での演説もこなした。

習が２つの国事訪問の合間に少しだけ時間をつくり、台湾トップに会ってやった、という形になった。会談当日の中国国営中央テレビのニュースでも中台会談はトップではなく、習のシンガポール国事訪問の関連ニュースのあと、ようやく登場した。

一方、台湾の馬は、習に会うためだけに7日、シンガポール入りし、すぐに台湾に戻った。〝拝謁〟に見える。その象徴が、習と馬の握手の構図だ。一般に外交儀典上のホストを意味する向かって右に陣取ったのが習。左が馬。習は馬を客として迎えた形になった。

本番の会談でも先に発言したのは習だった。ここでも事実上のホストの立場が確認できる。中国語で「先生」は、日本語の「さん」の意味だ。2人は互いを「馬先生」「習先生」と呼び合ったが、この場面は、中国側のニュース映像、報道からカットされた。そればかりか馬の発言自体も音声つきでは放映されなかった。習の格上感を演出する共産党宣伝部による報道統制である。

習は、1920、30年代の2度にわたる国共合作に次ぐ、第3の合作によって台湾統一に道筋を付けたい。これを成し遂げれば、鄧小平はおろか、毛沢東にも迫る大指導者として歴史に名を残せる。

習が総書記に就いた2012年の第18回党大会では「『二つの百年』の奮闘目標」が打ち出された。中国共産党創立100年の2021年と、新中国成立100年の2049年に向けて「中華民族の偉大な復興」という夢を実現する時間表を意味している。

表向きは、全国民が一定の生活水準に達するという経済的目標が強調されている。だが、政治的な意味は、軍事、経済両面で米国を抜き去り、世界ナンバー1の中国を実現することだ。

共産党がうたう「中国の夢」は当然、台湾統一を含む。「21年と49年は台湾統一への時間表、工程表でもある」。党幹部が語る。

抗日記念館も台湾シフト

台湾統一をにらむ中台首脳会談への布石は、すでに中国国内で打たれていた。会談のわずか２週間前、首都・北京の郊外で大規模な展示会が始まった。場所は日中戦争の端緒となった盧溝橋にある抗日戦争記念館だ。

15年10月23日に幕を開けた「台湾同胞抗日史実」と銘打った展示は、日本支配下の台湾での抗日活動を大々的に宣伝していた。館内の大きなスペースを割いており、共産党の力の入れようが見て取れる。その脇では、７月に一新された反ファシズム、抗日戦争勝利70年を記念する展示が続く。

外国人がここを参観すれば違和感を持たざるをえない。70年前、第２次世界大戦で日本に勝利したのは、後に台湾に移った蔣介石の国民党政権であって、共産党政権ではない。共産党軍を抗日戦争の立役者として描く展示には誇張がある。当然、台湾側は共産党の宣伝に抗議してきた。中国側は軟化した。大陸各地の抗日戦争の展示に、従来はタブーだった蔣介石の大きな写真を登場させ、国営書店にも蔣介石の功績を扱った本が並んだ。台湾の国民党への秋波である。

さらに、盧溝橋の記念館で「抗日戦争勝利70年」と「台湾の抗日」を合わせて展示することで、中台会談を契機にした新たな国共合作を狙う。抗日戦争記念館は台湾を標的にした「統一戦線工作」の道具でもある。共産党の提示する「歴史」は常に時の政権の政治目標を踏まえている。

中台首脳会談の提起に当たり、習は「馬は、任期切れを前に策がない。必ず誘いに乗る」と読んだ。果たして馬は応じた。会談の際の馬のネクタイの色は青。国民党の青天白日旗の青だ。習のほうは、共産党の紅旗の紅。交錯した青と紅のネクタイは国共合作を象徴していた。

実際、習は会談でも「抗日歴史書」の共同執筆を持ちかけた。馬は「民間で」としつつも前向きな意向を示した。「抗日戦争は中華民国が主導した」との台湾の主張に関して馬は触れていない。

台湾も領有権を主張する尖閣諸島についても話題に出た。習の思惑通りである。世界が注目した中台会談は、南シナ海問題で苦しい習にとって大きな援軍になった。

馬が習3選の援軍に

総統を退いたあとの馬の役割も興味深い。中国とのパイプ役になるなら、台湾問題を利用して権力を固め、総書記3選まで視野に入れる習を完全に助けることになる。

とはいえ、台湾がすでに民主化している以上、共産党の独裁政権による統一は極めて難しい。だが、習にとっては難しいほうが都合がよい。

「難題を解決できるのは、台湾問題に精通する習総書記だけだ。是非、続けてほしい」。22年の党大会前に共産党内でこんな声を盛り上げればよいのだ。前年の21年は共産党創立100年。一定の生活水準の達成という第1目標をクリアした余勢を駆って、49年に向けて走り出す年でもある。

17年党大会の最高指導部人事では、7人のうち、習と首相の李克強以外の5人が年齢問題で入れ替わるはずだ。もし習に3選の野心があるなら若手の抜てきの際、自分の後継者を特定されないような人事にする選択肢もある。

2　16歳美少女アイドルも翻弄する中国リスク

「謝罪します。中国は一つ」

中国の経済的な台頭に伴い、国際ビジネスの世界に新たなリスクが生まれている。今、国際金融市場を揺るがす中国経済減速のリスクではない。芸能・ショービジネスの話である。

民進党主席、蔡英文の圧倒的な勝利に終わった2016年1月16日の台湾総統選。その直前、黒い服に身を固めた16歳の可憐な少女が、緊張の面持ちで謝罪文を読み上げ、深々と頭を下げた。異様だった。

「申し訳ありません。中国は一つだけです。両岸（中国と台湾）は一体です。私は中国人であることを誇りに思います。再度、謝罪いたします」

台湾出身の周子瑜（ツウィ）は、韓国の人気女性アイドルグループ「TWICE」の一員だ。彼女は15年、韓国のテレビ番組で「国旗」（台湾が主張する「中華民国」の青天白日満地紅旗）を振った。これがきっかけになって、中国のネットなどで「周子瑜は台湾独立派だ」とのレッテルを貼られた。

影響は大きかった。中国のテレビ局などが彼女の映像放映、出演を拒む事態に発展しかねなかった。こうした行為は、中国共産党中央宣伝部の指導を受ける中国のテレビ局が、上の意向を忖度したものだ。中国ではメディアと党・政府は一体である。

生地を離れ韓国で生活する16歳の周子瑜。彼女は、純粋に自分が台湾出身というプロフィールをアピールしただけだろう。彼女には選挙権もない。言わば大人がレッテルを貼るような「独立派」であるはずもなかった。

韓国の芸能界には打撃だった。韓国のアイドルグループ、韓国ドラマは中国でも人気が高く、高額の出演料、放映料が見込める。台湾でも韓国アイドル熱はあるが、市場規模で考えれば中国大陸とは比較にならないほど小さい。

先手を打った謝罪ビデオの公表と、自主的な中国での活動停止の宣言。この措置で騒動の影響を最小限に食い止めたい、と思うのは企業の論理としては自然だった。

韓国で働く16歳の少女は、十分な知識を習得するいとまもないまま、複雑な国際政治のはざまに立たされ、謝罪の演出に協力せざるをえなかった。

そこには韓国大統領、朴槿恵の中国軍事パレード参観に象徴される「中韓蜜月」も影響していた。なお、所属会社は、周子瑜が未成年のため、訪韓した両親と相談した、としている。

この少女を謝罪に追い込むきっかけを作ったのは、台湾出身の歌手、黄安。独立に反対する過激な発言で知られている。彼が活動拠点を大陸に移していたことでもわかるように、中国の共産党中央宣伝部とのつながりは深い。彼が「周子瑜は独立派」と指摘し、中国のネット上で少女への攻撃が始まった。

中央宣伝部を管轄する政治局常務委員は劉雲山である。台湾の政界では、冗談にも聞こえる臆測が広がっている。

「江沢民派の劉雲山は、習近平を追い込むために黄安を使って少女を執拗に攻撃し韓国の芸能界にまで圧力をかけたのがポイントだ。台湾では予想を超す反発が起きて、民進党の蔡英文の勝利となり、習の顔がつぶれた」

これは中国の権力闘争が絡む陰謀論である。

しかし、中国内のメディア統制に詳しい人物は、それは無理な読み筋だと指摘する。「中国が、台湾情勢にそこまで精通しているなら、中台関係はもっとうまくいく。単純な思考で独立派と見られるタレントに怒りをぶつけただけだ」

米映画界も中国批判の作品が製作困難に？

16日の台湾総統選の直前、台湾、香港、東南アジアなどの中華圏では選挙そのものより、かわいそうな周子瑜の謝罪事件が話題になったぐらいだった。

蔡英文も「一つの中華民国の国民だ。国旗を持ち、国としてのアイデンティティーを感じることに圧力をかけるべきでない」と擁護した。周子瑜は、台湾の有権者から広く同情を得る。実際の投票行動では、中台首脳会談まで主導した国民党に不利になった、との分析も出ている。

中国は面白くない。今回の台湾総統選を巡って中国当局は「国民党の不利は否めない」と見て、不介入を口にしてきた。そして、世界が注目する投票日当日には、あえて中国主導のアジアインフラ投資銀行（ＡＩＩＢ）の開業式を北京で開いた。国家主席の習近平が挨拶する舞台を用意するためだった。

民進党勝利という喜べない結果について、中国内では「台湾地区選挙」として極めて小さく報じただけだった。中国国民には台湾と違って選挙権がない。彼らの不満の矛先が中国政府に向かうのを避けるためだった。

周子瑜事件では、中国で台湾問題を担う国務院台湾弁公室スポークスマンがコメントを迫られた。「台湾のある勢力が両岸民間交流の個別事件を利用して民衆の感情を挑発している。強く警戒すべきだ」。併せて台湾独立への反対を強調した。

中国は朝鮮半島を巡って、北朝鮮の第一書記（当時）、金正恩が北京に送った美女音楽グループ「牡丹峰楽団」の〝ドタキャン帰国事件〟と、それに絡む「水爆実験」に悩まされたばかり。今度は南だった。韓国の美少女グループである。南北とも女性グループの騒動に見えるが、その裏には国際的な政治問題が隠れていた。

この一連の騒動は日本に無関係ではない。「ＴＷＩＣＥ」には、日本からやってきたメンバーが３人もいるのだ。９人中、５人が韓国、３人が日本、１人が台湾出身。最近のショービジネス市場の国際化を反映した構成である。万一、彼女らが、尖閣諸島問題などに触れた場合、中国のテレビ業界からボイコット論が出る可能性がある。

実は今、チャイナ・マネーは世界の芸能・ショービジネスの世界を席巻している。商業用不動産開発で中国最大手の大連万達集団は、米ハリウッドの著名映画製作会社、レジェンダリー・エンターテインメントを35億ドル（４１００億円）で買収する。

バットマン、ジュラシック・ワールド、米国版ゴジラを手がけた会社だ。例えば、バットマンは米国の正義、魂を体現した作品にも見える。知名度が高いその製作会社を標的にしたのが目を引く。

「万達は中国政府そのものではない。だが、その意向を十分に忖度して行動するだろう。ハリウッドでも中国に批判的な内容の映画はつくりにくくなる」。米中間を頻繁に往復する中国の文化人が分析する。

万達はすでに米国２位の映画館チェーンＡＭＣエンターテインメントも26億ドルで買収済み。米映画界はコンテンツと施設の両方で中国資本を受け入れたことになる。中国の対外文化戦略は官民一体である。米国との政治関係は南シナ海を巡って険悪だが、文化面では米国への影響力がじわり強まりつつある。

香港の「本土派」がロレアルをボイコット

仏化粧品ブランド「ランコム」が、中国政府が「反中傾向がある」と見る香港人女性歌手、何韻詩《デニス・ホー》を招き、販促のためのコンサートを16年6月に開こうとしたところ、中止に追い込まれる騒動があった。

その構図は、台湾出身で韓国のグループの一員として活動していた16歳のアイドルが、中国の圧力を受けて謝罪したのとそっくり。香港版周子瑜事件として有名になった。

香港のコンサートの中止は、中国紙、環球時報が何韻詩を名指しして「香港、チベット独立の支持者だ」と批判したのが発端だった。中国のネットで不買を呼びかける書き込みが広がり、ランコムが「安全上の懸念」を理由に公演を中止した。

収まらないのは、香港の民主派。香港の表現の自由を守れと、ランコムの店舗に抗議デモをかけ、同じロレアル傘下にあるボディショップなど20以上の店舗が一時休業に追い込まれた。「本土派」と言われる香港の独立を口にする若手中心のグループも同調した。

騒動はなお拡大した。有力実業家、李嘉誠の次男 李沢楷が率いる通信大手、PCCWが運営する音楽アプリが、何韻詩の楽曲を「永久に採用する」と約束すると、今度は中国のネットユーザーが反発した。中国国内でも大展開する李嘉誠のグループのドラッグストア「屈臣氏（ワトソンズ）」で買い物しないように呼びかけたのだ。

PCCWは「李沢楷氏の言論の自由は尊重する。だが、香港独立には反対している。政治に関わる意図はない」との声明を発表せざるをえなかった。

香港でもビジネスは常に中国リスクに翻弄されている。

3　悩みの種は台湾の「天然独」

習と台湾企業の深い関係

「習近平主席には、台湾問題は自分の得意分野だという自信があったのだろう。だからこそ油断が生まれ、うまくいかなかったのかもしれない」。中国共産党内から聞こえる声なき声である。

習近平は、30代前半から40代後半にかけて16年以上も台湾の対岸にある福建省で政治家としての経験を積んだ。いわば第2の故郷である。最後は省のナンバー2である省長として台湾資本を福建省に引き入れる仕事を担った。

その目標は遠大だ。中台統一への第一歩として、資金力とともに政治上の影響力を持つ「台商」（台湾の有力企業家ら）を福建省に招き入れる「統一戦線工作」である。その経験から、習は台湾問題には誰よりも詳しいと自負しているはずだ。

証拠が手元に残っている。1999年、代理省長に就いたばかりの習は、福建省で日本経済新聞などのインタビューに応じた。まだ46歳の若さだった。当時は、台湾総統だった李登輝が中国と台湾に関して「特殊な国と国の関係」とする「二国論」を提起した直後。中台関係は大揺れだった。

習はまず、李登輝について「でたらめばかり」と激しく非難した。一方で「台湾からの投資者はすでに福建省に相当な基礎を作った。彼らは統一を信じており、逆流させることなどできない」と言い切った。

今や、台湾経済は、世界第2位の経済大国になった中国にかなり依存している。中台融和へ道筋を付けるのに貢献したという自信があったからこそ、習は2015年11月、シンガポールで国民党の馬英九との歴史的な中台首脳会談にも踏み切った。

周囲がお膳立てしたのではない。一部にあった慎重論を抑えて、習が自ら主導したトップ会談である。その効果は中国の期待を大きく裏切るものだった。

上手の手から水が漏る――。まさにこれが習の心境だろう。

「中国にすり寄り過ぎ」。台湾の人々が抱いた不安は、国民党離れを加速する。さらに、「天然独」と呼ばれる勢力を勢いづかせ、2016年1月の総統選で中国と距離を置く民進党の蔡英文の大勝をアシストする思わぬ結果になった。

当然、中国共産党の内部でもかなりの批判が出た。通常、中国共産党は対外政策、台湾政策では「一枚岩」という姿勢をとる。万が一にも敵を利することのないように、である。

しかし、それは表向きの話だ。今回は、内部の声なき批判が、思わぬところで表に出てしまった。

それが、中国政府が公認するインターネット新聞「無界新聞」を巡る事件だ。習に党と国家の職務から辞任するよう要求する檄文が、こともあろうにインターネット上に掲載されてしまったという前代未聞の大事件である。そこでは習の〝罪状〟として台湾政策の失敗まで挙げられている。

「香港、マカオ、台湾問題の処理では、鄧小平同志の英明な『一国二制度』構想を尊重しなかったため、民進党が台湾の政権を得るのを許し、香港で独立勢力の台頭を招いた」

痛いところを突いている。まさに党内の「開放派」「開明派」が抱いている不満である。かくも中国の権力闘争は激しい。集権に成功した習だったが、台湾問題でこんなに悩むとは思いもよらなかっただろう。

恫喝が効かない独立派、「天然独」

台湾政局のキーワードとなっている「天然独」とはなにか。生まれながらの独立派。台湾は自然に独立しており、改めて言う必要さえない、と考える若い世代を指す。年齢層としては、30歳未満が主流だ。2014年、経済面での中国への過度の依存に反対して、立法院（国会に相当）を占拠した「ひまわり学生運動」の主役らである。

彼らは中国の武力行使を招きかねない「独立」を声高に叫ぶのではなく、台湾の現状を追認する。新思考の〝穏健派〟でもある。とはいえ生まれ育った台湾への愛着は強く、信念は固い。中国共産党は、はるかに遠い存在だ。

だからこそ、旧来型の発想しかない中国は対処に困っている。結局、「一つの中国」という共通認識を得たと中国が主張する「92年合意」を認めるよう新総統、蔡英文に迫るぐらいしか手がない。

「認めないのなら、両岸（中台）関係は基礎が崩れ、地が動き、山が揺れる」

習も16年3月の全国人民代表大会（国会に相当）の会議の中でこう述べた。台湾への武力行使まで臭わせる脅しである。トップ自ら恫喝の言葉を吐くのは苦しい証拠だ。とはいえ、この脅しも「天然独」への圧力にはならない。かえって逆効果だ。

台湾政界では、すでに「天然独」を直接のバックとする新政党「時代力量」が台頭している。先の立法委員（国会議員に相当）選挙では5議席を得て、民進党、国民党に続く勢力に躍り出た。

「今後の台湾政局のカギを握るのは『天然独』であり、新世代の黄國昌が率いる『時代力量』だろう」

台湾政治、中台関係に詳しい中央研究院（台湾総統府傘下の有力シンクタンク）の林泉忠は分析する。「天然独」は16年5月20日の蔡英文・新総統就任式の隠れた主役である。

今回の総統選で民進党躍進の原動力にもなった「天然独」が、今後の選挙でどんな行動をするのかは読めない。蔡英文も対中関係を考える際、「天然独」の動向を常に気にすることになる。

「雨傘」と「ひまわり」の落差

ここで問題となるのが香港の現状である。２０１４年、香港のトップを選ぶ直接選挙の手法を巡って盛り上がった学生中心の「雨傘運動」。それは中国によって事実上、潰された。台湾の「ひまわり学生運動」がすでに政治的な力を得たのとは対照的だ。

その経緯をつぶさに見てきた台湾の「天然独」は、中国が台湾統一に向けて口にする「一国二制度」を信じるはずがない。中国の強権的なイメージが「天然独」の広がりを後押しするという皮肉な結果を生んでいる。これは今後の中台関係、そしてそれが跳ね返る形で米台関係にも影響する。

「天然独」の存在は、日台関係にも無関係ではない。蔡英文は15年秋の訪日の際、あえて首相の安倍晋三との密会が流布されるような行動を取った。

政治の世界で、メディアに分かるように同じ時間に同じホテルに入った、ということは「会った」と流布してもらいたい場合だ。安倍サイド、蔡英文サイドともに確認を避けたが、世界のマスコミが取り上げた時点で目的は達成されている。

蔡英文は訪日の際、安倍の故郷、山口県まで訪れた。案内役は、安倍の実弟で衆議院議員の岸信夫だった。安倍政権、日本との近さを演出する戦略は、その後の台湾総統選でもそれなりの効果があった。

現状を分析するなら「天然独」は、日本に比較的、よいイメージを抱いている。しかし、これから先もそうなのかは不明だ。

台湾の鴻海《ホンハイ》精密工業がシャープを買収するなど日台の経済関係は強まりつつある。経済を軸に日台関係を一段と進化させるには、日本も「天然独」の動向を注視する必要がある。

4 習近平への静かな挑戦状——隠された台湾新総統の暗号

「台湾人意識」強調した台湾史劇

白いジャケットに黒っぽいパンツ。アクセサリーは一切、身につけていない。晴れ舞台にも普段と変わらぬ姿の台湾の新総統が２０１６年5月20日午前、台北中心部の総統府前に姿を現した。

屋外での式典である。小雨との予想もあったなか、途中から日が差して気温が上がったため、木陰に身を寄せる年長の参加者らも目立つ。

台湾初の女性総統となった民進党の蔡英文。就任祝賀式典の演説では、中国側が要求する「一つの中国」に触れるのかに世界の耳目が集まった。その回答は「一つの中国」には直接、言及しないが、それを前提とする「現行憲法（かつて蔣介石・国民党政権が大陸で制定した中華民国憲法）体制」を明言することで中国に一定の配慮を示した。

「政権立ち上げの障害になりかねない大陸との摩擦を避ける手法は極めて巧みだ。だが、決して中国の圧力に屈した訳ではない。答えは、就任演説前の台湾史を巡るパフォーマンスにある。是非、隠された『暗号』を読み解いてほしい」。台湾の老学者による興味深い指摘である。

屋外での就任祝賀式典では、新総統の演説に先立ち、台湾の歴史を、時代を追って紹介する「台湾の光」と題した大がかりな歴史劇が演じられた。元々、台湾に住む各民族、海外からの移民、民族芸能団体から1000人以上が参加した。強調されたのは台湾の民族・文化の多様性。つまり「台湾人としての意識」である。

多くの民族が暮らしていた台湾にポルトガル船が来航。続いてスペイン人、オランダ人らが来たあと、17世紀後半に清王朝の軍隊が大陸から台湾に入った。この史実を弁髪の人物らの騎馬隊の闊歩で表現した。ナレーションで、台湾は清という満州族による王朝が統治する「植民地」になったと定義した。

その後が、19世紀末からの日本による「高圧的な統治時代」。日本兵が住民を銃で追い立てる場面は悲惨である。だが、今回の焦点はそこではない。注目すべきは、清朝の統治との定義の違いにある。

清朝による統治は「植民統治」としたが、日本による統治は「高圧的統治」。高圧的というマイナスのイメージで表現しながらも、植民地という言葉を避けている。ここには、清朝が台湾を「化外の地」と蔑み、見放した経緯への不快感に加え、中原中国と台湾の歴史を明確に分ける考え方がにじむ。日本統治時代に近代的なインフラの整備が進んだ点への一定の評価も関係があるだろう。

そして日本の敗戦により中華民国の国民党時代に入ったあとの暗部も演じられた。1947年の「二二八事件」である。当時の蔣介石・国民党政権が台湾民衆を弾圧。1万8000人～2万8000人が犠牲になったという。史劇には、民衆の銃殺という場面もあった。

総統府の近くには、すでに「二二八事件」を記念する公園が整備されているが、暗部にここまで焦点を当てる演出は、台湾の真の民主化を象徴するものとして注目に値する。

祝賀パレードには、2014年の「ひまわり学生運動」を象徴するひまわりの花で覆われた花車も登場した。この運動の応援ソングである「島嶼天光」も歌われた。

「ひまわり学生運動」は、30歳未満の「天然独」世代が支えた。彼らは「台湾はあえて言うまでもなく自然に独立している」と主張する。総統選で民進党大勝の原動力になった勢力だ。「ひまわり」は祝賀式典の主役として選ばれたのだ。

式典では、1987年まで台湾に敷かれていた戒厳令下で放送禁止だった楽曲「美麗島」の大合唱もあった。美麗島事件は1979年、雑誌「美麗島」が主催した台湾南部、高雄でのデモと警官隊が衝突した言論弾圧の悲劇だ。その後の台湾の民主化に大きな影響を与えた。

中国寄りの学習指導要領を廃止

5月21日、蔡英文新政権が動いた。国民党の馬英九前政権の下で中国寄りに改定されたと民進党が批判していた学習指導要領の廃止を発表したのだ。

馬英九前政権は「一つの中国」の原則に立ち、「中国」を「中国大陸」に変えた。台湾も中国である、との認識からである。17世紀の明朝の遺臣、鄭成功の台湾時代を巡っては「鄭氏統治」を「明鄭統治」に書き換え、中原の漢民族による明王朝との密接な関係を訴えていた。日本の「統治」についても「植民統治」という表現に変更していた。

馬英九は、１９４５年の日本降伏後、大陸から台湾に渡ってきた「外省人」のグループに属する。その歴史認識は現在の中国共産党に近い部分もあった。

今回の蔡英文新政権による改定は、台湾独自の歴史を重んじる内容だ。就任祝賀式典での台湾史劇もこれに沿っていた。そこには、いわゆる〝台湾人〟の父母を持つ新総統の歴史観がにじむ。これが蔡英文が入念に仕込んだ「暗号」の意味だった。静かなる習近平への挑戦状である。学者と政治家の両方の顔を持つ新総統ならではの知恵と言える。

台湾のメディアは、この歴史劇の深い意味をあまり大きく取り上げていない。国民党の息がかかったメディアが多いのが一つの理由だ。もう一つは、中国で事業を展開する企業が台湾経済界の主流だからだ。経営者としての彼らの考え方は、一般の台湾人の意識と多少、ズレがある。

とはいえ、中国と台湾が絡む歴史認識を巡る論争は、なお続く可能性がある。それを暗示するのが、就任祝賀式典が開かれた総統府前広場の東に位置する巨大な建物だ。かつての国民党の総統、蔣介石の巨像がある中正紀念堂である。北京・天安門広場にある毛沢東の遺骸を安置する毛沢東記念堂をもしのぐ規模だ。
〝独裁者〟をたたえる巨大な紀念堂を建設する発想は、かつての国民党と中国共産党に共通する。両党が「仲の悪い双子」といわれた由縁である。

中正紀念堂ではなお「抗日展」

中正紀念堂では5月20日の民進党政権の発足の時点でも、国共両党の共通項である「抗日」を巡る展示が続いていた。抗日戦争勝利70周年だった2015年7月に始まった「抗日戦争の真相特別展」は、16年6月まで続いた。「親中国の馬英九の置き土産――」。民進党内ではこうささやかれていた。

その展示は、中国共産党政権の抗日戦争展示と比べれば抑えた形ながら、国民党の活躍を強調している。抗日戦争で実際に旧日本軍と戦ったのは主として蔣介石の国民党軍であり、中国共産党の軍ではない。この意味で戦勝70周年を祝う資格は台湾の国民党にある。

だが、15年の70周年の祝賀展示を、政権交代の可能性が高いと予想された16年まで持ち越したのは、中国寄りだった馬英九・前政権の所作だ。彼は15年11月、中国共産党総書記、習近平（国家主席）との歴史的な国共トップ会談に踏み切った。

馬英九のもう一つの置き土産は、日本の沖ノ鳥島を「島ではなく岩」とした方針である。中国と歩調を合わせた言動は、すでに蔡英文新政権が撤回を表明した。

蔡英文の演説内容への中国の反応はどうか。中国当局は、「一つの中国」に言及していないため「完全な回答ではない」という批判をしている。「まるで偉い教師のような上からの目線だ」。こう台湾メディアは反発する。

とはいえ、武力行使を臭わせるような表現はない。中国側に口実を与えないという点で、蔡英文はハードルをクリアした。中台接触は一時、中断するだろうが、それが直ちに中止を意味する訳ではない。

今後の中台関係の展望はどうか。決めるのは習近平、その人である。対台湾政策では、共産党内で習への批判もくすぶる。どう抑え込むのか。「反腐敗」運動を武器に固めたはずの権力基盤の強さとも密接に関わっている。

5　それでも媚中の英国頼み――旅券再取得に走る香港人

拘束された書店主、驚きの証言

香港で自営業を営む30年来の友人、孫亮（仮名）から香港の歴史と国際政治の複雑さを思い知らされるメールが届いた。彼は50歳になろうとしている。

「あの銅鑼湾書店の〝連れ去り〟事件でイギリスのパスポートをもう一度、取ろうと思う。中国に媚びるあの国は当てにできない。だが、２０１４年末の『雨傘運動』の頓挫もあったので決断した」

中国政府に批判的な書籍を出版、販売する香港の著名書店「銅鑼湾書店」。その関係者5人が消えた事件はまだ尾をひいていた。

事件発生から8カ月ぶりに香港に帰還した店長の林栄基が、記者会見を開き、中国当局の拘束の生々しい様子、人権侵害の実態を暴露したのだ。

林栄基によると、彼を拘束したのは、中央政府の専門チームだという。今回、香港への帰還が認められた理由は、中国で販売禁止の本の購入者リストを香港から中国本土に持ち込むのが条件だったとしている。

「香港から書籍を発送するのは違法ではない」。林栄基はこう主張した。そのうえで、中国当局の拘束は、香港に高度な自治を認める「一国二制度」に明確に違反すると非難した。

林栄基は15年10月24日、香港から広東省の深圳に入った際、身柄を拘束された。手錠をかけられ、目隠しもされた形で、浙江省寧波市まで列車で連行されたという。

林栄基は、小さな個室に5カ月間も軟禁され、24時間監視体制の下にあった。中央テレビでの懺悔も強制されたものだとした。

この林栄基の証言が契機になり、香港の民主派団体などは2016年6、7月、言論の自由の確保を求めるデモを組織した。銅鑼湾書店の株主、李波が香港で拉致されたことを否定したことに関して林栄基は、「李波氏は中国本土に親族がいる。本心とは違うことを言わされている」と語り、支援を要請した。

16年7月5日、中国公安省は、本土に戻って取り調べを受けるように要求し、応じない場合は「刑事的な強制措置に変更する」と警告した。これには香港政府の担当者が反論した。閣僚級の保安局長、黎棟国は記者会見で、「一国二制度」の下で中国の公安当局は香港で権力を行使できないと明言した。

しかし、簡単には展望は開けなかった。友人がすでに期限が切れた英国旅券を再取得したいという気持ちは十分に理解できる。だが、大きな矛盾がある。必ずしも役に立たないからである。

中国政府に批判的な書物も出版する銅鑼湾書店の親会社大株主、李波は仕事中に倉庫に行くと言い残したまま姿をくらました。彼は英国旅券の保持者だ。家族には中国広東省から「中国には自ら来た。騒がないでほしい」と伝えてきた。その後、香港警察の問い合わせに、中国広東省の公安が李波は大陸内にいると確認した。

無視された英外相の抗議

多くの香港人が持つのは英国海外市民（ＢＮＯ＝British National Overseas）旅券と呼ばれるものだ。１９９７年の香港返還に備えて英政府が導入したもので、香港市民であれば取得できた。イギリスへの居住権はないが海外旅行の際、英政府の領事保護を受けられる。

しかし、中国大陸に入る場合は違う。中国政府はＢＮＯ旅券を認めていないため、中国入境には「回郷証」が必要になる。不可解なのが、李波の回郷証が香港に残されていた点だ。これでは自分一人では深圳などの入管を通過できない。

李波の問題では、1月初旬、訪中した英外相、ハモンドが「(失踪した)男性は英国旅券を持っており、英国は大変憂慮している」と指摘した。中国外相、王毅はまったく取り合わず、こう説明した。「男性は第一に中国国民だ。根拠のない推測をすべきでない」。英政府はその後、目立った動きを見せていない。

そもそも今の英国は、人権問題で中国に注文を付ける力に欠ける。英首相(当時)のキャメロンは2012年、訪英したダライ・ラマ14世との会談もためらわなかった。だが、中国の露骨な圧力に抗しきれず、経済面の対中関係を重視する路線に転換した。

中国が主導するアジアインフラ投資銀行(AIIB)には14年3月、欧州勢の先頭を切って参加を表明した。その後も原発建設さえ中国に任せるなど中英蜜月が目に付く。李波の失踪事件が起きた後だった北京でのAIIB開業式にも当然のように出席した。

「台湾がうらやましい」——「雨傘運動」の挫折

頼りにならない英国なのに、なぜ孫はその旅券を再度、取ろうというのか。そこには深い理由があった。中国が約束したはずの香港の高度な自治を認める「一国二制度」が本当に反故にされるのではないか、という不安だ。重要なのが、孫が言及した「雨傘運動」だ。

17年に実施予定だった香港トップの行政長官選びは、有権者1人1票による画期的な直接選挙になるはずだった。だが、中国側が提示したのは事実上、「親中派」しか立候補できない仕組みだった。香港の市民、学生らは「真の普通選挙」ではないと大反発し、79日間にわたって中心部の道路などを占拠した。

中国側は制度を改善する気はなく、香港行政長官の梁振英も市民の突き上げを受けて窮地に立つ。最後は香港警察の手で「雨傘運動」のバリケード、テントが完全撤去された。「雨傘運動」から1年半。16年8月15日に香港の裁判所は有罪とした学生団体の元幹部、周永康ら3人に禁錮3週間、執行猶予1年、社会奉仕120時間、同80時間などの量刑を言い渡した。「真の普通選挙」は実現のメドが立たない。

14年に19歳の学生だった孫の息子は「雨傘運動」に参加していた。経緯をつぶさに観察していた親としては、息子の将来を憂えざるをえない。「将来、どんな事態になっても香港から逃げ、外で暮らせる手段が必要だ」。それが英国旅券だった。

日本人にはうかがい知れない旧植民地の住民ならではの感覚だ。彼らはアヘン戦争以来の歴史に翻弄されてきた。BNO旅券があれば、英国が無理でも、他の欧州連合（EU）諸国などが居住を受け入れてくれる可能性が高い。

「台湾が少しうらやましい」。孫はこうつぶやく。台湾でも似た学生運動があった。対中依存の強まりを懸念する台湾の学生らが、日本の国会に相当する立法院を占拠した「ひまわり学生運動」だ。

14年春の運動は2年近くを経て今回の台湾総統選、立法院選を動かした。中国トップの習近平との中台首脳会談に踏み切った国民党は惨敗。中国と距離を置く民進党の蔡英文勝利につながった。「ひまわり学生運動」を直接の基盤とする新党も立法院選で議席を得た。ここまでは香港とは対照的だった。

「超法規的措置」を公然と肯定する中国メディア

香港の一連の事件に関して、香港人の不安を一層、あおった中国内の報道があった。「世界の『強力部門』は超法規的手段を持ち、調査に協力させている」。中国共産党機関紙、人民日報の傘下の国際情報紙、環球時報の社説だった。

強力部門とは、強い力を持つ治安維持、公安関係組織を指す。これを読んだ香港人は「事実上、中国当局の超法規的措置による香港人調査、拘束があり得ると認めた」と受け止めた。香港で大騒ぎになったため「さすがに中国共産党宣伝部もインターネットからの社説の削除を指示し、事実上、訂正するのでは」との噂まで出回った。しかし、現状では閲覧できる。

銅鑼湾書店の関係者では、親会社大株主の桂民海もタイ・パタヤで行方不明になった。彼はいきなり中国国営テレビに登場。自ら過去に中国内で犯した罪を悔いて自首したと独白する映像が流された。香港人は、わざわざタイの保養地から中国に入った経緯になお疑問を抱いている。

桂民海はスウェーデン国籍を持つ。他にもNGO関係者でスウェーデン人のピーター・ダーリンが別件によって中国で拘束されたが、当のスウェーデン政府の中国政府への抗議は効果を発揮していない。

香港の騒動は台湾総統選と同時進行した。中国は「一国二制度」による中台統一を念頭に置く。だが、台湾の民意は、党の綱領に「台湾共和国」樹立を掲げてきた民進党の蔡英文を選んだ。

16年9月5日、香港の情勢は大きく動いた。立法会選挙で独立志向の「本土派」と呼ばれる反中勢力が議会進出を果たしたのだ。従来の民主派と合わせ、重要法案を否決できる3分の1の議席を確保した。習近平指導部としては衝撃的な結果だった。

「大成功」と自画自賛した杭州G20閉幕日だったこともあり、中国国内ではこの選挙結果について、ほとんど報道されなかった。それどころか、「本土派」を取り上げたNHKを含む海外メディアのニュース番組は、中国の監視当局によってその部分だけカットされたうえで、中国国内のホテルなどで放映された。

問われているのは習近平の姿勢でもある。銅鑼湾書店問題などの決着の仕方によっては香港の空洞化を招くばかりではなく、今後の台湾政局にも影響を与える。まさに中国の言う「一国二制度」への信頼性の問題である。

習近平は、1997年の香港返還から20周年に当たる17年7月1日、香港で開かれる式典に出席する予定だ。しかし、香港問題の行方によっては、その式典自体が不穏な空気に包まれる恐れがある。

第6章

危うい日中関係

1　焦る習主席の唐突な3特使

唐突に上がった対日関係修復の観測気球

中国国防省サイトに驚くべき論文が載った。2015年10月のことだ。「日本海軍は開戦後、4時間で中国東海艦隊を消せるとうそぶく。笑い話とは言えない。中国は勝てない場合、国際問題が国内問題になってしまう」。共産党体制が揺らぐ恐れにまで触れ、極力、戦争は避けるべきだと説いている。

筆者は軍最高位の上将で、国防大学政治委員の劉亜洲。タカ派論客として知られる。かつての反日的な言動から一転し、尖閣諸島の問題は両国関係の重点ではないとした。対日関係を米中関係に近い「大国関係」と表現したのも異例だ。

劉亜洲らは2年前、中国崩壊を狙う米国の陰謀を軍内で宣伝する扇情的な映像を制作した。軍内タカ派勢力は08年、日中両国が合意した東シナ海ガス田共同開発も批判していた。

軍内の基盤が弱かった当時のトップ、胡錦濤は肝煎りの合意を事実上、覆され面目を失った。「08年合意が履行されれば10年の（尖閣沖）漁船衝突の対立、12年の反日デモもなかった」。来日した中国の外交専門家が漏らした本音には、強硬派への批判がにじむ。

劉亜洲の妻、李小林は元国家主席、李先念の娘で、中国対外友好協会会長を務める。革命戦争を戦った党幹部の子弟を指す「紅二代」人脈から、国家主席、習近平と太いパイプを持つ。「習は、軍の論客の口を借りて、対日関係修復の観測気球を上げた。だが、真の狙いは対米関係にある」。中国の安全保障問題の研究者が解説する。南シナ海で米国と戦えば必ず負け、体制も揺らぐので今は戦えない、と軍を説得する暗喩だという。

習は焦っていた。原因は15年9月下旬の訪米失敗だ。米大統領のオバマとは南シナ海問題でぶつかり、共同声明も出せなかった。中国が埋め立てた岩礁から12海里内を米艦船が「自由航行」するのは時間の問題だった。

内では軍を抑え、外では中国包囲網を破る先手を打つ――。劉亜洲論文が出回った10月前半、習は特使を三方に差し向けた。戦術修正した習の特命は難しい。緊張を強いられた3特使は慌てて目的地に向かった。

1人目は平壌入りした劉雲山である。10月9日、北朝鮮トップの金正恩と会い、習の親書を手渡した。最高指導部メンバー訪朝は実に5年ぶり。冷え切った中朝関係をなんとか動かし、金正恩の初訪中も視野に入れる。

第2の特使、国務委員の楊潔篪には日本行きを命じた。習政権下で初の外交責任者の訪日は唐突に打診され、数日後には東京入りした。10月14日には首相の安倍晋三と面会した。尖閣問題の冷却化で懐柔する一方、南シナ海への介入はけん制する。劉亜洲論文に沿った日本への秋波だった。

第3の特使は台湾担当の張志軍。同じ10月14日、中国・広州で台湾側の責任者と会い、中台首脳会談に道筋をつけた。「習が独断で決めた。国共合作を演出し、南シナ海問題での孤立回避も図った」。内情を知る台湾の中台関係専門家の指摘だ。

その後の米艦による「自由航行」時、中国軍は危険な行為だけは慎んだ。劉亜洲論文の説得は功を奏した。

孤立を避けたい習はなお動く。欧州は経済力を武器に籠絡した。自ら訪英し、独仏首脳も訪中した。それでもアジアは厳しい。標的はベトナムだ。南シナ海で争う〝敵地〟には自ら乗り込んだ。中越は1970年代から何度も戦い、前年夏も危機一髪だった。中越関係の安定は米国に隙を与えないためにも重要と見た。

2　習近平が日本に送った「秋波」

交流復活の照準は地方と経済界

習近平は2015年11月30日、パリでの国連気候変動枠組み条約締約国会議の会場で首相の安倍晋三と立ち話をした。

2人の意見交換は14年11月の北京（APEC首脳会議）、15年4月のインドネシア（バンドン会議60周年会合）以来で、時間は4分間ほどだった。話しかけたのは安倍から。だが、微妙な長さの立ち話に応じた習の言葉には、日本への秋波と、安倍へのけん制が交錯していた。

「中日両国は『共通の利益』を有する。我々が引き続き良好な雰囲気を深めるのが重要で、互いに敏感（センシティブ）な問題に正しく対応し、関係を大事にしていきたい」

「2国間関係が変わってきている兆候が見られる」

けん制は、習が「敏感な問題」と口にした歴史認識などだ。一方、分析を要するのは「2国間関係の変化の兆候」と表現した秋波の方である。中国の対日姿勢は変化している。その証拠は10月以降、中国側の主導で突然、活発化した人的往来だ。

12年秋、沖縄県の尖閣諸島の国有化を巡って中国側は一方的に対日交流を停止した。14年11月の日中首脳会談の実現で底を打ったとはいえ、関係の修復は道半ば。不透明な状態が続いていた。

ところが習は10月中旬、外交政策を統括する国務委員の楊潔篪を突如、日本に送り、安倍と会談させた。副首相級の要人の訪日は習政権発足後、初めてだった。これを号砲に様々な交流が中国側主導で始まった。主なターゲットは日本の経済界と地方自治体だ。

中国の元副首相、曽培炎は15年11月中旬、中国の有力企業約50社の首脳を引き連れて訪日した。中国石油天然気集団、宝鋼集団など、習の「反腐敗運動」で血祭りにあげられていた企業も目立つ。とりわけ中国石油天然気は無期懲役になった最高指導部経験者、周永康の出身母体だ。

習の裁可なしには実現不可能な特別な訪日団だった。

その少し前には、中国の大手国有銀行の中堅幹部らが突然、日本視察を命じられていた。直前まで欧米視察を想定していたのに、上からの急な指示で、まさかの隣国訪問になった。関係者は「がっかりした幹部も多かった」と苦笑いする。中国ではすべて上意下達である。

中国は従来と打って変わって日本からの客も丁重にもてなし始めた。11月初旬、訪中した経団連会長の榊原定征ら経済界代表団には首相の李克強が会った。経済界の訪中団が中国の首相と会談するのは実に6年ぶりだった。15年まで最高指導部メンバーではない副首相の汪洋だったのと比べても豹変だ。

同じ11月の半ば、長崎県知事、中村法道は中国側の招きで北京と上海を訪問。北京では「統一戦線戦略」を担当する副首相、劉延東が会談に応じた。習政権下で副首相級が訪中した日本の県知事らに会うのは異例だった。

そこには理由があった。習は国家副主席だった2010年夏、北京で中村に会っている。習が地方幹部として17年間近くを過ごした福建省は長崎県と姉妹関係にある。鎖国時代の江戸期でも長崎・出島が窓口の対中貿易が続いた長い交流史を背景としている。

地域経済の底上げが使命の自治体トップや、高い技術力を持つ地方企業を呼び込むため、過去の人脈、縁をフル活用する手法だ。

12月に入ると自民党幹事長の谷垣禎一らが訪中。中国共産党との日中与党交流協議会が6年ぶりに再開した。中国による対日攻勢である。

胡耀邦、胡錦濤時代のブレーン〝復活〟

中国はなぜ豹変したのか。それは習の政治的な指示によるものだ。9月、ワシントンでの米中首脳会談が南シナ海の埋め立て問題を巡る中国の強硬姿勢で失敗。習は国際的な孤立を恐れ、近隣国との関係修復へ急にカジを切った。米国の同盟国で、東南アジア諸国に影響力を持つ日本も重要だった。

「中国には真の友達が少ない。皆、中国マネー目当てに過ぎない。なんとかしたい」。国際派と言われる中国幹部が語った本音だ。

国際的な「友人づくり」に向けて、習が再び起用した人物がいる。84歳になった老知識人の鄭必堅。学生デモへの対処の甘さを責められて失脚した元共産党総書記、胡耀邦の政治秘書だった。習がパリでの立ち話で安倍に説いた「共通の利益」という言葉も、鄭必堅が提起した「利益共同体」の概念そのものだ。国際協調イメージが強い鄭必堅の最近の演説は11月中旬、党機関紙、人民日報にも掲載された。習指導部のお墨付きを得ている証拠だった。

鄭必堅は、前国家主席、胡錦濤の時代には党幹部の養成機関、中央党校の常務副校長を務めた。２０００年代前半には、国際協調に軸を置きつつ中国の国際的な役割を拡大する「平和台頭論」を提唱し、注目を集めた。

だが、軍や元国家主席、江沢民派の抵抗もあり、突然、その言葉は使われなくなった。人民日報評論員だった馬立誠らが訴えた「対日新思考」と呼ばれる日本との関係改善戦略も似た理由からお蔵入りになった。複雑な権力闘争が絡んでいた。

鄭必堅は今、10年に発足した中国政府のシンクタンク「国家創新と発展戦略研究会」（国創会）の会長を務めている。中国の実情を理解してもらう国際宣伝と、先端技術を持つ海外企業の引き込みで中国経済の質的充実を図る2つの使命を帯びる。

政経一体の総合戦略の重点は、上海・虹橋地区だ。新設した広大な国際展示場では15年に「現代科学技術創新成果展」と銘打った展示会を長期にわたって開催した。日米独など各国企業が参加した。豊富な中国政府の資金が投入され、施設利用は無料としている。

中国経済が減速する中、海外の経済界を巨大市場である中国に再び引き込むことは重要だ。しかも、元国家主席、江沢民のお膝元の上海で、習が主導するプロジェクトが進むのも面白い。上海では反腐敗で江派に連なる面々の摘発が続く。新事業の結果、上海でも習の求心力が高まるのは間違いない。

12年にトップに立った習は、爪を隠して力を養う鄧小平以来の外交戦略「韜光養晦《とうこうようかい》」を事実上、捨てた。当然、米国や近隣国との摩擦が激化し、危うい状況に陥った。すると方向を微修正した。

とはいえ中国は、米国と歩調を合わせ南シナ海問題に言及し続ける安倍への警戒感は隠さない。

党宣伝部の管理下にある中国の公式メディアは、安倍批判の記事掲載は一定の範囲で許されている。だが、一般の日本人社会、経済界を標的にする記事は厳しく制限されていた。習の変化は便宜上の見せかけに過ぎないのか、それとも戦略的な方向修正なのか。

3　習、蔡、安倍——恩讐の17年

「日本課」を廃止した中国外務省

習近平の台湾を巡る思惑は、早くも壁に突き当たる。2016年1月の台湾総統選で、手玉にとっていたはずの馬英九が惨敗したのだ。大差である。

勝ったのは、台湾の独立を綱領に掲げる民進党の蔡英文だった。この台湾初の女性総統と、習近平には奇妙な恩讐がある。そしてこの恩讐には、日本の首相、安倍晋三も関わりがある。

話は17年前に遡る。

「でたらめだ。『二国論』は李登輝（元台湾総統）の祖国分裂を図る本質的な動機を暴露した」。筆者の目の前で声を荒らげたのは、習近平である。ただし、1999年9月、福建省での話だ。日経新聞などのインタビューに応じた46歳の習は台湾対岸、福建省の代理省長に昇格した直後。妻、彭麗媛は国民的歌手だが、政治家、習を将来のトップ候補と見た人は皆無だった。

冒頭の二国論は台湾総統だった李登輝が提起したばかり。中台を「特殊な国と国の関係」とした中身に「一つの中国」を訴える中国が激高した。習がいた福建省一帯で大きな軍事演習もあり緊張が走った。

李登輝の二国論起草を支えたのが気鋭の政治学者だった蔡英文。当時、裏方だった蔡英文を台湾のトップ候補と考えた人はいない。目立たなかった習近平と同じだ。だが2人はすでに台湾海峡を挟んで対峙していた。二国論の作り手と、それを潰す側として。

安倍晋三の1999年はどうだったか。森内閣で官房副長官として名を売る前である。若手議員4人で政策研究グループ「NAISの会」を立ち上げたが、やはり、将来の有力な首相候補とは見られていない。

17年の歳月が流れ、習近平と蔡英文は中台トップに立った。共に中台関係に長く関わっただけにいきなりの衝突はないだろう。だが、蔡英文は台湾「本省人」の意識を映す二国論の生みの親の1人だ。15年、習近平との中台首脳会談に踏み切った国民党の馬英九とは違う。

だからこそ蔡英文は15年秋の訪日時、あえて安倍との密会が流布される行動を取り、その故郷、山口県まで訪れた。安倍政権との近さを演出した蔡英文は先の台湾総統選で大勝した。

安倍は国会答弁で「台湾との協力関係がさらに進むことを期待する。総統選は台湾の自由と民主主義の証しだ」と歓迎した。祝意を示す公式の外相談話も出た。過去にない高いレベルの祝意伝達である。それでも中国は強い反応を示していない。不可解だ。

長年、対中政策に関わる台湾政界のブレーンが、中国の出方の謎を解いてくれた。「中国は、台湾との関係が良い時、日本に強く出る。逆に台湾と摩擦があれば対日関係を大事にする。米中関係が悪い時も、中国は日本に秋波を送る」

確かに2015年から16年にかけて長く日本を袖にしてきた中国の対日外交、経済関係者が続々来日していた。安倍が施政方針演説で「中国の平和的台頭は日本にとってもチャンス」とシグナルを送ると、中国も「関係改善は共通の利益」と応じた。

心配も多い。中国外務省は先に「日本課」を廃止し、朝鮮半島などを担う部署と統合した。対日関係に専念する組織が消えた意味は何か。今、習近平が日本に送る秋波は一過性にすぎず、長期、戦略的な日本重視ではない恐れがある。それならば対処は一層難しい。

その予感は、残念ながら半分当たった。南シナ海を巡る日米と中国の間の確執は続いた。それは、16年5月のG7による伊勢志摩サミット（主要国首脳会議）にまで影響した。

振り返ると改善基調にあった日中関係が、再び踊り場に入る兆候が見えたのは、2015年末だった。

11月1日、ソウルで開かれた日中首相会談。安倍は「諸懸案について率直に意見交換した。主張すべきは当然、主張した」と説明した。その意味は、中国による南シナ海への人工島の建設について強い懸念を伝えたことだった。

南シナ海問題は、李克強の担当ではない。しかし、当然、安倍に反論した。このさや当てが、中国が安倍への警戒感を高める契機になってゆく。

4 「知日派」王毅の突出した「日本たたき」

日中外相会談、聞くに堪えない高圧発言

「日本は南シナ海問題を大げさに騒ぎ、緊張を宣伝している。G7（主要国首脳会議）は世界経済を論議する場なのに、日本はそれを利用し、ケチなソロバンをはじき、小細工をした」

中国外務省の伊勢志摩サミットに関する公式論評である。まるで北朝鮮の大げさな宣伝放送と見まがう口調だ。

これで驚いてはいけない。2016年4月30日、北京で開かれた日中外相会談では、外相同士の高尚な協議の場のはずなのに、これと同様か、それ以上に高圧的な言葉が外相の岸田文雄に浴びせられた。発言者は中国外相、王毅である。

「誠意があるなら歓迎する」。王毅は会談冒頭の握手場面でも厳しい表情を崩さず、けんか腰にも見える言葉を吐いた。会談のホストとしては極めて異例だ。ここから食事も挟んで4時間、激しい応酬が続いた。

会談の公式ブリーフには出ていない王毅の激しい言葉は、在京の外交関係者らに少しずつ漏れ、大きな話題になった。細かいニュアンスが分かるよう英語に訳した場合、聞くに堪えないやり取りになる。攻撃性を帯びた余計な一言も多い。岸田は冷静だった。「ミスター・キシダは、これ

でよく耐えましたね」。中国と距離のある国の外交筋からは、こんな感想まで出たという。

実は、温厚で知られる岸田も反論はしている。「立場を述べるだけなら外務報道官でもできる。立場の違いを認識した上でどうするのかを考えるのが外務大臣だ」。その場に気まずい雰囲気が漂ったのは想像に難くない。

それでも岸田は激高はしなかった。年内の日本でのハイレベル経済対話（閣僚級）と日中韓首脳会談に道筋を付けたいと考えれば、当然だ。そして16年9月に中国・杭州で開く20カ国・地域（G20）首脳会議の際、首相の安倍晋三と、習近平の首脳会談を実現する必要があった。

もう一つ、王毅が主導した「事件」が起きた。伊勢志摩サミットの初日だった5月26日。あえてその日に当てて、北京で記者会見を開いたのだ。G20の意義を強調し、G7に南シナ海問題を扱わないよう要求する中身だった。異例である。中国で外相が自ら記者会見するのは年に1度、3月の全国人民代表大会（国会に相当）の時ぐらいしかないのだから。

この記者会見には国際的な影響力を持つ欧米メディアも出ている。いくら「G20の100日前」との理由を付けても、「G7を邪魔しようとする意図は明らか」と揶揄《やゆ》されるのは目に見えていた。逆効果だ。それでも王毅は、中国外務省の〝気骨〟を見せるため開催せざるを得なかった。

中国当局の矛先は、南シナ海問題を含めたG7の議論を主導する日本と、首相の安倍晋三に向いている。だが、米大統領、オバマには言及しない。オバマが5月25日の日米首脳会談後の共同記者会見で「南シナ海問題の解決は中国次第だ」と強くけん制したのにもかかわらず、である。

「広島訪問で全世界の注目を浴びる米大統領を直接攻撃すれば逆効果で自らを追い込むことになりかねない、との計算が働いたのは確かだろう」。アジア外交筋の見方である。

若き日から中国外務省のエース

日本政府内には王毅への不信感が漂う。だが、それだけでは生産性に乏しい。なぜ王毅がこんな態度をとるのか詳細な分析が必要だ。そこには深い闇がある。

1953年生まれの王毅は、1960年代終わりから黒竜江省でいわゆる「下放」を経験する。その後、24歳という年齢で北京第二外国語学院に入学し、日本語を専門に学んだ。28歳で中国外務省で仕事を始めた苦労人である。その後は日本畑から順調に昇進し、駐日中国大使を務めた知日派だ。

だからこそ注意が必要だ。中国共産党の内部、軍内には反日機運が残る。ともすると「日本びいき」と後ろ指をさされかねない。外相就任後、3年もたつのに対日関係の表舞台に出るのを慎重に避けてきたのはそのためだ。

他国に比べ中国での外相の地位は極端に低い。王毅は200人以上いる党中央委員の一人に過ぎない。日本の場合、外相は重要閣僚で、中国でたとえるなら「チャイナ・セブン」と言われる党政治局常務委員クラス。米国でも外交を担う国務長官の地位は極めて高い。記憶にある範囲で、中国の外交畑から副首相、党政治局委員にまで昇進したのは1990年代の銭其琛の例くらいだ。

「王毅には外務省の地位格上げを狙って国務委員から副首相、あるいは党政治局委員まで狙ってほしい。本人も一段の出世のためには日本と関わらないほうがいい、と思っているのでは……」

こんな臆測まで中国内にある。

一般社会で中国外務省は誤解を受けやすい立場にある。「特権意識があり、外国の立場ばかりおもんぱかる骨のない輩の集まり」と見られがちなのだ。

「外国と渡り合うために、骨を強くするカルシウムを飲みなさい」

そんな意味を込めて外部から「カルシウム剤」が外務省に送りつけられる事件も実際にあった。激励に見せかけた揶揄だ。最近は余り聞かない。王毅の一連の「強い外務省」というパフォーマンスの結果なのかは不明だが。

習近平ら「紅二代」ともパイプ

「王毅は、習近平ら『紅二代』（共産党・政府の高級幹部の子弟）とのパイプも持っている」

王毅の人脈に関してこんな声が中南海の動きを観察する関係者から聞こえる。カギは岳父だ。王毅の妻の父は、中国外務省の幹部だった。しかも長く首相（外相も兼任）を務めた周恩来の外交面の政治秘書である王毅の妻も東京での勤務経験がある。機械輸出入を手掛ける国営企業の代表だった。

こんなエピソードも残っている。１９８０年代に総書記を務めた胡耀邦が訪日した際、日本での演説の草稿を書いたのは、まだ下積みの外務省員だった若き王毅だ。胡耀邦は、ほんの少し直しただけ。「非常に良く書けている」と褒めたという。人脈と共に実力も認められ王毅は出世の階段を昇っていく。若くして中国外務省のエースと言われるようになった。

王毅は2月の訪米時、ワシントンの戦略国際問題研究所（CSIS）で講演し、台湾問題で驚くべき発言をした。5月に発足する台湾の蔡英文民進党政権に「現行憲法」の尊重を要求したのだ。蔣介石・国民党政権が大陸で制定した中華民国憲法が「一つの中国」を前提にしているとの解釈からだ。

しかし、これは中国国務院台湾弁公室の専管事項である。中国外務省は所管外だ。「越権行為が許されたのは上層部とのパイプゆえだ」。外交関係者の見方だ。上層部とは習近平と、その周辺を指す。

外相就任前、王毅は国務院台湾弁公室主任を務めていた。中台関係には長い歴史があり、そこには巨大な経済的な利権も存在する。そしてこの利権は、江沢民グループにもつながっている。王毅は、この利権には手を染めなかった。そのため、習の信頼を勝ち取り、外相に横滑りした。当初、日本畑を歩んできた王毅の外相就任は難しいとの見方もあった。これは覆された。習は今、台湾利権にもメスを入れている。中央規律検査委は台湾弁公室をも「聖域」とはせず、調査した。

なにかと注目される王毅は今、事実上、初めて対日外交の現場に出てきた。「中国の主張を押し通すため踏ん張った」。そんな評価を中国内から得たいのは分かる。だが、中国外交の責任者で知日派なら、堂々と対日政策の最前線に立ち続けて仕切るべきだ。かつて培った日本各界とのパイプもなお生きているはずなのだから。

実は王毅の趣味はテニス。腕は相当なものだ。かつて彼には北京駐在の外国人記者らを慰労するため共にテニスを楽しむおおらかさもあった。理念の違う西欧諸国、日本を含む周辺国とも協調することで中国の経済発展を目指す姿勢は明確だった。今はどうなのか。

膠着している日中関係の修復、前進は極めて重要である。カウンターパートの日本側にも「押してだめなら引く」と言った老練な手法が必要だ。

カナダでも吠えた王毅

王毅はこの後、なんとカナダでも吠えた。16年6月1日、オタワで開かれたカナダ外相、ディオンとの共同記者会見の場だった。

あるカナダメディアの女性記者が、王毅ではなくディオンに質問した。「人権問題への懸念があるのに、なぜ中国と緊密な関係を求めるのか」。その際、具体例として香港・銅鑼湾書店の関係者の失踪事件、2年ほど前、中国在住のカナダ人夫婦がスパイ容疑で拘束された事件を挙げた。

王毅は、ディオンが答える前に横から口をはさみ、こう言い放った。

「あなたの質問は中国への偏見に満ちている。傲慢だ。まったく受け入れられない」

「中国の人権状況を最も理解しているのは中国人である。あなたは中国に来たことがあるのか。

あなたには発言権はない。そのような無責任な質問は二度としないように」

カナダ人記者に向けて強い口調で説教をした。2分以上もの長い時間だったという。尋常ではない。王毅の〝強硬〟発言は、対日だけではなかった。中国を敵視すると見なす自由世界の価値観、ジャーナリズムにも向けられている。

この王毅の突拍子もない発言は世界で報道された。「これは王毅の思うツボだっただろう」。中国人外交関係者の解説だ。つまり、王毅の態度が本心というより、演技、演出だったとの見方だ。中国の主張を押し通してひるまない王毅。そんなイメージを中国国内に見せたいのだ。岸田に向けられた強硬で失礼とも言える発言。そして、カナダで記者のカナダ外相への質問を遮った常軌を逸した行動はつながっていた。今の習近平指導部内の政治状況は厳しく、不安定だ。それを示す王毅発言だった。

仲裁裁判完敗で、平静を取り戻す

16年7月後半になると王毅は冷静さを取り戻していく。仲裁裁判所の「完敗」判決の結果、王毅の果たすべき役割がはっきりしたことと関係する。習近平が与えた使命は、マルチの外交文書への判決内容の書き込み阻止と、米国や、日本など周辺国との一時休戦だった。

杭州の20カ国・地域（G20）首脳会議も近づいていた。雰囲気を壊せば、国際的に「会議失敗」という烙印を押されかねない。これだけは避けねばならない。

14年11月の北京APECの際も、国際情勢は緊迫していた。だが、16年ほどの危機ではなかった。今回は一歩、間違えば、信頼の基礎が揺らぎ、中国と習近平のメンツが丸つぶれになる。

そんな中、注目を集めたのがラオスで開かれたASEAN外相会議の場だった。7月25日、日中外相会談が実現した。4月末、北京での王毅と岸田のにらみ合いから3カ月が経過していた。

王毅の態度は北京会談とは一変していた。今回も南シナ海問題では抜き差しならない対立があった。それでも言動は極めて冷静で理性的だった。

王毅は年内に日本で予定する日中韓首脳会談の調整に初めて前向きな姿勢を示し、日中間の偶発衝突を防ぐ「海空連絡メカニズム」の運用開始も実現させたい、という発言までした。

5　「狙いは日本艦排除」――深刻な中国軍艦の尖閣進入

「黙契破ったのは日本」という強弁

２０１６年６月９日午前１時ごろ、眠りに就こうとしていた首相の安倍晋三に報告が入った。この日は私邸ではなく、官邸脇の公邸に宿泊していた。

「中国艦船が尖閣諸島の接続水域に入りました……」

完全に目覚めた安倍はこう質問した。

「付近に海上自衛隊の護衛艦は何隻いるのか？」

その状況を確認すると素早く指示を出した。

進入したのは、中国の東海艦隊所属のジャンカイI型フリゲート艦だ。中国艦船が初めて接続水域に入ったこの事件の謎を解くカギは、その3時間余り前にあった。

「日本の軍艦が先に接続水域に入った。そして中日双方には、艦船を接続水域に入れないとの黙契がある。中国海軍はすでに東（シナ）海海域の巡航を常態化した。今回は監視中に日本艦の行動を察知し、緊急対応した」

共産党機関紙、人民日報傘下の国際情報紙、環球時報が伝えた中国の主張だ。簡単に言うと、先に進入したロシア艦の動きは無関係で、日本の護衛艦が先に「黙契」を破ったため中国艦船も進入した、との趣旨になる。この黙契は、口頭でなされた密約を意味している。

もちろん中国が言う意味の「黙契」など存在しない。尖閣の実効支配を確立している日本は、無用な摩擦を避けるため、通常、海上保安庁の巡視船が対処しているに過ぎない。中国政府は、領土問題の存在を認めよと迫る際、「日本は過去に『棚上げ』を認めた」と主張する。「黙契」の存在の主張は同じ論法だ。

中国の安全保障関係者から漏れ伝わる声はこうだ。

「友であるロシアの艦隊が『航行の自由』を標榜して釣魚島（尖閣諸島の中国名）の接続水域に入っても見過ごす選択肢はある。だが、日本の軍艦が入った場合、我々、中国も入らなければならない。そして排除する必要がある。そうでなければ日本の実効支配を崩したとは言えない」

この論理を真に受ければ、もし日本の護衛艦が尖閣諸島を守るため領海に入れば、中国艦も侵入する可能性が高くなる。戦闘になってもおかしくない。極めて危険な状態だった。

忘れてならないのは、中国が２０１２年秋以来、「日本の実効支配を崩した」と公言していることだ。日本の尖閣国有化を逆に利用して中国公船が領海を侵犯。その後も定期的に接続水域、領海に入っている。それでも、これは中国海警局所属の公船だ。日本側で対処するのは海保の巡視船になる。双方が厳しく対峙しても軍ではないため即、戦争にはならない。

今回はロシア艦の進入が誘因とはいえ、日本艦が接続水域内を航行した。中国側は「新たな事態で放置できない」という論理でプレーアップした。「見過ごせば中国海軍が上層部から叱責されかねなかった」。こんな見方もアジアの外交・安保専門家の間にはある。

前兆は白く塗った軍艦の侵犯

今回の中国軍の艦船の進入に前兆はなかったのか。実はあった。２０１５年末、尖閣の領海に侵入した海警の公船は、実は中国海軍の艦船を改造し、白く塗っただけのものだった。当然、機関砲など装備は充実している。軍艦との違いは軍専用のレーダーなどを外しているだけに過ぎない。

これでは、日本の海保の巡視船では対処が困難だ。海保の首脳部には衝撃が走った。日本側としても付近に展開する護衛艦を手厚くするなど対策を考えざるをえない状況だった。その矢先の

2016年6月の尖閣諸島での海自護衛艦の追尾状況

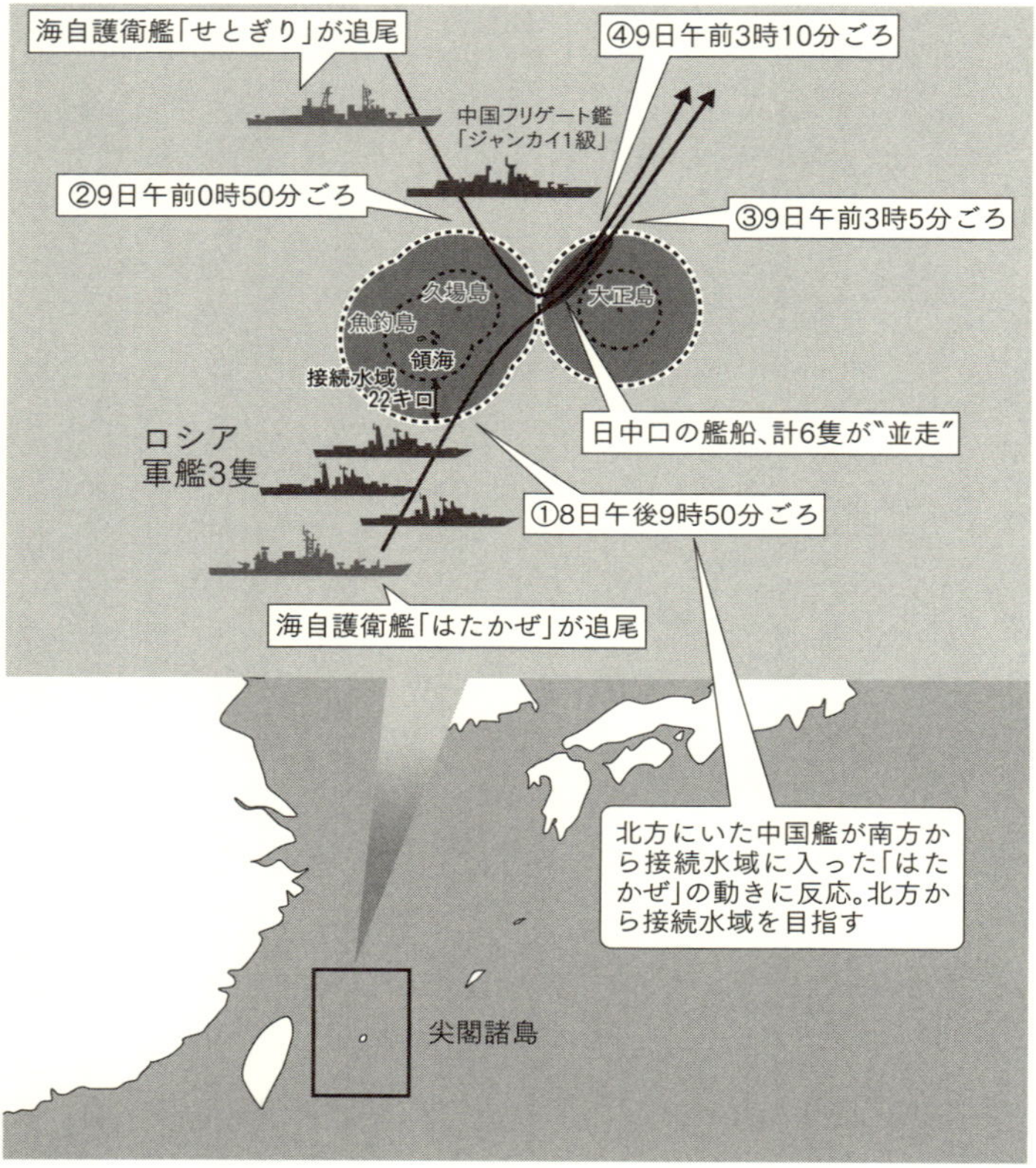

今回の中国艦船の初進入だった。

中国と日本の艦船の動きを時間を遡って検証してみる。地図を参照してほしい。

6月8日午後9時50分、ロシア艦船3隻が南から接続水域に入り、北に向かっていた。監視していた海上自衛隊の護衛艦「はたかぜ」が追尾し、当然、すぐに接続水域に入った。ロシア艦の動きに目を奪われているが、中国側が注視していたのは実は日本の「はたかぜ」の動きだ。

やや離れた尖閣北方海域にいた中国艦は直ちに反応した。そして一目散に接続水域を目指す。尖閣北方で監視中だった別の海自護衛艦「せとぎり」は危機感を抱き、中国艦の動きを追い始めた。このままでは接続水域に入るのは必至だ。強く警告したが、中国艦は応じない。

この時、「はたかぜ」は接続水域内を北東に向けて航行中だ。これを知る中国艦が動きを止めるはずはない。遂に久場島の北東の接続水域に進入した。監視していた「せとぎり」も接続水域内を航行し、今度は中国艦が万が一にも領海に侵入することがないよう警告・監視しながら追尾する。

日中ロ3国の艦船6隻が至近距離で入り乱れながら並走——。

大正島北東の接続水域内では、かつてない危険な事態が出現した。だが最後はロシア艦が接続水域を抜け、日中の艦船も外に出る。ひとまず危機は去った。が、それは前触れに過ぎなかった。

中ロ連携の真相

焦点は中ロ両海軍の連携の有無だ。ロシア艦艇3隻は海上演習を終え帰路にあった。駐日ロシア大使館も「当海域では中国と関係なくロシア海軍が定例の演習を行い、日本の領海に入ることは当然ない。他の諸国、日米も主張する『航行の自由』の原則通り。心配無用」とした。

とはいえ中ロは2012年から日本海や黄海で海上軍事演習を実施している。中ロが広く連携している以上、中国海軍が、今回のロシア艦の大筋の動きを把握していたのは間違いない。翌6月10日からは沖縄近海で日米印の海上演習「マラバール」が始まった。そもそも中ロ艦がここで活動していた目的は情報収集とけん制にもあった。ロシア艦も演習の帰路なのに、なお付近をうろついた。

1992年に始まった米印の演習には16年から日本も定期参加する。南シナ海での「航行の自由」作戦を実行した米空母「ジョン・C・ステニス」も姿を見せた。中国はそれを注視している。ロシアも事情は似る。ウクライナ問題などで確執がある米国に対抗するには、この地域でも一定の存在感が必要だ。東シナ海、太平洋は「日米vs中ロ」の対峙構造が明らかな緊迫した海でもある。

一連の事情からロシア側は、進入に関して「中国と無関係」としつつも、少なくとも中国側が連携を臭わせるのは容認した。中国国防省が発表した質問に答える形式のコメントもそうだった。自ら用意した質問文は「日本メディアが中ロの軍艦が釣魚島（尖閣諸島の中国名）付近の海域に進入したと報じた。どう見るか？」。説明抜きのため、全容を知らない中国国民、外国人は中ロが示し合わせたように受け取る。言わば意図を持った「やらせ質問」に見える。

そこには伏線があった。ロシア大統領、プーチンの6月末の訪中を控えていたのだ。重要な中ロ首脳会談を前にロシア側も中国を追い込むようなことはしない。

中国の演出は、ロシアを利用した「張り子の虎」と考えることもできる。かつて毛沢東、鄧小平時代にも米ソ対立を巧みに利用した似た事例がいくつかある。中国の伝統的な外交術だ。

試された与那国島レーダー

中国軍にはもう一つ重要な目的があった。中国語でいう「試探」。つまり接続水域への進入によって自衛隊と日本政府がどの程度、素早い動きを見せるのかを探りたかったのだ。

なぜ今なのか。それは3月28日、日本最西端の与那国島（沖縄県）に１６０人規模で駐屯を開始した陸上自衛隊とレーダー基地に関係する。与那国島の１５０キロ北には尖閣諸島がある。人口２０００人に満たない静かな島に出現した巨大な5本の鉄塔には様々なアンテナが据え付けられた。尖閣周辺の海と空ににらみを利かせている。

日本政府の動きは素早かった。安倍への報告の後、外務省は直ちに東京の中国大使館の安全保障担当公使に抗議した。中国艦の接続水域入りからわずか25分後だった。その45分後には駐日中国大使、程永華を呼び抗議した。

首相官邸には情報連絡室が立ち上がり、分析を急いだ。防衛省は米軍と連携して中国艦艇の動きを追う。中国艦が領海に入った場合、「海上警備行動」を発令する。その準備だった。幸いにもそれはなかったが。そして6月9日夜には首相官邸で安倍をトップとする国家安全保障会議（NSC）も開かれた。

この与那国の陸自レーダーも試した中国艦の行動には前段があった。5月24日、海自第5護衛隊所属「あきづき」が与那国島の南約360キロの海域で、中国のミサイル駆逐艦中心の艦隊を確認した。太平洋から南シナ海へ西進する航路だった。

とりわけ、ルーヤン（旅洋）Ⅲ級ミサイル駆逐艦は、初めて確認した新型艦艇だという。これは、052D型と言われ、上海を中心に建造され、2012年以降に進水した。この日本の統合幕僚監部の発表は、中国の北京テレビが報じ、事実上、確認した形だ。与那国周辺での中国艦の活動の活発化は、太平洋、南シナ海への中国の海洋進出の象徴でもある。

見落とされている事実がもう一つある。中国艦に対処した青森県の大湊港を母港とする「せとぎり」（3550トン）は、南シナ海との縁が深い。4月12日にはベトナム南部の要衝、カムラン湾の軍港を訪れていた。直前には同じく中国と南シナ海で対峙するフィリピンの北部、スービック港に寄港。南シナ海を横切ってベトナムのカムラン湾に入った。

カムラン湾と言えば、冷戦時代に旧ソ連が軍港として使用し、対米けん制の最前線だった場所だ。今や南シナ海問題で立場は逆転した。ベトナムは中国に対抗するため米国から武器を購入し、日本の海自艦船の訪問も受け入れている。

中国海軍の情報収集艦が、口永良部島領海に侵入

中国艦による尖閣の接続水域への侵入から6日後のことだった。今度は中国海軍のドンディアオ級情報収集艦が、領海に侵入した。場所は、鹿児島県口永良部島の西。16年6月15日午前3時半から同5時の出来事だった。海上自衛隊のＰ３Ｃ哨戒機が上空から確認した。

領海侵入は、２００４年に沖縄県・石垣島周辺で起きた中国の原子力潜水艦による侵犯事件以来だ。当時は海上警備行動を発令し、護衛艦などが退去を求めた。

今回も外国艦船が絡んでいる。中国艦は、先に紹介した日米印の海上訓練「マラバール」の情報を収集するため、付近を航行。インド艦を追尾していた。

日本に圧力をかけるとともに、中国が「縄張り」と見る東シナ海や、太平洋にまで艦船を送り、日米と連携を深めるインドへの圧力でもあった。

中国国防省が6月15日、午後に出したコメントは以下の通りだ。

「トカラ海峡は国際航行に用いられる領海海峡である。中国軍艦がこの海峡を航行するのは、国連海洋法条約が規定する航行自由の原則に合致する」

航行の自由をここで持ち出している。もちろん、国際海峡だとしたら、無害通行は可能だ。しかし、口永良部島周辺が国際海峡という話は、従来の常識からすれば考えにくい。

中国が、今回の事態の理由づけのため持ち出した論理だろう。しかも、トカラ海峡の領海通過は、先の尖閣での進入の直後だった。「意図があったのは明らかだ」。情報筋はこう分析する。しかも今回は、ロシア艦ではなく、インド艦の動きを利用した。

北大東島の接続水域でも

そして、この情報収集艦は再び姿を現した。今度は、沖縄本島東方の北大東島の接続水域。6月16日15時05分から16時00分にかけてだった。今回も前日の口永良部島の航行のように、インド艦を追跡しての動きだった。インド艦が口実に使われている。

中国とインドを巡っては、6月9日にインドの実効支配下にある北東部のアルナチャルプラディッシュ州に、中国軍が侵入していた。日米と組み太平洋に艦船を派遣したインドへのけん制だと見られている。

翌日、官房長官の菅は「一方的に我が国周辺海域での行動をエスカレートさせている活動全般について懸念している」と言葉に力を込めた。

中国国防相のコメントはこうだった。「完全に国際法の原則に一致している」。その後も中国情報収集艦は、尖閣の接続水域の外側を複数回、往復した。6月19日午後から20日午後にかけてだった。日本周辺海域は、中国の艦船の動きにより、かつてない緊張状態を強いられている。

こうした動きは南シナ海と無関係ではない。

5月の主要国首脳会議（伊勢志摩サミット）では、首脳宣言で名指しを避けつつ中国の動きをけん制した。それでも中国は激しく反発している。その中国の苛立ちは8月に再び現実の形として表れた。

尖閣、中国公船が操る230隻の漁船と習主席の思惑

8月5日、中国海警局の公船と中国漁船が軌を一にして尖閣諸島の領海に侵入した。同時侵入は歴史的にも初めての事態だ。接続水域には230隻もの中国漁船が集結。一時は15隻の公船が領海と接続水域にいた。一部は機関砲に似た武器を搭載している。意図的に緊張を作り出す異常な行為だ。

特に230隻の中国漁船というのは驚くべき数である。中国当局の明確な指示がなければできない〝集団行動〟と言ってよい。

「意図は3つだ。まず南シナ海へ手を出す安倍政権への懲罰。そして（意図的に危機を作り出すことで）日本の背後にいる米国の動きを試している。（中国が着々と島の整備を続ける）南シナ海から世界の注目をそらす目的もある。ポイントは（中国）軍艦ではなく、多くの漁船がいることだ」

中国の安全保障の内情を知る関係者の声である。少し話が複雑なので順を追って説明したい。

1978年は100隻、政争絡みの指摘も

実は中国には過去に〝実績〟がある。38年前のことである。1978年4月、尖閣諸島はいきなり緊迫した。海上保安庁の記録によると、魚釣島の北西海域に100隻の中国漁船が到着。五星紅旗を掲げ機銃も装備した約十数隻の漁船が領有権を主張しながら日本の領海に侵入した。

日本側は巡視船10隻と航空機4機で対応し、1週間後、ようやく全漁船を領海外に退去させた。しかし、中国漁船は、漁船領海線付近の操業をやめなかった。緊迫した事態が約1カ月も続いた。当時は、日中平和友好条約の締結に向けて厳しい折衝が続いていた頃だった。福田赳夫内閣は中国に抗議した。だが、中国側はこう繰り返す。「偶然、発生した事件だ」。

この頃、中国では文化大革命などで失脚した鄧小平が復活し、最高指導者としての地位を固めつつあった。政治的には極めて微妙な時期だ。この姿は今、習近平が置かれている微妙な状況に似る。習は汚職撲滅を旗印に権力を固めつつあるが、敵も極めて多い。

中国側は78年夏になると、今後、同様の事件は起きない、という趣旨の回答をしてくる。そして同年8月、双方は日中平和友好条約に署名した。

68年、国連アジア極東経済委員会が尖閣周辺を含む東シナ海の大陸棚に、多くの石油資源が眠っているとの報告を出した。中国はこれを受けて尖閣諸島の領有権を強く主張し始める。だが、鄧小平は78年当時、外相の園田直との会談でこそ尖閣問題に触れたが、深追いはしなかった。

中国にとって重要だったのは、関係が悪化していたソ連へのけん制だった。「改革・開放」政策

にカジを切るため、日本の協力も必要だった。鄧小平は日本との安定した関係構築を優先させた。

78年の尖閣への漁船侵入事件を巡っては、一部で鄧小平らに打倒された江青ら「四人組」との関係を指摘する向きもある。上海で大勢力を持っていた「四人組」の残党が、鄧小平らの対日融和方針に異議を唱えた、というのだ。政争絡みとの見立てである。真相はいまだに謎に包まれている。

ただ、大きな意味では、日中平和友好条約の締結前に、日本に圧力をかける意図があったのは間違いない。主導していたのは農漁業・海洋資源などの担当部門である。ここは中国軍との関係が深い。尖閣に集結した100隻の中国漁船には民間人を徴用した「海上民兵」も乗っていたとされる。

安倍新内閣へのけん制

似た動きは、2012年9月の日本政府による尖閣諸島国有化の際にもあった。大規模反日デモが発生する前日の9月14日のことだ。中国の複数の海洋監視船が尖閣諸島の領海に侵入。東シナ海への出漁解禁を受け、浙江、福建両省から出航した中国漁船団が尖閣諸島の周辺で操業し始めた。

中国側は識者による座談会を北京で開催し「『国有化』は現状を変更し、法理的な地位を強化する許し難い措置だ」と反発していた。

今回の大量の漁船の動きが1978年と違うのは、機関砲に似た武器まで備えた中国海警の公船が事実上、指揮していた点だ。「海警33115」などである。

6月の中国海軍艦船による尖閣諸島の接続水域への進入も歴史的に初の行為である。2013年、正式発足した中国海警局は軍との関係が深いとはいえ別組織だ。「軍が動いた以上、海警局も張り合って活動する必要がある」。中国駐在のアジアの外交官の分析である。比較的、新しい組織である海警局の権限維持と予算獲得のための「示威行為」との見方だ。

組織の成り立ち上、中国海警局が動かせるのは中国漁船である。仕組みは複雑だが、尖閣諸島に〝自主的〟に向かう浙江省や福建省の中国漁船に地元組織を通じて事実上の補助金を出すことも可能だ。油代などの補てんである。これは過去の例で確認されている。

日中の防衛当局間では、偶発的な衝突を防ぐ「海空連絡メカニズム」の発効に向けた折衝が続く。利害が錯綜する詰めの交渉が行われている場合、中国側が漁船を使った「示威行為」に出ることがあるのは、1978年の例からも分かる。

8月上旬、漁船団が出発した地域から遠くない上海の地元テレビでは「対日関係」をテーマにした特別討論番組を放送していた。多くの中国人識者は、先に公表された日本の防衛白書に関して「中国の脅威を宣伝する日本には、別のよからぬ思惑がある」などと批判していた。

この他、国営中国中央テレビも新防衛相、稲田朋美の人物像について「右翼女政客」などと批判的に紹介していた。安全保障関係者が指摘したように、中国の公船と漁船の尖閣領海侵入は、参院選で憲法改正が視野に入る議席を獲得した自公政権と、安倍新内閣へのけん制である。

米国を試し、南シナ海から目をそらす狙いも

そして中国は、日本と同盟を組む米国も試している。中国海軍の艦船が大挙して尖閣の領海に侵入すれば、日米安保条約に基づき、米軍が介入する恐れがある。しかし、海警局の公船と漁船である限り、米軍は出てこられない。

米政府が〝紛争〟の平和的解決を安倍政権に働きかけるよう仕向けたい――。これが中国が描くシナリオだろう。米政府がそうした動きに出れば、尖閣を巡って領土争いがある事実を米国が認めることになる。「領有権問題は存在しない」と突っぱねてきた日本政府は危機に陥りかねない。

中国は現在も南シナ海で人工島の建設を続けている。7月の仲裁裁判所の判決は完全に無視された。しかし9月には中国・杭州で20カ国・地域（G20）首脳会議が控えていた。習近平の晴れ舞台が南シナ海問題でぶちこわしになるのは避けたい。そこで、いったん東シナ海の尖閣問題で摩擦を激化させ、南シナ海から注意をそらす。一種の〝陽動作戦〟である。

もう一つ重要な要素があった。中国の内政だ。時を同じくして河北省の保養地、北戴河では、長老らと習近平ら現指導部が重要課題を巡って意見交換していた。

南シナ海、東シナ海の安全保障問題も大きな話題だった。「海洋強国」を掲げる習近平としても、この局面では弱腰と批判されかねない動きは取れない。内政上は、強硬姿勢をとるのが安全

である。

中国漁船の救助はなぜか日本の海保が……

中国公船、漁船が尖閣諸島の領海・接続水域に入る過去最大級の動きは、8月中旬に入ると急に収まった。だが、その時、奇妙な事件が起きた。

8月11日未明、尖閣諸島の魚釣島北西65キロの公海でギリシャ船籍の貨物船と中国漁船が衝突した。助けたのは日本の海保の巡視船だった。14人の漁船の乗組員のうち、6人を救助。巡視船とヘリコプターで石垣島に運び、順次、中国に引き渡した。これには中国外務省も日本への謝意を示す談話を発表した。

6 王毅外相の微笑と、「まやかし」の言い訳

すべてはG20のため——国営テレビも王毅の微笑を放映

習近平の下で外相に就任して3年半。駐日本大使を務めた「知日派」の王毅が16年8月末、外相として初めて来日した。その表情には大きな変化があった。4月末、北京で外相の岸田と会談した際は〝大国〟の外交担当者とも思えぬ剣幕でかみついたが、今回はまったく違った。

8月24日、王毅は霞が関の外務省で行われた日中外相会談の冒頭撮影時こそ表情を崩さなかっ

たものの、終了後に日本の記者団らの質問に答えた時は、初めから表情は柔和だった。微笑さえたたえたのだ。

注目すべきは、この王毅の〝ぶら下がり〟記者会見での微笑は、中国国内でも放送されたという事実だ。国営の中国中央テレビのニュース番組やインターネットニュースである。見出しが極めて面白い。

杭州Ｇ20首脳会議の準備はすべて順調――。

驚くことに、王毅来日、日中外相会談、日中韓外相会談がメインのニュースではない。そして王毅が日本の記者団を前に「Ｇ20の準備は整っている」と微笑をたたえつつ答えた部分を放映したのだ。

実際、王毅は、日中間の懸案である偶発的衝突を防止する「海空連絡メカニズム」の協議が前進した事実に触れた。そして、まだ小さな問題は残っているものの早期に合意できる、との見通しまで示した。この重要ニュースを、国営テレビは伝えていない。

ここに中国側の意図が透ける。王毅来日は、政治的にはすべて９月４、５日のＧ20首脳会議のためなのだ。その大きな使命は、習近平の晴れの舞台である杭州Ｇ20を盛り上げることだった。

中国国営テレビの微笑の放映は、対日関係が上向いている事実を中国国民に示す「世論操縦」である。これまで国営系メディアは、首相の安倍晋三の動きを批判的に報じ続けていた。急に態度を変え、日中首脳会談まで実現してしまうと、戸惑いが広がるばかりか、中国外務省への批判が起きかねない。

日本での日中韓外相会談、日中外相会談の実現は、G20盛り上げのための手段だった。王毅は、習近平の露払いに過ぎない。

中国は、韓国による米軍の地上配備型高高度迎撃ミサイルシステム（THAAD）の配備決定に大反発。裏では事実上の経済制裁までちらつかせた。

それでもG20がある以上、習近平は韓国大統領、朴槿恵と簡単には〝離婚〟できない。北朝鮮の潜水艦発射弾道ミサイルの発射を巡る国連安保理の非難声明に、中国が一転して同調したのもそのためだ。

それでも王毅の権限は限られている。中国軍の艦船、大量の海警局の公船、230隻もの漁船が沖縄県の尖閣諸島に押し寄せた問題の詳細を日本側に説明する権限は持っていない。

王毅は、中国共産党指導部を形づくる25人の政治局委員の一人でもなければ、国務委員という肩書を持つ副首相級の人物でもない。

中央軍事委員会、軍や農業・漁業部門と連携する海警局、「海上民兵制度」と関わる漁船の動きについて、中国外務省は門外漢である。つまり、日本側が、中国外務省に抗議しても「のれんに腕押し」なのだ。

「半分は漁期だから」の意味は「説明できない」

王毅の微妙な立場が透けたのは、8月23日夕の来日第一声だった。羽田空港で待ち受けていた日本の記者団は、中国の漁船や公船が尖閣諸島の領海、接続水域付近に押し寄せた事件の説明を求めた。

「半分は漁期だから。半分は誇張である……」

じっと考え込んだあと、王毅は言葉を選ぶように答えた。そこには迷いが見て取れた。「漁期だから、魚を捕るという目的のために漁船が尖閣に集結しただけに過ぎない」という説明は、奇妙きてれつだ。まやかしと言わざるをえない。王毅の逡巡は、自身の説明を日本国民が受け入れないことを予期した「良心の呵責《かしゃく》」だったかもしれない。

先にも書いたように、1978年の中国漁船が尖閣に押し寄せた際、日本政府の抗議に対して中国外務省などは「偶然、発生した」と説明している。今回、王毅が口にした「漁期だから」は、言葉こそ違うが、構造は似ている。説明できない、という意味なのだ。

説明できないのは、中国外務省出身の駐日中国大使、程永華も同じだった。程永華は8月10日、自民党幹事長に就任した二階俊博のもとに就任祝いに訪れた際、尖閣に押し寄せた中国漁船問題について「魚が非常に密集していて豊漁だった」と語っている。

「ルールに則ってもらわないと困る」。そう指摘した二階への回答だった。これは王毅と同じ文脈の言い訳にならない言い訳である。

到底、日本国民、国際社会を納得させられる説明ではない。しかし、逆効果と分かっていても、そう説明せざるをえない。それが実態だ。王毅の久々の日本での微笑と、漁船問題での言い訳の落差は、中国外務省の置かれた現状を象徴している。

尖閣の「事態は既に正常化」と言わせた上層部

王毅は、ぶら下がり記者会見で漁船や公船が押し寄せた問題について最後にこう語った。

「事態は既に基本的に正常な形に戻っている」

意味はこうだ。当初、中国外務省がコントロールできないところで決まった大方針によって公船、漁船がやってきた。今、その動きは基本的に終わった。王毅は、上層部から、終わった事実だけは伝えてよいとの権限を得て来日したのだ。優先事項はG20である。

杭州G20での首相の安倍晋三と、習近平の会談に向けた交渉の詰めは、日中外相会談の直後に訪中した国家安全保障局長の谷内正太郎と、国務委員（副首相級）の楊潔篪の会談に委ねられた。

谷内は、北京で首相の李克強にも面会した。異例の厚遇だった。G20を最大限に盛り上げたい習近平は、アジアの2大国のトップ会談を望んでいた。しかも、中国側のメンツが立つ形で。

7　安倍を目立たせるな——「格落ち」させたG20、習・安倍会談の怪

「南シナ海で日本は言動を慎むべきだ」

中国・杭州での20カ国・地域（G20）首脳会議の閉幕直後の2016年9月5日夜。習近平は、首相の安倍晋三と会談した。日中の首脳対話は、2015年4月のインドネシア以来だ。それは異例ずくめの会談だった。

冒頭の写真撮影で習に笑顔はなく、日中両国の国旗もない。会談した部屋は他国との首脳会談と違い極めて狭く、出席した中国側メンバーも見劣りする。中国側は明らかに「格落ち」の会談を演出した。

南シナ海問題を巡って習は安倍に「日本は言動を慎むべきだ」と言い放った。日本側ブリーフでは確認されていない。だが、国営通信の新華社が報道し、どの中国紙にも掲載された。

習にとって、厳しい内政を考えれば、G20の大成功をうたうことは絶対条件だった。習はG20のすべての首脳と握手し、会談しなければならない。習の体面上、安倍との会談は必要なのだ。だが、それは、あくまで主役である習の「引き立て役」としてであった。安倍に花を持たせるわけにはいかない。

安倍を目立たせるな——。中国外務省は、この上層部からの司令に沿ってG20での習・安倍会

安倍首相（左）と習主席の日中首脳会談（2016.9.5）
©ZUMA／amanaimages

談を組み立てた。日本側が元々、希望したのはG20開幕日4日の会談だった。午前から午後にかけてなら、1時間近い会談時間が取れる可能性がある、と踏んだ。

しかし、中国側は初めからこれを拒んだ。安倍は9月3日夜、プーチンとの日ロ首脳会談に臨んだロシア・ウラジオストクから東京に帰国。一晩、休んでから翌4日朝、すぐに政府専用機に乗り込んだ。

当初、予定していた4日の杭州入りの時刻は、午後1時過ぎだった。

だが、日中首脳会談を含めた2国間会談の時間を取るため、予定を早め、午前11時過ぎに杭州空港に到着した。しかし、日中首脳会談の日程はなお発表されない。安倍は無駄足を踏んだことになる。

結局、4日夜になって翌日の日中首脳会談が発表された。これは、2国間会談の日程発表の最後だった。しかも、習の大仕事である現地時間5日午後6時前後の閉幕記者会見の後という設定だった。

これなら誰も注目しない。世界のマスコミもＧ20閉幕の習の記者会見の処理に追われるだろう。中国側はそう踏んでいた。

メイ英首相を後回しにし、メルケル独首相を重視した理由

実はＧ20閉幕後に会談したのは、安倍だけではなかった。英国首相のメイ、ドイツ首相のメルケルもである。

メルケルは２０１７年のハンブルクＧ20の議長であり、最後にじっくり話をしたいという理由である。習は４日午後の開幕式の際もメルケルとの握手を最後とした。バトンを彼女に渡すという意味を込めたのだ。

この時、習は、テレビカメラで中継される中、延々と5分間近くもメルケルと立ち話をした。最後はメルケルの方が飽きてきて、離れようとした。だが、習の方が離さない。習はそれほどメルケルを重視していた。中国は経済を含めドイツを欧州の要と見ている。

英国のメイは意味が違った。メイは既に固まったはずの中国企業による英国での原発建設について再検討を口にしていた。メンツを潰された中国は当然、反発した。習は、メイに暗に圧力をかけるため、会談を後回しにした。日本と似ている。それでも握手の際、英国国旗はあった。英政府は、その10日後、中国国有企業が出資する原発案件を承認した。

タイ首相の国旗なし、安倍首相の国旗なしは意味が違う

もう一人、国旗のない握手となった客人がいた。タイ首相のプラユットだ。だが、彼は自分の都合で杭州への到着時間が2時間も遅れた。約束の時間に合わず、元々の会談場所は次の習と他国との2国会談に取られてしまっていた。

プラユットは、到着後、時間がない中、慌ただしく会談した。国旗なしの写真撮影は致し方なかった。だが、部屋は他国と同じに中国画も飾ってあった。タイ首相でさえ、小さい部屋に追いやられた安倍とは違う。

国旗なしの握手で、会談場所も狭いのは日本だけだ。日中首脳会談の冒頭取材に訪れた欧米メディアの記者からは、こんな声が漏れた。

「なぜ、こんな狭いところなんだ。中国と何かあったのか?」

双方の首脳、要人らがテーブルを挟んで向かい合う会談場所にも、一般的には、向こう正面に両国の旗が置かれる。だが、日中首脳会談の際は、あえて横に移動され、見えない。

中国の報道では日本の旗がまったく存在しない。しかも正面には、本来あるはずの格式の高い中国画も飾っていなかった。椅子も他国と違い小さい。

出席したメンバーも違っていた。他の会談時には席に着いた2人の共産党政治局委員が不在だった。習の側近、栗戦書と、習の知恵袋とされる王滬寧だ。経済政策の司令塔で習の「幼なじみ」でもある党中央財経指導小組弁公室主任の劉鶴もいなかった。

安倍とは「実務会談」であり、他国との正式会談とは違う。中国はそう見せたかった。中国側は「安倍がどうしても会いたい、というから仕方なく会ってあげた」という態度である。この扱いは、2014年11月の北京でのアジア太平洋経済協力会議（APEC）での日中首脳会談、15年4月インドネシアでの日中首脳会談とも似ている。つまり、日中関係はそこから前進していない。

まるで「華夷秩序」「朝貢」の復活

9月6日付の共産党機関紙、人民日報の紙面の写真が日中関係を象徴していた。第2面に2カ国間会談の握手写真が並んだが、安倍とだけ国旗がないのが際立つ。9月7日夜の国営中国中央テレビのメインニュースの扱いでも、安倍への差別待遇は明らかだった。

習のメンツを重んじ、安倍には差別待遇で応じる。まるで、「華夷秩序」の復活のようだ。それは、古代から続く中華の真ん中にいる皇帝を中心とした秩序を指す。すり寄らない国のトップには「罰」を与えてよい。そんな雰囲気である。

この中国方式は、日本にだけではなく、随所に見られた。G20では開幕式と、夕食会の際、各国の首脳らは一人ひとり、長い距離を歩かされ、ようやく習と握手できるという段取りだった。「まるでかつての『朝貢』のように、各国首脳を長く歩かせて習主席と握手させる方式には、特にアジアの国々から相当な反発がある。中国は傲慢だ、と見られてしまう。習主席のためにもやめるべきだ。なぜ、外務省の関係部門が提言しないのか……」

中国の老識者は声を大にする。長々と歩かせて、ようやく握手に応じるという中国独特の方式は、2015年9月3日、北京での軍事パレードの際もあった。プーチン、朴槿恵らは、かつて皇帝が住んだ故宮の中の道を50メートルも歩かされた。

「華夷秩序」を思い起こさせる対応は、高高度ミサイル迎撃システム（THAAD）の韓国配備問題で確執があった韓国への態度にも出ていた。とはいえG20で習近平は韓国大統領、朴槿恵をぞんざいには扱わなかった。会談場所には、韓国と中国の旗も置いた。これも安倍の扱いとは違う。

「日本は南シナ海問題の当事者ではない」

「日本はこの問題で言動を慎むべきだ」

32分間の日中首脳会談で、南シナ海問題を巡り習が安倍にぶつけた言葉は、かなり強硬である。安倍も沖縄県の尖閣諸島の領海などへの中国海警局公船の侵入に強く抗議した。南シナ海でも習に国際法遵守を求めた。

この会談は、習と安倍が久々に会って対話を継続できた、という大きな意義はあった。だが、それ以上のものでもなかった。

このG20での日中首脳会談の実現前、中国側は内部で対日関係の今後を徹底的に議論していた。国際政治、対日関係、マクロ経済、貿易……。かなり幅広く研究者が集められた。

対日政策で3つの観点

そこでは今後の対日関係を巡って３つの観点が出たという。

① 日本は米国の軍事同盟国で、米国の指図だけ聞く。安全保障を巡って中国は対米関係さえ考えればよい。日本は相手にしない。

② 「独立」「自立」を追求する日本は既に軍国主義化の道を歩んでいる。憲法を改正し、自衛隊を正規の戦える軍隊にするだろう。強く警戒すべきだ。対日戦争の可能性も捨てきれない。

③ 中日両国は経済的にも相互依存している。隣の経済大国との戦争などありえない。摩擦のコントロールが重要で、総合的には楽観できる。

前の２つは極めて厳しい見方である。そして当面、安倍政権の動向をじっくり観察する必要がある、という結論になったとされる。

焦点は、習自身の考え方だ。今回、安倍との会談を決定したのは、最終的には習である。「近隣の国とはきちんと対話すべきだ」

最後は習が根強い反対論を抑えて、会談にゴーサインを出した。そんな〝裏話〟が日本の関係者向けに宣伝されている。

一般的にＧ20で外国要人を招いておいて、会談もしないという非礼はありえない。それは習自身の権威付けにも必要だった。それでも中国側は「習主席の決断」を宣伝する。

習は対日関係について安倍を前にこうも言った。

「長く続く問題をコントロールし、新しい問題が起きるのを防ぎ、道に置かれた邪魔な石ころを取り除かなければいけない」

習のこの言葉の真意は、今後の日中接触の中で徐々に明らかになるだろう。

習が気にした日ロ関係

2017年は、1972年の日中国交正常化から45周年。2018年は、1978年の日中平和友好条約の締結から40周年に当たる。

この1970年代に中国が日本や米国と国交を回復した理由の1つは、対ソ連の関係悪化だった。ソ連との核戦争さえ想定していたのだ。中国はその時、日米との関係改善を利用して、ソ連をけん制した。

今は逆の構図である。中国が米国に対抗するためロシアと組んでいる。南シナ海で中ロが軍事演習をするほどだ。

一方、安倍はそのロシア大統領、プーチンを利用しようとしている。北方領土問題の解決は確かに難しい。だが、ロシアとの接近は、中国へのけん制、抑止力にはなる。今、安倍は、プーチンを「ウラジミール」とファーストネームで呼んでいるのだから。

習はG20直前の日ロ首脳会談を気にしていた。安倍は、ロシアのウラジオストクでプーチンと会談した上で、杭州入りした。プーチンは16年末には訪日し、安倍の故郷、山口を訪れる方向だ。

習はトップ就任後、一度も訪日していない。心境は複雑だ。

杭州では、米大統領のオバマとプーチンの対話が実現した。ウクライナ、シリア問題などで対峙する二人が厳しい顔で向き合った場面はなかなか迫力があった。

南シナ海問題、そしてＴＨＡＡＤの韓国配備を巡ってオバマは杭州で習と激突した。プーチンは南シナ海問題で習を支持している。それでも米ロ会談は行われた。複雑極まりないパワーゲームが今後もアジア・太平洋地域で展開される。

日本もその渦の中にいる。対中関係のコントロールは日本の未来を大きく左右する。中国の対日姿勢は確かに強硬で、傲慢と言ってもよい。

しかし、感情に流される対応をしていたのでは、将来、禍根を残しかねない。十分かつ慎重な検討が必要である。日中関係は今、岐路に立っている。２０１７年の中国共産党大会での最高指導部人事を挟み、今後、２年間が極めて重要だ。

第7章

令兄弟が持ち出した爆弾

1　謎の軍改革、スピード実現

令計画は保身のために一族総動員

中国の権力闘争では、内部で生死をかけた泥仕合が演じられる。圧倒的多数の国家が利用する選挙という民主的で公正な手段がないためだ。

元最高指導部メンバーの周永康、元重慶市トップの薄煕来を巡る激烈な闘いがそのいい例だった。前国家主席、胡錦濤の側近だった令計画の失脚を巡っても、様々な疑問が残っている。

２０１４年夏の「北戴河会議」。最大の焦点は党中央弁公庁主任だった令計画の問題だった。その場で習近平はある事実を突きつけた。令計画が国家機密を漏らしていたという重大な内容だった。しかも、相手先は米国である。

先に触れたように、胡錦濤はひそかに令計画を後継者に据えることを狙っていた。２００７年前後からだ。しかし、それは12年に令計画が党統一戦線部長に回ることが決まり事実上、断念せざるをえなくなる。12年夏の「北戴河会議」で息子の事故の隠蔽が問題にされた。

そしてまた14年の「北戴河会議」で窮地に立たされる。習近平が、王岐山や栗戦書を通じて令計画問題の詳細を調べ上げていた。令計画は、自分の身を守るための手段として自分の一族を総動員して準備した。

大役を担ったのは実弟の令完成だ。中国国営通信の新華社に勤めていたが、自らの商売も忙しく、さほど出社していなかったとの証言がある。令完成は、兄が危なくなったらこの重大な機密情報を使って米中両政府と裏取引するという密命を帯びて密かに米国に渡る。13年にかけての動きである。

「北戴河会議」で令計画の反逆の証拠を突きつけられた胡錦濤はぐうの音も出なかった。動かぬ証拠があるのだ。令計画の摘発が決まった。しかし、その際、胡錦濤は一つだけ条件を付けた。「李源潮にだけは決して手を出すな」。胡錦濤には共青団という組織を守る使命があった。習近平は受け入れたはずだった。

米国情報部門に伝えられた「最高機密」

令完成は米側と接触して、情報を伝えた。しかし、どこまで漏れているのか。これは米国の情報部門でも最高レベルの機密に属する。ワシントン駐在の同盟国の外交官らでも、この話に触れると米側が完全に口をつぐむという。

中央弁公庁が仕切る中南海の警備状況。米軍事衛星による精緻な調査でも分かりにくい地下への核ミサイルの配置。７大軍区の部隊配置。あらゆる重要情報がファイル形式で持ち出された。臆測は多い。

習近平が核ミサイルを起動させる際に使う核のボタンのパスワードなどが含まれていたのか。それはベールに包まれている。しかし、かなりの軍事情報が含まれていたのは確かだ。

政局情報も重要だ。予想を覆して習近平がトップに立った本当の理由。こうした政治的な機密も様々な使い道がある。米国はすべてを知って動いている。そう思わせるだけでも交渉上、優位に立てる。

衛星ナビゲーションシステム「北斗」の情報漏れ

一つだけ確認できる情報漏れがある。中国独自の衛星測位ナビゲーションシステム「北斗」を巡る情報だ。これは軍事、産業両分野に関係する。

例えば、尖閣諸島の接続水域、領海に入った中国艦船、中国海警局の公船、民兵も乗る漁船の航行はこの「北斗」が担っている。陸軍、公安、武装警察もだ。中国政府は衛星打ち上げを急いでおり、2020年になれば36の衛星で全地球をカバーでき、精度も上がるとしている。

「中国はすべての情報が漏れたとの前提に立って、全システムを改修した。莫大な資金を投入せざるをえなかった」

国際情報筋の見方である。

令計画の罪状に違法な国家機密の取得が挙げられている。「国家機密保護制度の深刻な破壊」とまで言っている。本来、死刑にできるはずなのに歯切れが悪い。

「可能性は二つある」。関係者はこう見る。一つは、習サイドと令計画、完成兄弟の間で裏取引が成立し、核心は流さなかったという可能性だ。もう一つは、そもそも持ち出した中身自体がたいしたものではなかった可能性である。令計画は中央軍事委員会の一員ではないからである。

軍改革、再編に逆利用

この情報漏れに絡み重大な動きがあった。習近平が主導した軍再編と情報漏れに関連性があるというのだ。関係者が証言する。

「これだけ短期間で軍改革が進んだのはなぜか。令計画、令完成兄弟による情報漏れを前提に、組織再編、配置換え、情報システムの変更が行われた」

重要情報が漏れたのなら、軍改革を急がなければならない。南シナ海でここまでもめている以上、米軍などを想定した戦争を準備する必要性がある。しかし、相手に情報が筒抜けでは戦えない。士気も上がらない。

「習近平はこれを利用して軍改革を進めた。本当に漏れたかどうかは分からないが……」

軍内では再編への抵抗が強かった。毛沢東は、旧ソ連との核戦争まで想定して７大軍区をつくった。どれも似た組織だ。意味は、どの地域が攻撃を受けても他の地域で代替できる。それが眼目だった。

当時はよかったが、その後、七大軍区はそれぞれ独立王国のようになってしまった。利権があり、汚職もはびこる。軍の階級をカネで買うしきたりは、そこから生まれた。習近平はこれを壊し、軍事委主席たる自分に忠実な軍隊につくり変えたかった。令計画兄弟の問題はまさに都合のいい事件だった。

２０１２年２月の習近平訪米

習近平と米国の間には、なかなか激しいさや当てがあった。話は4年近く前に遡る。

２０１２年２月、まだ副主席だった習は、米国を訪問した。少し前に訪中した副大統領のバイデンとはある程度、気心が知れた仲だった。

2月14日、バイデンはワシントン郊外の副大統領公邸に習を招き夕食を共にした。そのときバイデンは「友人からの忠告だ」として、王立軍が米側に漏らした情報の一部をささやいた。薄熙来と周永康が結託し、習近平のトップ就任を阻もうとしている、という情報だったとされる。

その直前の2月６日、王立軍は成都の米国総領事館に駆け込んでいたのだ。ささやきはバイデンの善意だった。

習は深く感謝した。しかし、それは表向きだった。実際は、米側に漏れた情報の少なさ、分析の不正確さが分かり、ほっとしたのだ。そして「むしろ米国を見くびった。そもそも習近平は対米強硬派なのだから」。関係者の分析である。

この習の態度は、令計画兄弟の問題にもつながる。情報漏れをむしろ内政に逆利用しようと画策したのだ。軍権を固めるための軍再編は、それほど重要だった。

2　政権の基盤揺るがす「パナマ文書」の闇

こちらも中国独特の使われ方をされる可能性がある。中国要人の蓄財疑惑である。まず、前首相、温家宝の親族を巡る巨額の蓄財疑惑。そして習近平の親族の資産問題だ。中国の特殊な政治体制の下では、情報の真偽と別に政治的な利用価値が優先される。ここに租税回避地（タックスヘイブン）の利用という闇が絡む。今回、「パナマ文書」の暴露で再び注目を浴びた。租税回避地に設立したペーパーカンパニーを使った蓄財問題は、中国の政局を動かす情報戦の主役だ。

〈パナマ文書で親族の関与が指摘された中国の指導者ら〉

習近平	国家主席	義兄
劉雲山	党政治局常務委員	義理の娘
張高麗	副首相	義理の息子
李鵬	元首相	娘
賈慶林	元全国政治協商会議主席	孫娘

曾慶紅　元国家副主席　兄弟
毛沢東（故人）　元主席　孫の夫
鄧小平（故人）　元最高指導者　めい夫妻
胡耀邦（故人）　元総書記　息子

ルールなき闘いと周永康事件の闇

周永康は共産党中央政法委員会書記として公安（警察）、武装警察を動かす権力を一手に握っていた。習指導部はすでに周永康を断罪。汚職や機密漏洩の罪で無期懲役が確定した。周永康は当時、職権を乱用して最高指導者らの電話を盗聴し、機密情報を集めた。いざという場合に備えていたのだ。

盟友だった薄熙来を、引退する自らの後釜として最高指導部入りさせ、この分野を核に院政を敷く。そして野心家の薄熙来を持ち上げ、習に対抗させる狙いもあったとされる。

２０１２年春、薄熙来の失脚で周永康は焦っていた。薄熙来の周辺ばかりではなく、自分の秘密を知る人物も中央規律検査委員会によって次々、拘束されたのだ。このままでは危ない。そこで賭けに出る。乾坤一擲の反撃だった。

「周永康は様々な手段で反攻を試みた。最初の標的は温家宝。周永康の周辺の人物らが様々な手法で温家宝のマイナス情報を内外で流した」。当時の事情を知る人物の証言だ。温家宝は12年3

月の内外記者会見で、失脚前の薄熙来を明確に批判していた。

温家宝の家族の疑惑とは、総額27億ドル（約2900億円）もの不透明な蓄財の存在だ。当時、中国版ＬＩＮＥ「微信」を通じて広く流布された。実際、周永康の意を受けたと見られる人物らが、中国本土以外に出て、情報を拡散した例もある。

この結果、「民衆に近い総理」というイメージは、一気に地に落ちた。まさに情報戦である。真偽とは離れて、蓄財疑惑の流布自体が命をかけた政局の材料だった。

情報は偏っていた。周永康に関する記述がない。彼の後ろ盾だった元国家主席、江沢民の親族に絡む情報もなかった。多くの中国指導者らの親族が大筋、似た蓄財をしているにもかかわらず。同じ頃、北京の著名な左派系論客は「『紅い歌』を唱う運動をした薄熙来が捕まり、万が一にも周永康にまで手を付けるなら、温家宝も同じ罪で捕まえるべきだ」とすごんでいた。

令計画問題もバージン諸島絡み

逆の例もある。租税回避地の利用を巡るスキャンダルを主流派が利用する場合だ。14年に失脚した前党中央弁公庁主任の令計画。前トップ、胡錦濤の官房長官役という大物だけに、追い落としの過程では様々な手が使われた。標的は令計画の親族の資産問題だった。

京都の観光地、高台寺の「ねねの道」に近い石塀小路。「ここが有名な邸宅なのね」。和服の貸衣装を身にまとった若い中国人女性観光客らが、今は営業していない料亭の建物前で記念撮影をしている。中国人客で埋まった京都の一風景だ。ちなみに、京都の町を闊歩する中国人らには、3000－1万円ぐらいで時間貸しする和服が大人気だ。

この潤心庵は、中国人著名実業家が令計画の親族にプレゼントしたとされる資産だ。登場するのは12年3月、高級車フェラーリの事故で謎の死を遂げた令計画の息子である。この資産を巡っては、令計画の基盤だった共産主義青年団（共青団）系の別の指導者の名前も取り沙汰された。

潤心庵の取引には、租税回避地である英領バージン諸島に設立されたペーパーカンパニーが関係していた。令計画と死亡した息子、妻、実弟で多くの機密情報を持って米国に入国した令完成の資産問題は、中国のインターネット上で様々な情報が飛び交った。

現指導部は、令計画の一族と、共青団系の人物らのスキャンダル情報を中国内で真剣に遮断しなかった。このため、当局が容認した内容だと受け止められていた。

いずれにせよ複雑な取引に租税回避地が利用され、真の持ち主が分かりにくい構造となっている。パナマ文書に登場する中国指導者の親族問題と同じだ。

今回、流れた習近平の親族を巡る情報は数年前に既に出ている。12年には当時、国家副主席だった習の姉夫婦ら親族が巨額の資産を保有しているとの報道が世界中を駆け巡った。今回の情報も習本人ではない。親族の休眠会社だ。習の母は、息子のトップ就任を前に親族に資産整理を命じた。「就任後の問題がないとすれば打撃は少ない」。北京の政界ではこんな受け止め方が多い。

とはいえ今回は、元首相の李鵬、前最高指導部で序列4位だった賈慶林、元国家副主席の曽慶紅らイメージが良くない人物の親族と一緒に習の親族情報が流れた。現役の最高指導部メンバーである劉雲山や張高麗の親族も含まれる。

令完成の身柄については、中国当局が米政府に引き渡しを強く要求しており、米中間の外交問題にもなっている。令完成の押さえている最高指導部に関する機密情報が暴露されれば、中国の政局に計り知れない影響を与えるからだ。

妻と子だけ禁止という抜け穴

習が進める「反腐敗」運動は真の巨悪は捕まえない〝にせ物〟。権力闘争の道具に過ぎない――。

こんな認識が中国の一般社会で一段と広がりかねない。習指導部は今、中国内への情報流入をできる限り遮断している。16年4月上旬には首都での植樹活動に習を筆頭に最高指導部7人が全員参加した。久々の一致団結のアピールだった。

「非西側勢力を狙った撹乱戦術で、プーチン大統領や、習主席も標的にされた」。パナマ文書に関して共産党内部ではこんな見方が目立つ。党機関紙、人民日報系の国際情報紙である環球時報も大筋、似た論陣を張った。だが、いわゆる西側でもアイスランドの首相が辞任。英首相だったキャメロンまで窮地に立った。中国の認識は的を射ていない。

パナマ文書は極めて政治的な問題だけに、中国外務省も外国メディアの質問に正面からは答えられない。「曖昧なもの」として答弁を避けた。

各国の財政を圧迫する課税逃れ問題は、16年5月の伊勢志摩での主要国（G7）首脳会議ばかりではなく、同年9月に中国・杭州で開いた20カ国・地域（G20）首脳会議でも陰の焦点だった。折しもG20の議長は、親族の租税回避地利用が取り沙汰される習近平、その人だ。

指導者らの配偶者（妻）と子女らが商売に関わるのを禁ずる――。習指導部が党内に発したとされる通達である。この規定には見事な穴がある。父母と兄弟の商売、蓄財は禁じていないのだ。つまり、習の姉夫婦、そして母らの問題は回避できる。「小手先のごまかしが通用するのかは、習近平の権力の勢い次第だ」。中国の一般社会ではシニカルな見方も多い。

17年の最高指導部人事というルールがない仁義なき闘いを前に、虎視眈々《こしたんたん》とパナマ文書の政局への利用をうかがう勢力が内部にいる。

攻撃は最大の防御――。習はこの鉄則に沿って先手を打った。参謀はやはり王岐山だった。この経緯は第8章で後述する。

3　ソロスの挑戦

「ハードランディングは不可避である」

２０１６年1月21日、習近平と、世界のマーケットを動かす著名投資家、ジョージ・ソロスは意外に近くにいた。中東訪問が佳境を迎えていた習はエジプトに。ソロスはスイス・ダボスに。地中海を隔てた南北である。

「中国経済のハードランディングは不可避である」「これは予想ではない。実際に目にしていることだ」

その日、ソロスは世界経済フォーラムの年次総会（ダボス会議）開催中のスイス・ダボスからテレビ画面で言明した。世界に衝撃が走った。あのソロスが口にする言葉の意味を世界はすぐに理解した。彼はすでにそのシナリオに沿ってポジションを取ったということだ。

習はサウジアラビア、エジプト、イラン３国訪問中に、円換算で計６兆５０００億円超という巨額の資金投下を華々しく打ち出した。中国と中東、欧州、アフリカをつなぐ「新シルクロード経済圏」構想。その実現に向けて中東で布石を打った習は上機嫌のはずだった。

習が打ち出したのは「１＋２＋３」協力構想だ。中東依存度が高いエネルギー協力が柱。インフラ整備と、貿易・投資の協力強化で両翼から支える。さらに原子力、人工衛星、新エネルギー開発の３大新技術領域を起爆剤とする。習指導部下で権限が強まった中国共産党の「中央外事指導工作小組」に経済・金融、科学技術、軍、外交・安全保障など各部門の知恵を結集して練り上げた自信作だった。

習の中東訪問の真の意義は、力の落ちた米国に代わり、中国が柔らかな「バランサー」として存在感を示すことだ。だからこそ核問題を巡る制裁解除直後のイランに国連安保理常任理事国５

カ国のトップを切って乗り込んだ。イランとの外交関係を断ったサウジにも入った。

「時の人」であるはずの習への注目を封じたのはソロス発言だった。世界は確かに「CHINA」の動きに目を凝らしたが、習の中東訪問にではなく、人民元・株式など中国に絡む市場混乱に、だった。上海株式市場の1月の下落幅は22％。ソロスも標的にする人民元の急落で中国経済の混乱が続けば、習の中東構想はおろか、「新シルクロード経済圏」構想も絵に描いた餅になりかねない。

中国と縁深いソロス、3年で豹変

そもそもソロスと中国の縁は深い。世界を動かすヘッジファンドの生みの親として中国の経済人、投資家の間でも絶大な人気を誇っていた。北京中心部、王府井にある国営書店、空港の書店にもソロスの著書が山積みになっていた。

この人気を背景に2013年春、中国・海南島でのボーアオ・アジアフォーラムにはソロスが招かれた。彼が発言する会場は超満員に。筆者も人混みにもまれ、床に這いつくばりつつ話を聞いた。

ソロスは当時、中国で問題化した「影の銀行」について「米金融危機を招いたサブプライム住宅ローンと似ている」と指摘した。とはいえ今回のような攻撃的姿勢はとらなかった。それから3年弱。習政権の経済・金融政策に「ノー」を突きつけた。豹変である。

今度は中国が反応した。「人民元を空売りし、中国大陸、香港資本市場を攻撃する国際ヘッジファンドに強く警告する」。中国国営通信の新華社は1月23日未明、英文記事を配信した。翌日の記事では「悪意の人民元空売りは高いコストを払う結果になる。法的にも厳しい結果を覚悟すべきだ」と言い切った。

24日、習が中東訪問から帰国するとトーンが上がった。「ソロスの人民元、香港ドルへの挑戦は決して成功しない。空売りは成功しない」。共産党機関紙、人民日報の海外版は1月26日付1面コラムで反論した。2日後、人民日報の国内版が1、2面で全面攻撃した。「中国経済は絶対にハードランディングしない」。2面には中国経済の堅調さを示す図表もふんだんに使った。

同29日付には人民日報が国内版4面の社論で「中国を空売りするものは、自分を空売りしている」という刺激的な見出しを掲げた。痛烈なソロスへの個人攻撃である。翌日には上海の党機関紙も人民日報を引用する形でソロス攻撃に参加した。

国営メディアがソロスを波状攻撃

新華社英文↓新華社中国語↓人民日報海外版1面↓人民日報国内版1、2面↓人民日報国内版社説↓地方有力党機関紙。もはや党、国を挙げてのソロスたたきだ。

「指導部の指示や承認なしに、このキャンペーンは打てない。習主席が中東でメンツを潰された。黙ってはいられない」「『中国の空売りを許すな』。専門用語入りのスローガンが、ソロスたたきの代名詞として党内部で流行している」。中国メディア関係者らが解説する。習の怒りが、国営メディアの対ソロス波状攻撃を生んだ。

ソロスは一瞬にして中国共産党の敵になった。敵と味方を峻別し、敵と見なせば徹底的にたたく手法はこの3年、習の反腐敗運動、同時進行した「群衆路線教育実践活動」で遺憾なく発揮された。大学の党組織で集会を開き、部下に上司を○×式で評価させる。×が多かった幹部を即、摘発するやり方に幹部らは怯えた。毛沢東の文化大革命に似た大衆吊るし上げだ。

同じ手法は対外政策でも使われ、成功を収めた。英国に対してだ。英首相、キャメロンが12年に、チベット仏教の最高指導者、ダライ・ラマ14世と会談すると、中国は英国との接触を極力断ち、経済的に締め上げた。根をあげたキャメロンは態度を変える。英国は中国主導のアジアインフラ投資銀行（ＡＩＩＢ）に主要欧州勢として一番乗りを果たす。習の英訪問では原発建設まで中国に任せた。

この締め上げ戦法は、国境にとらわれないヘッジファンドの祖、ソロスには通用しない。かつてソロスは、イングランド銀行と戦い、勝った武勇伝を持つ。

中国は15年夏の株価暴落時、習が抜てきした公安・警察の幹部らを筆頭に市場に介入し、「空売り」を厳しく取り締まった。今回もソロス問題で「法的手段」に言及している。だが、いくら習の「お友達」の警察が強権を振るって「空売り」をたたいても、国外にいるソロスを捕らえるのは無理だ。

ソロスは「帝国主義」の手先？

中国指導部はソロスと米政府、経済界が一体で中国経済を標的にし始めた、と疑っている。そもそも「新シルクロード経済圏」構想には、米国に対抗する意図がある。中国自身がそれを強く意識しているからこそ「米国は必ず潰しに来る」と身構える。

11年の「アラブの春」で中国は、米国などの「和平演変」（平和的な政権転覆の陰謀）が中国に波及しかねないと慌て、小さな集会さえ厳しく取り締まった。中国が警戒レベルを上げる際、内部で使われる言葉がある。「帝国主義」である。今回は、ソロスも「帝国主義」の手先として語られ始めた。

国際通貨基金（ＩＭＦ）は、先に通貨危機に備えて加盟国に配る特別引き出し権（ＳＤＲ）構成通貨に中国・人民元を採用した。世界第２位の経済規模を持つ中国には、的確な情報発信を通じて国際市場と意思疎通する責任がある。それが習とソロスの戦いの決着をも左右する。今、中国経済の国際化が試されている。

このソロス問題には、後日談がある。16年４、５月には、習近平と李克強の間で深刻な経済政策を巡る対立が表面化した。この際、習近平側に立つ劉鶴の視点には、このソロスと似た視点が入っていたのだ。レバレッジ率の異常な高さを指摘し、中国経済は長期間、Ｌ字の道をたどらざるをえない、と明言したのだ。

4　中国不動産、闇の闘い

激烈な「太子党」内の力比べ

中国政府が「人災」と断定した2015年12月20日に発生した広東省深圳市の大規模な土砂崩れ。77人の死者・行方不明者を出した信じがたい人災が市街地で発生した頃、深圳の経済界では、もう一つ奇怪な死闘が繰り広げられていた。2つの事象の共通点は不動産開発だった。

土砂崩れは不動産開発で発生した残土をむやみに積み上げたのが原因。大規模開発が続いた深圳では景気減速によって不動産在庫が膨張していた。経済界の死闘は、不動産関連の複数の有力財閥が、小さくなったパイを争う構図だ。国家主席、習近平による苛烈な反腐敗運動も絡んでいる。

深圳発祥の中国不動産開発最大手、万科企業は、筆頭株主に浮上した同じく深圳が本拠の宝能投資集団から敵対的買収を仕掛けられていた。

「まったく信用できない企業だ」。万科トップの王石は、宝能に捨て台詞を吐き、防衛策に乗り出す。これまで万科の筆頭株主だったのは同じく深圳と縁がある大手複合企業、華潤集団。だが、国務院直属の国有企業、華潤は、反腐敗で幹部が捕まり、当てにできない。

そこで万科は、急成長した中国保険大手の安邦保険集団（北京市）に白羽の矢を立てようと動く。米大統領が定宿とするマンハッタンの高級ホテル、ウォルドルフ・アストリア・ニューヨークを買収した話題の新興財閥だ。安邦と組めば防衛は可能と踏んだ。しかし、なお情勢は混沌としている。

「『竜虎の闘い』の主役らには共通点がある。皆、『紅二代』『太子党』に絡む企業だ。つまり、裏にいる親分らの力比べでもある」

中国経済界の裏事情を知る人物らのつぶやきだ。紅二代、太子党は、共産党、政府の高級幹部の子弟らを指す。中国の企業は民営を名乗っていても、実態は自由世界と異なる。太子党などに連なる人物が実質的な経営権を握り、共産党のコントロール下に置かれている形が多い。

今、中国で、はやっている隠語がある。「背後の趙家」。権力と財力を兼ね備え、裏で庶民の生殺与奪まで仕切るボスを指す。インターネット上の言論で簡単に拘束されてしまう中国だからこそ、実名を出さない隠語が重要。「上に政策あらば、下に対策あり」の典型だ。身を守る手段でもある。

隠語「背後の趙家」と阿Q

「背後の趙家」は文豪、魯迅の代表作「阿Q正伝」からの引用だ。20世紀初頭、魯迅は現在の東北大学（仙台）で医学を学んだ後、封建社会に安住する中国を救うのは文学だと考え、文学者、思想家の道に転じた。

主人公、阿Qは、無知ゆえに村の名家、趙家略奪への関与という無実の罪を着せられ、抗弁もできず、最後は銃殺される。「背後の趙家」は、現在の共産党のお偉いさん、特に紅二代、太子党らを意味する。

複数いる「背後の趙家」は誰か。まず宝能。元国家主席、江沢民の懐刀だった曽慶紅（元国家副主席）親族の一人と関係があるとされる。その人物は、深圳の新興不動産企業組織の代表を務めた際、宝能のトップ、姚振華と親交を深めた。姚振華は、野菜売りから身を起こした伝説の実業家だ。

欧米や中国内で派手な企業買収を繰り返す安邦保険集団は、かつての最高実力者、鄧小平の孫娘の夫が董事長だ。十大元帥の一人で外相も歴任した陳毅の息子、陳小魯との関係も注目を集める。

万科は15年5月、商業用不動産最大手の大連万達集団（遼寧省大連）と戦略提携した。不動産不況とはいえ住宅開発最大手の万科と、中国最大のショッピングモール運営会社である大連万達が組めば怖いものなしのはずだった。

大連万達トップの王健林は今やアジアナンバー1の大富豪。彼は15年秋、米ハーバード大での講演で、習近平の姉夫婦の会社が、上場前までは万達株を保有していた事実を明らかにした。大連万達は、鄧小平一族など他の多くの太子党との関係も良い。

同じ大連の企業でも大連実徳集団の経営者、徐明は政争の闇に消え去った。無期懲役となった元重慶市党委員会書記、薄熙来は大連市のトップだった。徐明は薄熙来の「金庫番」とされて有罪に。15年12月4日、獄中で謎の死を遂げた。44歳の若さ。有名サッカーチームのオーナーでもあった。

徐明にとって「背後の趙家」は薄家である。その没落は徐明の生死まで左右した。哀れな阿Qと同じ運命をたどったのだ。

華潤集団は、ビールの中国トップブランド「雪花」などを傘下に持つ。鄧小平のライバルで保守派の代表だった陳雲が香港で設立した会社が前身だ。

ちなみに米ハーバード大に留学していた陳雲の孫娘は、薄熙来の息子、瓜瓜と恋愛関係にあった。2人のチベット秘密旅行も確認されている。親公認であり陳家と薄家の近さが分かる。薄熙来は習近平のトップ就任を阻もうと画策した、とされる。陳家は薄家との近さを理由に習からにらまれた、との説は根強い。

買収劇の主役はすべて紅二代、太子党絡みだ。華潤など一部企業は、習の反腐敗で大損失を被った。その穴埋めのための利権再配分が今回の万科・宝能の争いの遠因という見方もある。

「闘いの勝敗を決めるのは、当該企業のボスではなく、バックに隠れている『趙家の人』だ」。ネット上や、証券市場では趙家の人々の動向、考え方に関心が集中する。

深圳と習一家の深い関係

買収劇の主役企業の故郷、深圳は1992年、鄧小平が天安門事件で滞った経済の「改革・開放」を再始動するため赴いた南巡講話の地だ。習一家との縁も深い。習近平の父、仲勲は広東省第一書記の経歴があり、深圳特区の開発に関わった。近平の姉は仲勲に従い広東で生活している。

87年、仲勲は学生運動への対処の甘さを問われていた元党総書記、胡耀邦を敢然と擁護した。そのため鄧小平から疎まれて事実上、失脚。身体も壊してしまう。90年代には、元々、縁がある深圳で療養生活を送った。

浮き沈みの激しい一家を養うため、習一家は、近平の姉とその夫を中心にビジネスに進出する。当時は、政治家の子供は、北朝鮮のような世襲を防ぐため、政治の世界に入らず、商売をするよう勧められていたのだ。習一家と広東省、深圳とのつながり、そして姉の夫の商売は、後にパナマ文書で問題となる。

深圳で土砂崩れが起きていた頃、北京では不動産在庫の一掃を狙う重要会議が、二つ同時に開かれていた。中央経済工作会議と中央都市工作会議。都市工作会議に至っては37年ぶりだった。それだけ地方の住宅在庫が景気の足を引っ張っていた。このままでは政権の足元さえ揺るがしかねない。習指導部の焦りが感じられた。新年早々、上海株は急落。取引停止となった。

難局を乗り切るには大手不動産企業の協力が必要だ。どの企業を先兵に選ぶのか。明暗は分かれる。この不動産企業の闘いがかなり長引いたのもそういう事情かもしれない。

そしてもう一つ。買収劇の勝敗の結果、〝銃殺される哀れな阿Ｑ〟が再び誕生するのか。汚職を名目にした下っ端の摘発や、企業取りつぶしである。そうであれば、新中国も魯迅が描いた清朝末期と変わらない。

５　ＧＤＰの水増しと中国官僚の生態

大出世を目指すなら２桁成長が目標

北京オリンピックの少し前、２桁成長に沸く中国は全土で好景気を謳歌していた。ほぼ10年ぶりに会った中国東北部出身のビジネスマンは豹変していた。みすぼらしかった昔の面影はなく、服装も派手。かばんには現金がぎっしり詰まっていた。

「中国の地方の役人が偉くなりたいなら、どうするかわかります？」

彼は経験を交えて実態を披露した。地方幹部は共産党と政府の身分の別さえ曖昧だ。出世の条件は、とにかく自分の市などに経済開発区をつくり、どんな手を使ってでも外資や国内の有力企業を引き込むことだと言う。

その地方の成長目標が８％なら、この達成だけでは意味がない。ライバルを出し抜く大出世を目指す場合、目標を大きく上回る２桁成長、できれば15％ぐらいの数字が要る。これを上に報告すれば、上司の成績も急上昇する。目標をどれだけ上回ったかが、幹部評価の最大の基準だった。そのビジネスマンは、あらゆる人脈を駆使して役人の数字づくりに貢献した。内外の資本引き込み、開発区の強引な土地収用という「汚れ仕事」も請け負う。彼らは運命共同体だった。

問題は、地方の成長率の操作である。評価の対象者であるはずの地方幹部自身による数字の調整が可能なのだ。自分の評価を上げるため上部機関に報告する数字は「水増し」される。

だからこそ単純に31省、直轄市、自治区の報告を足すと恐ろしく誇張された数字になってしまう。中央政府は直接、これを採用できない。

そのGDPの「水増し」問題が今、新局面を迎えている。習近平の肝煎りで導入された新たな共産党や政府幹部の人事評価制度が影響を与えそうなのだ。

経済成長率だけを重視せず――。共産党は、議論してきた党・政府の指導者抜てき基準を示した。党内に衝撃が走った。これまで金科玉条としてきたGDPの伸びにどれだけ貢献したか、を重点的に評価する手法をやめる、という。

習指導部は経済の「ニューノーマル」(新常態)を掲げた。持続可能な安定成長を目指すものだ。新基準では、これに合う「総合評価」をうたう。「GDP貢献度だけを評価しない」のほかにも「年齢、(考課・試験などの)得点、(党内評価などでの)得票も重視しない」とある。

一連の措置は、権限集中をはかる習近平が、自分に都合のよい「お友達」らを〝柔軟〟に引き上げるために開発した手段でもある。これは17年の共産党大会での最高指導部人事に直接、関わる。

地方合計は、中央発表より9％増

さて、「GDPを重視せず」を本気で進めると地方が経済成長の数字をごまかす利点は消えるはずだ。最後は中国指導部が政治的に鉛筆をなめるか、だけの問題になる。だが「改革」の効果はまだ表れていない。差はなお1割近い。誤差では片付けられないのだ。中国メディアも、地方と中央の数字の〝けんか〟と表現している。

国家統計局が発表している成長率は減速が目立つ実体経済を正確に反映しているのか。「現在6％台後半の成長率という発表だが、正直な感覚では6％をぎりぎり上回るくらいだと思う。とはいえ、5％とかいう外部の推測も少な過ぎる」

内情を知る中国の関係者の声だ。とはいえ各種統計に整合性がない以上、これを根拠にした中国経済の分析自体、意味を失いかねない。それでも中国の発表が世界の市場を動かしている。

習指導部による幹部の「新評価基準」は一見、正しい方向に見える。だが、この「GDPを重視せず」が、別の問題を引き起こした。地方中心に役人がやる気を失っている。集団サボタージュだ。

習近平の「反腐敗運動」で、努力してGDP引き上げに貢献してきた役人らが、汚職を理由に日々、捕まる。出る杭は打たれる。目立ち過ぎて政敵をつくれば密告で失脚しかねない。

懸命に仕事をしても評価につながらないばかりか、汚職で捕まるリスクまで負ってしまう。今の時代、何もしないのが身を守る。当然、政府が経済テコ入れの旗を振っても現場は動かない。形を変えたサボタージュもあった。民間主導の経済活性化のため、延々と印鑑を押す必要がある中国独特の煩雑な手続きの簡素化が叫ばれている。インターネット上の安価な手続き、1カ所ですべてが済むワンストップサービス……。首相の李克強はその旗振り役だった。

確かにある官庁では、窓口に出向かずともネット上で手続きが可能になった。だがネット利用の場合、様々な名目で窓口の5倍の料金を取られるという。これでは誰も使わない。改悪だった。

理由は単純だ。ネット化で事務が減れば、人員削減や配転もありうる。役人らが結託した露骨な抵抗である。習の反腐敗運動で捕まらないよう気を使いつつ、仕事は適当にやり、解雇も免れる。上意下達の中国社会では「上に政策あらば、下に対策あり」という伝統が生きている。「役人は、習近平が怖い。だが、力のない李克強は怖くない」。ある中央官庁の下級官僚の声だ。

役人の抵抗の実態を耳にした李克強は激怒したという。中国の奇跡の成長は、GDPへの貢献を強いる共産党の昇進システムに頼った面もあった。習近平が力技でそれを変えたことで副作用も目立つ。

様々な波紋を広げる習近平の政治運動と権力闘争。その最大の被害者は李克強かもしれない。

第8章

李克強首相へのダメだし

1　北京震撼——習近平が次に狙う超大物

「本丸は国家副主席、李源潮」説

２０１6年5月は、習近平の権力闘争の歴史で重大な1カ月として記憶されるだろう。一大攻勢をかけたのだ。政局の動きとしては5月30日の共産党中央規律検査委員会の発表が引き起こした衝撃は大きかった。

「習近平（国家）主席が狙うのは超大物だ。とんでもないことが起きた」。5月末から北京の政治関係者らは、集まればこんなひそひそ話をしていた。減速が目立つ経済などそっちのけだ。激震が走ったきっかけは、江蘇省の常務副省長、李雲峰が重大な規律違反の疑いで拘束された事件だった。彼は党中央委員会の候補委員でもある。

虎退治の隊長、王岐山はどこに——。中国のインターネットメディアは李雲峰の摘発直後にこう発信した。中央規律検査委トップは4月20日に演説をした後、1カ月以上も動静が伝えられていなかった。報道は行間に「王岐山の潜伏は大物摘発の準備」という事実を臭わせた。

なぜ、この江蘇省副省長が大物なのか。話は２０００年前後に遡る。李雲峰は江蘇省の交通の要衝にして酢の名産地である鎮江市近郊の出身だ。前著『習近平の権力闘争』で「『江沢民を鎮める』主席の旅に隠された呪文」と題し、鎮江を舞台にした習近平による元国家主席、江沢民けん制の構図を紹介した。この物語に李雲峰は深く絡んでいる。

江蘇省首脳部は、江沢民の出身地、江蘇省揚州と、その南の鎮江市をつなぐ大橋に「江を鎮める」と読める鎮江の名を冠した橋を架けるのを断念。「潤揚長江大橋」と命名した。この頃、李雲峰は、江蘇省共産党委員会の副秘書長だった。省内の重要な政治調整を担っており、時のトップ、江沢民への様々な根回しにも一役買った。

李雲峰が直接、仕えた江蘇省のトップは現在の国家副主席で党政治局委員の李源潮だった。李源潮は、江沢民や、断罪された周永康、李雲峰と同じ江蘇省の出身である。9000万人近い共産主義青年団（共青団）の要の人物だ。そして父親が上海市の副市長を務めた「太子党」の顔も併せ持つ。

李源潮は2000年に江蘇省党委副書記に就き、02年からは省トップの書記に上がった。彼もこの「潤揚長江大橋」と因縁がある。江沢民が起工式に登場した2000年には副書記、完工した05年には省トップとして式典に臨んでいた。05年の大々的な式典には、江沢民派の重鎮で全人代委員長だった呉邦国も駆けつけた。

12年の党大会では「チャイナ・セブン」の有力候補だったが、夢はついえ、国家副主席という外向けの顔の地位に就いた。65歳の李源潮は16年5月5日、自民党副総裁、高村正彦を団長とする日中友好議員連盟訪中団と会談している。李雲峰は江蘇省を基盤とする李源潮の側近として出世の階段を昇った。李源潮の地元、江蘇省での「大秘書」で、言わば官房長官役。カネの流れを含め、すべての秘密を知る人物だ。彼を失った李源潮のショックは大きい。

習と王岐山のコンビが、李雲峰を通じて李源潮をけん制する真意はなにか。そこには、習が置かれた厳しい状況が関係する。

5月3日、党機関紙、人民日報は、習が4カ月も前の1月12日に中央規律検査委の会合で演説した全文をあえて公表した。反攻への烽火《のろし》だった。「ある者は交代期に組織が彼を処遇しないと知り、なお側近を送って説き伏せ、票をかき集め、非組織活動をする。地方に独立王国を築き、中央の決定に面従腹背の態度をとる。己の政治上の野心のため手段を選ばない」

極めて激しい口調だ。最近、党内では習への過度な権限集中、個人崇拝的な傾向、メディア締め付けへの反発が強まっていた。就任4年目で初めて立ち往生した習は、苛立っていた。

そこで、巻き返しのため自らの厳しい発言を公表するよう指示した。それまで党中央宣伝部は衝撃の大きさを理由として公表にストップをかけていた。そもそも規律検査委での習講話の全文公表はかつてない事態である。だが、習が直々に命じた以上、従わざるを得ない。

自らに弓を引く陰謀をたくらむ野心家は決して許さない――。習が指弾した野心家は誰なのか。既に断罪された元重慶市トップ、薄熙来（前政治局委員）の例に見えて、現状を指摘している。

習が口にした活動をしたと見なされれば、すぐに塀の中に送られる。全文公表は単なる脅しではなかった。5月末、その具体例と見られる例が示された。李雲峰である。では誰のためにやったのか……。

起死回生の大粛清、「パナマ文書」も関係

「習近平による大々的な巻き返しだ。夏の『北戴河会議』の時期も近い。王岐山と組み、来年（2017年）の党大会まで突っ走ろうとしている」。北京の政治ウオッチャーは起死回生に向けた大粛清を予感する。

もう一つ面白い指摘があった。この新たな『大粛清』には、あの「パナマ文書」問題が関係しているというのだ。

「パナマ文書にある姉の夫の問題は皆が知るところとなった。ここで『反腐敗』を緩めると、習近平も結局、自分の摘発した腐敗幹部と同じ輩という印象になる。これでは習近平の負けになる」

パナマ文書で、習の親族の問題が暴露されたのは4月上旬。この頃、王岐山は地下に潜っていた。3月の全人代が終了すると表舞台から消えた。「もしかしたら失脚したのではないか」。国際情報筋にはそんな観測さえ流れた。

「パナマ文書」は、習近平と王岐山のコンビによる「反腐敗」運動が頓挫しかねない危機を招く恐れがあった。習は「パナマ文書」問題を気にかけないふりをしながら、大いに心配していた。王岐山は、習一族と自分自身の身辺を入念にチェックしたうえで、次の「大粛清」に向けた準備に入った。

習は、16年1月から配下の地方指導者らを通じて、自らが別格の指導者であることを示す「核心意識」を定着させる運動に踏み切った。従来の集団指導制ではなく、習による「一局体制」を目指す練りに練った策だった。

李源潮はかつての首相候補

だが、これはいったん頓挫する。対抗勢力ばかりか、身内のはずの「紅二代」からも「一連の手法は党規約が禁じる個人崇拝の臭いがする」との批判が巻き起こったのだ。

メディア締め付けや経済減速の深刻化。それらへの不満も相まって風当たりは強まる。習の独走に「待った」がかかった。3年間、飛ぶ鳥を落とす勢いだった習は初めて立ち往生した。

ここで習と距離がある共青団が揺さぶりをかけた。標的は王岐山だった。共青団の有力者で前国家主席、胡錦濤の側近だった令計画まで手にかけた実動部隊トップへの当てつけである。共青団系のネットメディアは、王岐山一家と極めて親しい任志強を執拗に攻撃した。

任志強は「紅二代」の不動産王にして、ネット言論界で著名なブロガーだった。歯に衣を着せぬ舌鋒は、党中央宣伝部によるメディア統制を厳しく批判した。ネット上では「正論だ」と注目を集めたが、党中央宣伝部が黙っていなかった。

加勢したのが共青団系メディア。「任志強が強気なのはなぜか」とあえて指摘したのだ。彼と親しい王岐山の存在を暗示していた。結局、任志強は党の末端組織から一定の処分を受けたが、その結果は、党中央宣伝部系＋共青団系VS王岐山、の構図で見ると痛み分けの印象だ。習の旗色が思わしくない中、注目すべき動きがあった。共青団出身で党序列ナンバー２の首相、李克強がかつてなく活動的になったのだ。

第２章で紹介したように、李克強は習の母校、清華大学にまで乗り込む。縄張りを侵したばかりでなく、習の専権事項のはずの「反腐敗」にも積極的に言及し始めた。

しかし、ここでひるむ習と王岐山のコンビではなかった。それが、いきなりの李雲峰の摘発である。

李雲峰のボスである李源潮と、李克強は、中国の経済学の泰斗、厲以寧の教え子だ。北京大学で薫陶を受けた同門である。二人には共青団以外に学問上の縁もあった。李源潮への圧力は、李克強へのけん制にもなる。

ちなみに、捕まった李雲峰も苦労を重ねた後、ようやく北京大学に入り、哲学系を卒業した秀才である。習近平指導部の発足以降、北京大学の旗色は思わしくない。それは経済学者、厲以寧の周辺も同じだ。学問の世界も中国では政治闘争に翻弄されている。

習が警戒するのは政治センスには乏しいと見る李克強本人より、共青団を仕切る実力者らの動きだ。

「胡錦濤が引退し令計画も消された今、共青団の重要な核の一人は李源潮だ」。共青団関係者が令計画の摘発直後に語っていた。

李源潮は党中央組織部長も務め、党務にも精通している。かつては「首相候補になれる」との見方さえあった人物である。だからこそ習は李源潮をつぶしたかったのかもしれない。

習は既に手を打っていた。党組織部長時代に李源潮が精魂を傾けて作り上げた党幹部登用を規範化するルールを骨抜きにした。年齢、試験の成績、仕事上の実績・評定などを核とする評価方法は、唯一、絶対的なものではない、との宣言だった。

李源潮ルールなら、数に勝る共青団から〝成績優秀〟な人材が必ず高級幹部の地位に上がって来る。習はこれを良しとしなかった。

能力ある人材を登用し、能力がないものは首にしたり降格できる――。これが習時代の新しい基準だという。つまり、習は自分に近い人材を自在に登用できる。年齢制限に柔軟性を持たせた点も臆測を広げた。

李克強首相、そして江沢民派へのけん制

実は、江蘇省の虎退治には、李克強ら共青団へのけん制の他にもう一つ意味があった。同じく江蘇省を基盤にする江沢民グループへの圧力である。

李雲峰は李源潮の側近ではあるが、江蘇省の地元人脈から江沢民閥にもつながる。江蘇は長く「江沢民王国」だった。習としては、万が一にも、李克強や李源潮が属する共青団系と江沢民系が連携して自分に対抗する事態は避けたい。だからこそ共青団と江沢民の派閥が交錯する江蘇省

を再び徹底的に攻めた。

既に江蘇省無錫出身で江沢民派の元最高指導部メンバー、周永康は断罪した。江沢民や周永康に近い南京市長、楊衛沢も塀の中だ。江蘇省の雄だった楊衛沢は、李雲峰と似たように省内で昇進し、中央委員候補になったため、ライバルとされてきた。楊衛沢は年も若く切れ者。がむしゃらに働くタイプだった。温厚な性格の李雲峰は後塵を拝していたが、「楊衛沢の失脚によって運が巡ってきた」との見方も江蘇省内では出ていた。しかし、結果は共倒れ。予想外だった。

彼らの末路を見た李源潮はおいそれとは動けまい――。そう見た習による巧妙な一手だった。李源潮は側近が拘束された直後の6月1日、あえて共青団中央などが主催する「児童の日」に関する座談会に出席し、健在をアピールした。闘いは始まったばかりである。

仮に現職の政治局委員である国家副主席、李源潮本人に手を付けるなら、2012年の薄熙来以来の大事件になる。これは中央規律検査委だけで仕切れる問題ではない。政治局常務委員会の表決を経て、政治局会議、中央委員会への根回しも必要だ。一大事件である。薄熙来事件当時、北京では中南海周辺での銃声事件やクーデター騒ぎもあった。

習には二つの道がある。一つは李源潮を実際に摘発する選択肢だ。リスクも極めて高い。習自身が返り血を浴びかねない。だが、成功するなら効果は絶大だ。習は、迫りくる党大会人事を自在に仕切れる魔法の杖を手にできる。

一方、李源潮と共青団が恭順の意を示すなら、「寸止め」にする手もある。これは、八方が丸くおさまるメドが付いた場合である。

第2章で触れたように、2014年夏の「北戴河会議」で、胡錦濤は令計画の断罪を渋々ながら了承するしかなかった。動かぬ証拠があったからだ。

だが、胡錦濤は条件を付けた。「李源潮には手を出すな」。習近平はそれを受け入れたはずだった。この密約が破られるなら、習近平と胡錦濤の脆弱な均衡が崩れる可能性がある。極めて危うい。

2　権威人士論文の衝撃

主役は権威人士、劉鶴

習近平の2016年5月の大攻勢は、経済政策にも大きく影響した。北京で中国の政治と経済政策の両面を観察できる人物がこうつぶやいた。

「中南海の5月は大変な1カ月だった。国務院（政府）にも注文が付いた。経済政策への『ダメだし』と言ってよい」

中国共産党では裏では激しい政治路線、経済政策を巡る対立がある。しかし、一般の国民向けや対外的には「一枚岩である」と説明するのが常識だった。

党や国家のメディアは意見の食い違いを報道しない。だからこそ暗闘と呼ばれてきた。この常識が5月、習近平によって覆された。

主役は、習の経済を中心としたブレーン、劉鶴だ。党中央財経指導小組弁公室主任という肩書の中央委員に過ぎないが、いまや誰もが認める習の側近である。しかも飛ぶ鳥を落とす勢いだ。

「我が国の経済の行方は、U字型回復などあり得ない。もっと不可能なのはV字型回復だ。それはL字型の道をたどる」

「私が強調したいのはL字型は一つの段階であって、1、2年で終わるはずがない。今後、数年、需要低迷と生産能力過剰が併存する難局を根本的に変えるのは無理である。経済成長率が以前の状態に戻るのも不可能だ」

5月9日、人民日報1面で大々的に報道された論文だ。「権威人士」へのインタビュー形式で経済政策を論じた異例の文章である。中身が衝撃的だった。短期的な無理なテコ入れ策はかえってバブルを生み、その崩壊で大変な事態になりかねない。そう断じている。

ほぼ同じ時期に国務院（政府）は、国家発展計画委員会を通じて4兆7000億元もの投資計画を発表している。中身は寄せ集めで「真水」は少ないとはいえ、これは効果がないばかりか、かえって危険と主張しているに等しい。

論文の中で、記者は面白い質問をしている。「1－3月期の経済成長率は6・7％。市場予測より良い。ある人は、少し陽光がさした、と指摘する。あなたの判断はどうか」と質問した。それに答えた権威人士の言葉が、引用した文章である。上向き期待をバッサリと切り捨てている。

しかも、「今の『穏やかさ』は古い手法に依存している。経済を巡るリスクは高い。民間投資の大幅減少、不動産バブル、生産過剰、不良債権、地方債務、株、為替、債券、違法な資金集めなどリスクは増す」と指摘した。まさに正論だ。だが、現場で四苦八苦する役人らへの容赦のない批判でもある。

論文には、2016年1月、「中国経済のハードランディング」を明言した伝説の投資家、ジョージ・ソロスと大筋で似た観点まで入っていた。劉鶴自身は、さすがに「ハードランディング」は否定している。しかし、現状分析ではあえて厳しい視点に立っている。

論文が言わんとする結論はこうだ。長期的な視点を持って、サプライサイドを中心に痛みも伴う構造改革を断行せよ――。どこかで聞いたフレーズである。「構造改革なくして成長なし」とうたった小泉改革にそっくりだ。

当時の首相、小泉純一郎も、自民党の既得権益を擁護するグループを「抵抗勢力」と呼んで攻勢をかけ、大衆人気を政権浮揚の原動力として利用した。

この「権威人士」が、劉鶴を指すことは半ば、中国内で常識化している。中国メディアも劉鶴と事実上、断定する記事を掲載した。それでもインターネット監督当局は削除を指示しなかった。それどころか、劉鶴は「時の人」だ。その業績を持ち上げる記事も目立つ。

折しも中国誌「中国新聞週刊」は6月13日号で劉鶴の特集を組んだ。海外に住む華僑や外国人向けの通信社、中国新聞社が発行している。もちろん党中央宣伝部の指導下にある重要な海外向け宣伝メディアである。

この権威人士＝劉鶴の観点は、中国国内に衝撃を与えた。経済政策を巡り、実務を担う国務院と、党中央が発するメッセージのニュアンスがずれることはある。だが、今回は明らかに違う。政治を知る中国人ならすぐにわかる。株式市場も直ちにその意図を読んだ。論文の掲載当日、上海総合指数は２・７８％も下がり、２９００を割り込んだ。

李首相に貼られた「経済保守派」のレッテル

「文章は国務院のマクロ経済政策に異議を唱えている。問題は、純粋な経済論争だけではない、と見られていることだ」

こちらは中国の経済専門家の解説である。政府の政策批判は、民主主義国家なら野党が担う。議会での論争を通じて政府を攻撃する。共産党支配の中国にこのシステムはない。政府の上に立つ共産党中央が指示を出す形になる。とはいえ通常、これは表に出ない。

今回は異例だった。党トップの習近平が、側近の口を借りた。しかも党機関紙を使って政府の経済政策に注文した。政府の経済政策の司令塔は首相の李克強、その人である。

国務院は小手先の対策に終始する保守的な傾向があり、決断力と政治力を必要とする構造改革ができていない――。こんなマイナスのレッテルを貼ったように見える。言わば、李克強の経済政策を示す「リコノミクス」へのダメだしである。とはいえ、今や「リコノミクス」は死語だ。

習への権限集中の結果、実態はない。奇妙な話である。

権威人士の言い回しで気になる点がある。以下だ。

「西側国家の多党制の問題は、政治家が真にすべきことをしないことだ。心で思っても、結果はできない。我々の（一党独裁）制度は有利だ。共通認識が得られるなら、蛮勇を振るって決心し、前に走り、成果を出せる」

一見、米欧自由主義社会の多党制への批判に見える。だが、中国人が読むと、はっとするという。内実は、中国の内政の問題点を語っているのだという。

現代の南院と北院の戦い

一党独裁なのに、構造改革が進まないのは、決心できない李克強のせいだ――。そうとも読める。もしくは、「習近平と李克強の意見が食い違って、物事が進まないので、共通認識をつくれる人物にすげ替えてもいいんだぞ」という脅しかもしれない。

習近平を頭とする党人派の経済政策ブレーンと、李克強が仕切る国務院のブレーンが、激論した――。そんな情報が流れている。この「権威人士論文」が人民日報に出る前である。

一部では、この話題の論争を「南北戦争」と呼ぶ向きもある。北京の政治の中心、中南海の内部構造に由来する。南にあるのが、習をトップとする共産党の拠点。北に位置するのが、李克強が仕切る国務院系の主要な執務地だからである。

習主席の5月大攻勢

5月 3日	習近平が「野心家や陰謀家」を指弾した中央規律検査委第6回全体会議（1月12日）演説の全文公表
5月 9日	権威人士＝劉鶴が政府の経済政策を事実上、批判したインタビューが人民日報に
5月30日	国家副主席で共青団の実力者、李源潮の大物秘書を拘束

もっと遡れば、唐王朝の長安で翰林院の院士と宦官が争った「南院北院の争い」のイメージを借りたとも言える。

実は人民日報には2種類ある。国内版と海外版。海外版はいわゆる対外宣伝メディアである。面白いことに、この「権威人士論文」は5月9日の人民日報の海外版には掲載されていない。つまり、あくまで中国国内向けの文章なのだ。経済政策の論争に見せかけて、その内実は極めて政治的だ。

表に掲げた5月に起きた3つの「事件」はすべて習が主導している。何を意味するのか。17年秋の最高指導部人事をにらむ政治の季節が始まっているだけに極めてきな臭い。李克強は大丈夫なのか……。こうした声も党内で漏れ始めた。

難しい首相の途中解任

とはいえ、任期半ばの首相を切るのは極めて難しい。過去の例を紹介しよう。鄧小平でもそれは難しかったという例だ。

1991年のことだ。89年に学生の民主化運動を鎮圧した天安門事件の余波で中国経済は低迷していた。当時の最高指導者、鄧小平でも手を焼くほど保守派の力が強まっていた。時の総書記、江沢民と、首相の李鵬は、なんとか鄧小平の意向に沿った経済改革をしたいと思ってはいた。だが、どうにも官僚らが言うことを聞かない。保守派の影響力も大きい。

そこで鄧小平は息子の鄧樸方に命じて、政局の実情を探った。調査の結果は「このままの体制ではどうにもならない」との内容だった。鄧小平は、江沢民と李鵬の解任を真剣に検討し始めた。白羽の矢を立てたのは、91年に副首相に抜てきした経済通の朱鎔基。「首相になれ」と打診したのだ。朱は「とんでもない」と拒んだという。

しかし、その頃、トラブルがあった。既に85歳を過ぎていた鄧小平は、風呂場でシャワーを浴びていた最中に転倒し、骨折してしまう。体力の衰えを感じた鄧小平は力技を駆使しなければならない2人の解任を断念する。

それでも朱鎔基は、92年の党大会で党政治局常務委員となった。晴れて最高指導部メンバー入りしたのだ。保守派の抵抗は極めて強かった。決まったのは、党大会の最終日だという。これも鄧小平の意を受けたギリギリの決着だった。

このように、鄧小平でさえ最高指導部人事はままならない。習近平がいかに強くても、まだ、就任後4年に満たない。自由自在な人事などなかなかできないのが現状だろう。

強引な株価対策の責任の押しつけ合い

この「権威人士論文」につながる駆け引きは、実は15年夏から続いている。当時、株価は急騰していた。元首相、朱鎔基は、実需なき株価高騰に警鐘を鳴らしていた。かつて鄧小平が指導部内で「唯一、経済が分かる男」とお墨付きを与えた人物だ。にもかかわらず、人民日報を含む中国メディアも「まだ株価は上がる」と示唆する論陣を張り、あおっていた。

やはり株価はもたなかった。中国の株式市場は15年７月８日、上海総合指数が一時、８％も急落しパニックに陥った。指導部は、株価維持政策（ＰＫＯ）の切り札として公安（警察組織）まで動員。違法な「空売り」の容疑で取り締まりに当たった。同時に公的資金による買い支えを実施した。

この強引な株価対策の直後、習近平が驚くべき発言をしたという。ロシアで開かれた上海協力機構の会合の際、ロシア大統領、プーチンと会談した席でのことだ。「強制的な株式市場救済策は、自らの本意ではない」。そんな趣旨の言葉が習の口から飛び出たのだ。

この話が事実であれば、これは２０１６年５月９日に人民日報に掲載された「権威人士論文」につながる。無理な株価対策は「下っ端が勝手にやったこと」と言いたいようだ。「下っ端」とは国務院＝政府であり、その司令塔、首相の李克強の存在を示唆している。

真相は藪のなかだが、習近平と李克強のグループの間に溝があり、抜き差しならない事態を迎えているのは確かだ。評判の良くない「経済政策」の結果責任を互いに押しつけ合っているようにも見える。

種明かしの「レバレッジ率」公表

話題だった「権威人士論文」の種明かしのような記者会見が、1カ月後に開かれた。

6月15日、国務院新聞弁公室が主催した場である。登場したのは、中国社会科学院の李揚。元副院長だ。そこで紹介された数字が衝撃を与えた。

2015年末現在、中国の全社会「レバレッジ率」は249%——。

初めて明かされた数字である。かなりの高さだ。最近、中国でよく聞かれるレバレッジ率とは、債務総額168・48兆元をGDPで割った比率を指す。

中国の貯蓄率が高いから、コントロール可能と説明される。だが、この債務の処理には長い期間が必要だ。借金返済に追われる民間部門は、その間、設備投資に資金を回せない。

それは16年4－6月期の経済統計にも明確に表れた。民間部門の固定資産投資は前年同期比わずか2・8%増に過ぎない。1－3月期の半分である。6月単月で見ると前年を割っている。これを誰が補うのか。当面は「官」しかない。6・7%（1－3月と横ばい）とした成長率への寄与度は、消費が4・9%と大半を占める。これは新車販売の好調さ、ネット通販の伸びが押し上げた。

投資が当面は伸びないという深刻さの認識が、劉鶴の指摘する「L字型経済」に表れている。

１９９０年代の日本のバブル経済崩壊。中国は今、同じような状況に立たされている。そしてサプライサイド優先の大胆な構造改革を叫ぶ。そのかじ取りは極めて難しい。

自らの誕生日に周永康の子へ重罪判決

立ち往生しているかに見えた習は、５月に大攻勢をかけた。容赦ない姿勢を巡ってはもう一つエピソードがあった。６月15日、元最高指導部メンバーで無期懲役に追い込まれた周永康の子、周濱に懲役18年の実刑判決が下った。主たる標的が父親の周永康だった点を考えれば、極めて重い。

周永康の後妻にも懲役９年の判決が出た。国営中国中央テレビ出身の著名人だった。習と、「反腐敗」運動を支える王岐山に手加減はない。刃向かえば、一族郎党、こうなるという見せしめである。

６月15日は習の63歳の誕生日だった。中国国内では、奇妙なことにトップの個人情報は〝機密〟に属する。公式の報道はない。だが、多くの関係者が知る公然の秘密でもある。インド首相、モディが中国版ＬＩＮＥの「微信」を使って習の誕生日に祝意を伝えたという一部報道もあった。トップの厳しい姿勢を示し、政敵を再び震え上がらせる。そのために敢えて誕生日を選んだとしか思えない。

3　米中首脳会談で占う最高指導部人事

第2列に退いた江沢民、胡錦濤時代からの知恵袋

「先の米中両巨頭の長時間会談の一場面から、２０１７年に予定される中国共産党の最高指導部人事が占える……」

にわかには信じがたい話が、中国政治の中枢を駆け巡った。習近平と米大統領のオバマのワシントン会談が舞台だ。16年3月31日、習が、南シナ海で一歩も引かぬ強硬姿勢を示したワシントンでの会談である。

中国国営の中央テレビのニュース映像の一場面に注目した。中国側代表の中心は習近平。右端が、政治問題のブレーンで共産党政治局委員の王滬寧だ。格が高い王滬寧の本来の席は習近平の隣だが、なぜか第2列に退いている。一方、左端に顔が見える経済ブレーンの劉鶴は、第1列にいて、堂々としている。

中央テレビは4月1日午後7時のメインニュースで、この米中首脳会談の「意味深」な映像を長々と放送した。しかも劉鶴のアップ映像も多い。国営テレビの映像だけに、共産党関係者らが「大きな意味がある」と感じたのは当然だった。

王滬寧は、元国家主席の江沢民、前国家主席の胡錦濤に仕え、習も引き継いだ知恵袋である。

「三つの代表」、「科学的発展観」など歴代トップの政治論の構築に大きな力を発揮した。3代のトップが重用した稀に見る万能のブレーンだ。計25人いる政治局委員の1人でもある。上海の名門、復旦大学の教授だったが、江沢民時代に見出だされ、一気にトップの知恵袋となった。

党中央委員の劉鶴は、経済・財政政策の最高決定機関、党中央財経指導小組の弁公室主任で、国家発展計画委員会副主任。形のうえでは王滬寧に遠く及ばない。序列に厳しい共産党だけに、重要会談での王滬寧と劉鶴の位置関係は極めて不自然だ。

実は、この米中首脳会談が長引いた結果、遅れて始まった中韓首脳会談の席でも王滬寧は、米中会談の際ほど明確ではないが、半歩、下がっていた。やはり偶然ではない。

この第2列に退いた王滬寧の位置から冒頭の解釈が生まれた。つまり「劉鶴の次期党大会での大抜てきという人事が透けて見える」というのだ。北京の政治関係者は、17年の党大会人事に向けて頭の体操を始めている。米中首脳会談の映像は、彼らに格好の話題を提供したことになる。

この人事観測には、もう一つ根拠がある。「王滬寧が担っていた役割の一部を既に劉鶴が引き継いでいる」。中国の政策づくりに精通する関係者の指摘である。経済のスピーチライターにとどまらず、政治面の理論構築などにも踏み出しているというのだ。上部での意思決定を重視するガバナンスの形態である「頂層設計」と呼ばれるものだ。

習側近のゴボウ抜きで大抜てきの可能性

もしそうなら、次期党大会では劉鶴が政治局委員に昇格する可能性が高い。「いや、習近平がその気なら、いきなりの最高指導部入りもありうる」。大胆な臆測まで北京の政界では出回り始めた。

その場合、「ポスト習」が絡む17年の最高指導部人事の構図に大きく影響する。7人の政治局常務委員のうち、習と首相の李克強を除く5人が年齢制限で退くが、そのうちの一席が決まってしまう。

そもそも17年秋の年齢でも62歳に過ぎない王滬寧が退き、同じく65歳になる年上の劉鶴が抜てきされるのもあまり例がない。習の引退時期とも絡む年齢制限。これを有名無実化する動きになる可能性もある。

注目を集める劉鶴とは、どんな人物なのか。20年近く前に話したという日本人ビジネスマンは「温厚で真面目な学者だった。今の日の出の勢いは想像もできなかった」と回想する。

この劉鶴、実は習の「幼なじみ」だ。軍や党幹部の子弟が多い北京の名門「北京101中学」の同窓である。10代からの知り合いで、習が心の底から信用できる数少ない人物と言える。

習は名門、清華大学を出た後、中央軍事委員会で働いた。劉鶴もまた勇猛さで知られる北京防備の要である第38軍の軍人だった。共に軍に身を置いた経験もウマが合う理由のようだ。

劉鶴は、米ハーバード大ケネディスクールに在籍した経験があり、米経済に明るく、知己も多いとされる。1998年には、経済分野の論客を集めた「中国経済50人論壇」を立ち上げた。この集団には、世界銀行副総裁を務めた林毅夫、著名な改革派の経済学者である呉敬璉らもいた。劉鶴は、この頃から中国の経済戦略づくりを主導する立場を固めていく。とはいえ、本格的な指導者の経済ブレーンとして有名になるのは、2012年の習指導部の成立後だ。

先の「中国経済50人論壇」でのブレーンストーミングは、中国の対外政策にも大きな影響を及ぼした。中国と欧州、アフリカまで陸と海でつなぐ「新シルクロード経済圏」構想もここから生まれている。

当初は、供給過剰に陥っている中国市場の素材などの販路を西で開拓する単なる経済政策として議論された。その後、政治、外交・安全保障を統合した総合的な対外戦略にバージョンアップする。これは劉鶴の手腕とされる。

劉鶴は、習の経済スピーチのライターである。経済政策を固めた13年の中央委員会第3回全体会議（3中全会）声明の草稿づくりも担った。

「これが劉鶴です。この人は私にとって非常に重要だ」。13年に習は、訪中した当時の米大統領補佐官、ドニロン（国家安全保障担当）を前に異例の紹介をしている。このエピソードは、さほど目立たなかった劉鶴の名を世界的に有名にした。習が、劉鶴を自らの側近だと認めたのだ。

独自のブレーン集団づくり

習が中国トップの有力候補であると、多くの中国人が認識したのは10年前に過ぎない。中国の政界の常識からするとデビューは極めて遅い。そのためか、幅広い層から人材を登用する基盤は弱い。それが身内で固める人事につながる。

それでも習にとって絶対的な信用がおける独自のブレーン集団をつくることは極めて重要である。核になるのが劉鶴だ。生き馬の目を抜く中国政界で生き残るためには、「幼なじみ」の重用はよく見られる。劉鶴は「幼なじみ」だからこそ、本当の意味の側近になる資格がある。

劉鶴は今、経済ばかりではなく、王滬寧が得意としてきた政治的な理論づくりをも担う準備をしている。共産党が仕切るこの国では、政治と経済は一体だ。それを象徴する人物が劉鶴だろう。減速が目立つ中国経済のかじ取りの行方は、習近平の懐刀、劉鶴が握っている。

4 衆人環視の密談――王岐山の進退

「千人のイエスマンは、一人の諫言者に及ばぬ」

中国の〝絶対権力者〟になりつつある習近平に背後から手をかけて呼び止め、対等に話しながら退場する反腐敗の鬼、王岐山――。16年3月3日、極めて珍しい光景が出現した。北京で開幕した全国政治協商会議の全体会議が終わり、「チャイナ・セブン」と言われる習ら政治局常務委員がひな壇から順番に退場する際の一幕だ。

衆人環視の下での密談である。2000人以上の政協委員、1000人以上の外国人記者らが見守る中、王岐山はボスである習に何を言ったのか。これが注目の的となっている。興味深い推測がある。権力者への諫言《かんげん》のあり方、そして翌日、発表になる反腐敗での大物の摘発が話題だったのでは、というのだ。

根拠がある。王岐山が仕切る中国共産党中央規律検査委員会などの機関紙、同規律委と中国監察省の合同サイトが、その直前、史記の記述などを引いて、諫言の重要性を指摘する文章をほぼ同時に発表していたのだ。

「イエスマンの千人は、ただ一人の諫言者に及ばない」。意訳するとこんな意味の言葉である。これは戦国時代の秦の宰相だった商鞅と臣下、唐の太宗李世民と臣下の関係で使われた。

さらに面白いのは、この中央規律委の〝公式見解〟を引用して、言論の自由がにじむ諫言の重要性を説いたインターネット上の文章のいくつかが削除された事実だ。言論統制の元締めは党中央宣伝部、国家インターネット情報弁公室である。削除の基準は、中央宣伝部などが示す。

そして宣伝部の担当は序列5位の政治局常務委員、劉雲山である。読み解きはこうなる。「中央規律委の王岐山と、中央宣伝部の劉雲山の意見は違う。対立していると言ってもよい」（メディア関係者）。この認識はネットを通じて中国の知識人の間に、すぐに広がった。

中国版トランプへのいじめ

もう一つ、興味深いエピソードがある。中国のネット上で熱い議論が交わされていたのは、不動産王と言われる人物の言論についてだ。彼の名は任志強。歯に衣着せぬ舌鋒の鋭さで、有名なネット言論人でもある。彼のブログは、突然閉鎖され、党内で批判を浴びた。原因は「中国メディアの姓はすべて共産党で、党に忠誠を誓うべきだ」というスローガンにかみついたことだった。

「すべての（中国）メディアの姓が党で、人民の利益を代表しないなら、人民は見捨てられたということだ」

このように任志強はブログで繰り返し反発した。意味は、メディアは一般大衆の利益を代弁すべき、というものだ。それは習が2月19日に国営、中央テレビなど3大メディアを視察したのがきっかけだった。

任志強の父は旧商業省次官を務めた「太子党」だ。自身も首都北京の防衛の要、第38集団軍にいた軍人の出身。後に不動産大手、華遠集団を率いた。

共産党員であり、労働模範として表彰を受けた北京市の政協委員でもある。不動産王で、舌鋒が鋭いと言えば、米共和党の大統領候補、ドナルド・トランプと似ている。

この任志強。実は王岐山と極めて親しい。弟子と言ってもよい。文化大革命（1966〜76年）の嵐が吹き荒れた1960年代、北京の中学校での先輩、後輩の仲であり、王岐山が任志強の指導員まで務めている。

任志強が、劉雲山の中央宣伝部系統、現党中央宣伝部長、劉奇葆の影響力の強い共青団系メディアから集中砲火を浴びる中、王岐山は習を呼び止めた。任志強の個別問題に王岐山が言及するわけはないが、もっと大きな諫言のあり方が話題になったのでは、と周辺に推測させるだけでも十分効果は得られる。

王岐山は翌4日発表した遼寧省トップだった中央委員、王珉の摘発について報告したという別の臆測も成り立つ。しかし、王岐山と任志強の関係、規律委機関紙の報道を見れば、諫言説には十分な説得力がある。

広東省の新聞、南方都市報は勇気をもって習政権のメディア統制を批判した。その気骨ある編集者はその後、解任された。やはり、中国中央宣伝部の怒りに触れたのだ。言論統制の問題は、ネット上や巷の大きな話題であり、今後も尾を引きそうだ。

習近平と王岐山の絆は固い。文化大革命の際、2人は陝西省延安近くで過ごし、そこで知り合った。習は15歳、王岐山は20歳の知識青年だった。王岐山はまだ幼い習を自らの洞窟式の住居に泊め、読書の指南もした。

3000人以上の視線を浴びる全人代の舞台上に立つ中国の政治家は皆、役者だ。効果も勘案しながら演技している。彼らが意識しているのは17年の最高指導部人事だ。

今や習は中国の権威あるトップである。だが、先輩の王岐山は16年3月3日の全国政治協商会議の開幕式が終わって退場する際、後ろから習に手をかけて呼び止め、「密談」までした。他の誰にもそんな恐ろしいことはできない。ましてや、習と緊張関係にある李克強には無理な芸当だ。「習・李」ツートップ体制は跡形もないが、「反腐敗」運動など政治の側面から見れば、習と王岐山の「習・王」体制だけは機能している。

習がこの王岐山を今後、どう処遇するかは大きな焦点だ。17年の最高指導部人事では、年齢制限の内規から王岐山は引退を迫られる。しかし、習がこの辣腕のベテランを素直に手放すのか。

李克強を無視した王岐山

2016年3月5日の全人代の開幕式でも、臆測が広がる一幕があった。首相の李克強が政府活動報告を読み上げている最中に王岐山があえて席を立って退場した。そして10分以上も戻ってこなかった。お手洗いにしては長すぎた。

李克強の年に1度の晴れ舞台なのに、聴衆の目はすべて王岐山に注がれた。王岐山の態度は、李克強の演説など意味がない、と言っているようなものだ。序列2位の李克強から見れば、重要演説中に席を立つ王岐山はかなり失礼に見える。おもしろかろうはずがない。

「王岐山が、李克強をあえて無視したのは、党の内規変更で17年の党大会以降も残るからでは……」

「いや李克強に取って代わる可能性だってあるのでは……」

北京の政界情報通の間ではこんな噂まで出ている。臆測に過ぎない。それでも人の口に戸は立てられない。

噂に拍車をかけた王岐山の発言があった。全人代の分科会討議での指示だ。

「習総書記の一連の重要講話から問題解決の方法、答えを探し出せ」

習の代弁者という面持ちだ。なかなか意味深い。

この王岐山による〝諫言〟、遼寧省トップ王珉の摘発、李克強無視の態度は、実は底流でつながっていた。半年後、空前絶後の事件として大問題になる遼寧省選出の全人代代表の不正選挙事件（102人の代表中、45人が不正に関わったと代表資格が無効に）の摘発の布石だった。

任志強を真っ先に、そして執拗に攻撃していた中国メディアは、李克強の基盤である共青団系の新聞のネット版である。その李克強は中央指導部入りする直前まで遼寧省トップを務めており、この地域に大きな影響力を持っていた。

大問題になる2013年の遼寧省の代表選挙の際は、王珉のほか、李克強に近い現政権の要人も省指導部にいた。すべては李克強周辺への圧力とも解釈できるのだ。

5　「北戴河会議」などやめたい――江沢民の「院政」を揶揄する論文

中国式「院政」の仕組みとは

「中国では新旧リーダー交代の際、前職者が巧みなワナを仕込む悪習がある。引退してもなお影響力を誇示するためだ。政権、役所、会社、皆そうだ」

旧知の〝老北京〟（北京っ子の意）が教えてくれた。2002、03年の江沢民（元国家主席）から胡錦濤（前国家主席）へのトップ交代の頃だった。その意味が今、ようやく理解できた。

軍トップの中央軍事委員会主席に居座った江沢民は、制服組の子飼い、郭伯雄と徐才厚を軍事委副主席の地位につけた。胡錦濤は04年秋になってようやく軍トップに就く。だが、新指導者は、前任者の息のかかった軍人らが言うことを聞かないため、結局、江沢民に根回しを頼まざるを得ない。

これが典型的な中国式の院政の仕組みである。胡錦濤は、軍にまで院政を敷く江沢民に阻まれ、最後まで本当の意味での軍権を掌握できなかった。その制服組トップの2人はここにきて「腐敗の権化」とされ、現国家主席の習近平によって追い落とされた。因果応報なのか。

江沢民の「東山再起」はあるのか？

いったん実権ある地位から離れるなら、昔日の権力はなくなる――。

15年8月10日付の共産党機関紙、人民日報が意味深なタイトルを付けた評論を掲げた。故事を引いて院政の弊害を厳しく糾弾した格調高い文章だった。顧伯沖という軍人出身の作家の寄稿である。彼の故郷は、周永康や江沢民と同じ江蘇省だ。中国では軍出身の物書きは珍しくない。ノーベル文学賞を受賞した莫言も軍の出である。

「ある指導者は現役時代に側近をポストに押し込み、引退後も権力を振るおうとする。新指導者は板挟みになって大胆に仕事ができない。派閥ができ、人はだらけ、正常な仕事を進めにくくなり、党組織の団結力、戦闘力を弱める」

この文は明らかに江沢民の院政を批判している、として大きな話題になった。中国版LINE、ツイッター、ミニブログの「微信」「微博」などを通じて飛び交う反応が意味深い。

「皆さん、お分かりですね。老江（江沢民）は終わり。『東山再起』はもうない」

江沢民の15年1月の海南島・東山嶺行きは、故事の「東山再起」を意識した反攻への号砲ではないのか――。当時はそんな噂になった。書き込みは、江沢民は形勢不利で再起できない、との指摘である。

「習大大（習おじさん）は、ガマガエル（江沢民の隠語）に手を下すのか？」

こんな刺激的な文面もある。中国のネットは当局が厳しく監視し、問題があれば次々に削除される。今回の書き込みの大半が削除されないのが面白い。あえて議論を容認しているのだ。習指導部の意図を感じる。

2016年夏の攻防

2017年の最高指導部人事を意識した極めて鋭い指摘も目についた。

「（この評論の通りなら）広東省の小胡は（『ポスト習近平』の）資格がなくなった」

「世代を隔てた（胡錦濤による『ポスト習』の）指名権も消えた」

「小胡」は共青団の第6世代のホープで広東省共産党委員会書記の胡春華（政治局委員）を指す。共青団のボスである胡錦濤は、習の後継者に胡春華を推したい。だが、江沢民の院政を許さないなら、胡錦濤の院政も許されない。

評論の内容を敷衍《ふえん》すれば、習は、長老の意見など聞かず、自分で後継者を指名することになる。「江沢民批判の暗喩」に目を奪われがちだが、胡錦濤をも押さえ込み、その子飼いである広東省トップの胡春華の台頭までけん制する意図が見え隠れする。

中国の政界事情をよく知る人物による皮肉が効いたコメントもあった。

「2020年になっても習大大は、この文を発表できるのだろうか？」

憲法が規定する国家主席としての任期は最大で2期10年。習は22年には党トップの総書記から、23年に国家主席から引退するはずだ。だが、その時が近付けば、習も院政を敷きたいと願い、あわよくば任期延長まで画策するのではないか、という読みである。

習指導部の時代になってから夏前になると必ずと言ってよいほど政権に近い筋から「今年は北戴河会議など開かれない」「習指導部は、古い慣例にもうとらわれない」といった噂が流布される。長老らの意見を拝聴しなければいけない北戴河会議などやめ、自分ですべてを決めたい――。習のこうした思いを映している。15年夏の北戴河会議のさなかの微妙な時期に発表された「院政批判」の評論は、まさに習の心情を推し量った上で書かれたものだ。それでも北戴河会議は毎年、必ず開かれてきた。やはり「長幼の序」の国柄である。

16年夏も「北戴河会議」が開かれた。激しいつばぜり合いが演じられたのは間違いない。これまでの３年とは違う習近平を巡る厳しい環境。その中で、長老らはいかなる意見を提示したのか。この中身が本当に明確になるのは、17年党大会の際である。

6　長老らの影

暗闘の主役同士の談笑

軍事パレードがあった２０１５年９月３日の未明、いつもはＰＭ２・５に遮られる北京の空にオリオン座が瞬いていた。工場の全面操業停止の効果だった。

現地時間、午前９時、強い日差しを受けた天安門の楼閣上に並んだのは共産党、国家、軍のトップである習近平と、先々代、先代の国家主席、江沢民と胡錦濤。このほか存命の最高指導部経験者15人が顔をそろえた。

注目すべきは、１年ぶりとなった江沢民の公式の場への登場とともに、ただ一人、欠けていた最高指導部経験者だ。習近平が牢に送った周永康である。彼は江沢民グループの重鎮だった。周永康の欠席までの経緯は、習近平がトップに就いてから１０００日強にわたる「反腐敗」という名の権力闘争そのものだ。

習近平は、江沢民ら長老による「院政」を封じ込めるため必死に闘ってきた。これはあくまで党内部の暗闘だ。表舞台では、習近平と江沢民がパレードを見ながら、にこやかに会話を交わす。

この1年前、国慶節（建国記念日）を控えた2014年9月末の音楽会でも、健康不安説があった江沢民が久々に現れ、習近平の隣に座っていた。14年7月末の周永康の摘発発表から間もない時期だった。直後の8月、河北省の保養地に最高指導部と長老らが集まった「北戴河会議」で、周永康の断罪は渋々、了承された。それでも習近平と江沢民の暗闘は続いた。

軍事パレードは習近平の一人舞台——。その演出は手が込んでいた。

「老江（江沢民）が現れたのは見たけど、習大大（習近平）の隣にいたなんて知らなかった」

北京の庶民の感想だ。国営中央テレビの生中継にくぎ付けとなった多くの国民は、江沢民の出席は映像で確認したが、習近平の左隣にいることが分からない。「ツーショット」がないのである。

「習・江の確執にも配慮した上での報道上の操作だった」

関係者の声だ。そもそも江沢民は一般国民に人気がない。周囲の人物が汚職まみれなのは、江沢民自身の問題でもある、と見られている。「反腐敗」や「虎退治」で大衆の支持を得た習近平が、〝悪役〟の江沢民と談笑する映像は習人気を冷やしかねない。つまり一般国民向けには「ツーショット」は不要だった。

一方、習・江の確執は、中国政治の不安定の象徴として世界の視線を集めている。海外からの目を考えれば、習・江の談笑は報道すべき事象だ。だからこそ、海外、華僑向けの通信社は2人が談笑し、隣に胡錦濤もいる写真を配信した。事実上、共産党宣伝部の管轄下にある中国系香港メディアもこれを使った。非常にわかりやすい。

江沢民の健康状態はどうなのか。天安門上の席に着く前、階段を下る際は左脇から抱えられたものの、歩くのには支障がない。高齢でも健康に大きな問題があるようには見えなかった。左隣の胡錦濤に向けて親指を立てるポーズまでとったのが話題になった。

胡錦濤は終始、表情が硬かった。いや、表情がなかったと言ってもよい。そして、気になる映像がインターネット上に出回った。欄干の間から見える胡錦濤の左手先が絶え間なく小刻みに震えているのだ。意図的なズームアップ映像だ。

「不仲だった隣の江沢民の振る舞いに我慢ならない怒りの表明」「側近の令計画を追い落とした習近平が気に入らないのでは……」。少し不真面目な解説も流れたが、健康になんらかの問題があると見るのが一般的だろう。「パーキンソン病を患っている」。そんな噂もある。

胡錦濤は9000万人近い共産党の青年組織、共産主義青年団のボスだった。12年の習近平への権力委譲では、中央軍事委員会主席を含めてすべて引退した。江沢民の院政に悩まされた経験から「口出ししない」スタイルを取った。

しかし、17年の党大会での最高指導部人事は別だ。共青団のホープで広東省トップの胡春華らを押し上げたい。だが、もし健康が優れないなら政治力も衰えるのがこの国の常だ。

他の長老らの様子はどうか。中央規律検査委員会が「慶親王批判」の文章を発表したことで、次に習が狙う標的と噂された曽慶紅。無表情の胡錦濤の後方で元気に動き回り、健康をアピールした。一族が電力業界に多大な影響力を持つ元首相、李鵬の姿もあった。この二人は、習近平と同様に党高級幹部を親に持つ「太子党」の重鎮である。

行政改革の断行で評価の高い元首相、朱鎔基には衰えが見えた。脇に控える秘書役は声も発せず天安門の欄干の手すりをたたく動作をした。「ここに両手を置きなさい」というサインだった。長時間、日差しの強い壇上に立つ老人が体力を消耗して倒れないよう、両手での支えを促したのだ。だが重鎮に、子供を諭すようなしぐさをするのは違和感があった。朱鎔基は一瞬戸惑いつつ指示に従った。

最長老は宋平

めったに姿を現さない最高齢98歳だった元老、宋平は、習近平と同じ中山服姿だった。鄧小平から信頼された宋平は、胡錦濤や温家宝を見出だし、最高指導部メンバーにまで押し上げた。07年、習近平がいきなり次期最高指導者候補の最右翼に躍り出る際も影の立役者だった。当時は、共青団を基盤とする李克強が有力と見られていた。だが、長老らの反対が多く、まとまらない。内情を知る党関係者はこう述懐する。

「長老の意見取りまとめに向けて宋平は習近平を強く推した。キーマンの一人だった」

ここでは習近平の父で元首相の習仲勲と宋平の良好な関係も功を奏した。

宋平自身は習近平指導部にこう宣言したという。「老人はもう口は出さない」。２０１５年の話だ。しかし、内部で揉め事が起きればこの限りではない。長老の出番はあり得る。宋平が名伯楽だとすれば、17年の最高指導部人事では、なお発言力を持つ可能性はある。

「後継者を決めるのは俺だ」。軍を掌握した習はこう思っている。だが、共産党の伝統では、今回、天安門上に並んだ15長老の力は無視できない。

だからこそ毎年、「北戴河会議」が注目される。16年夏、北戴河には15長老が皆、いたわけではない。だが、長老それぞれが習指導部になんらかの形で見解を提出した。最大の焦点は17年の人事に絡むものだ。

影の実力者、江沢民。そして胡錦濤は……。胡錦濤は、習の外遊中などを狙って、ごくたまに表に顔を見せるに過ぎない。

新たな習近平の側近グループ

習近平は新しい側近グループを形成し始めた。その中でも、いわゆる地方経験なども積んだ有資格者である「政治家」が、次期党大会で政治局常務委員、政治局委員に上がってくるはずだ。

栗戦書、劉鶴、陳敏爾、李書磊、何毅亭……。

栗戦書は、若き習が河北省正定県の幹部として赴任した際、隣町、無極県のトップだった。習はいわば兄貴分として慕い、遂に党と国家のナンバー1になる際、貴州省書記から中央弁公庁主任に引き上げた。最終的に失脚に追い込んだ令計画の後任としてであった。

習が何でも相談できる「官房長官」役だ。だが、出しゃばって、物事を仕切るタイプではない。あくまで習の意向を重視する。それは習の本当の性格を若い時から見て熟知しているからでもある。

習はすべての物事を自ら決めたがる。だからこそ、多くの小組を新たにつくり自ら小組長に就いた。李克強から経済政策の主導権まで奪ったのは、この性格から来ている。

面白いエピソードがある。14年11月、北京郊外でアジア太平洋経済協力会議（APEC）が開かれた。習の晴れ舞台である首脳会議の会場は、湖のほとりに新たに建設した広大な施設。首相の安倍晋三ら各国首脳が集まった場所だ。

なんと、その部屋の椅子、調度品、家具は、習近平が自ら吟味したのだ。中国の歴史上、極めて稀だ。習は超多忙な日程をやりくりして、会議の1、2カ月前という時期に自ら現地を視察した。そして椅子の座り心地、机の高さなどを確かめ、調度品の色なども指示したという。

本来、これは官房長官役の栗戦書の役割だ。前国家主席、胡錦濤の時代には、中央弁公庁主任だった令計画がすべてを仕切った。だが、習の性格を見抜いている栗戦書は、これをしなかった。すべて、習に自ら決めさせたのだ。習のすべてを知り抜く栗戦書は、次期最高指導部人事で政治局常務委員の有力候補になる。

7　「ポスト習近平」、ダークホースは浙江省から

「浙江閥」が仕切るG20

「9月に杭州で開く20カ国・地域（G20）首脳会議を仕切るのは、もはや江沢民時代の『上海閥』ではない。それは習近平時代の『浙江閥』だ」

13世紀には、人口100万人を超す世界最大級の都市だった浙江省杭州。世界遺産である西湖で有名な街では、こんな声が聞かれる。それは習の「思い入れ」に端緒がある。彼は浙江省で初めて地方のトップに立って経験を積んだ。杭州を自らの「第二の故郷」と見なしている。中国のトップになった暁には、杭州で大きな国際会議を開き、錦を飾りたい。そう思うのは自然かもしれない。16年夏、習の子飼いらがG20の準備に奔走していた。

この浙江省に縁がある子飼いらは、習が固める新派閥の中心をなす。中国政界の人々は彼らを「浙江閥」と呼ぶ。

「浙江閥」の中でも特筆すべきは、貴州省トップの陳敏爾だ。1960年生まれである。習が浙江省のトップを務めた時代に下で働き信用を得た。その後、順調に経歴を重ねていく。

陳敏爾は新聞界に深く関わっている。1999年に39歳の若さで浙江日報報業集団社長になり、メディアを統括する同省党宣伝部長に転任。その頃、浙江日報は「之江新語」という名のコ

ラムを1面で掲載した。2003年から07年まで続くこのコラムは、同名で本としても出版されている。浙江省トップだった習はここにペンネームを使って執筆していた。

「実際に筆を執ったのは陳敏爾だ。習が話した内容、走り書きした文章やメモをもとに文章を仕上げた」。当時の事情を知る人物らの話である。この経緯から陳敏爾はその後、メキメキ出世する。浙江日報も習の勢いをかって急成長し、今では中核記者のボーナスが10万元（160万円）も出る好景気に沸いている。

習は浙江省時代、中央で活躍するための下準備もした。人脈づくりを含めてだ。先に紹介した「之江新語」の執筆も将来をにらんだ布石だった。自らの考えをあらかじめ示しておく。これはトップを目指す人材が時にとる手法だ。

この連載は習が執筆した——。そう明らかにされ、浙江省で出版されたのは2007年8月のことだ。第17回党大会を前に、習が13億人のトップに立つ見通しがたった頃だった。つまり、陳敏爾はトップを目指す大志を抱いた習を支え続けたことになる。

習の浙江人脈は、日の出の勢いだった。この新派閥は、習の著書「之江新語」をもじって「之江新軍」とも呼ばれている。その中核が陳敏爾である。

陳敏爾がトップの貴州省は、開発が遅れた少数民族が多い地域だ。しかし最高指導部への登竜門としても有名である。前国家主席、胡錦濤も貴州省トップを務めた。党中央弁公庁主任で政治局委員の栗戦書も貴州省から上がってきた。栗戦書は河北省で仕事をした習が20代から知る側近だ。

習は、その貴州省に陳敏爾を送った。彼が「時の人」と言われる所以である。陳敏爾は新聞、宣伝系の経験の長さから党政治局委員兼中央宣伝部長の候補だろう。もし、習の力が極めて強ければ、一気に2段階特進で党政治局常務委員になる可能性さえ秘める。その場合、宣伝、思想・イデオロギー担当。今の劉雲山の地位である。

「習との固い絆を考えれば、一気に『ポスト習』の有力候補になってもおかしくはない」。長く浙江省の政治情勢を観察してきた人物は、期待も込めてこんな大胆な予測をする。

16年3月、北京での全国人民代表大会の際、ひな壇にいた陳敏爾の周りには多くの人が集まった。彼は笑顔で握手に応じた。中国の政界関係者は、時の政治情勢、人事情報を読むのにたけている。彼らが注目するのが、習に近い陳敏爾だ。

陳敏爾は１９６０年生まれ。党大会の時点で57歳になっている。しかし、63年生まれの広東省トップ、胡春華、そして重慶市トップの孫政才とは「60後」という意味で同世代だ。「ポスト習近平」を担う「革命第6世代」の核心になる資格はある。

万一、陳敏爾が17年に一気に昇格すると、胡春華と孫政才がかすみかねない。なかなか簡単にはいかないだろうが、面白い人事である。

天津夏季ダボス会議で復活した黄興国

16年6月27日、中国・天津で「夏季ダボス」会議の開幕式があった。演説したのは首相の李克強だが、その前に挨拶した人物に内外の注目が集まった。天津市トップ（代理書記）の黄興国である。

「習近平総書記（国家主席）が提起する……」

黄興国は、目の前に李克強が座っているにもかかわらず、李克強の名前に触れて政策を語るのを避け、習近平の名を繰り返した。それは当然だった。習より1歳若い彼は、習の新しい派閥「浙江閥」の核をなす人材の一人なのだ。

黄興国は16年1月、「習近平が『核心』である」と初めて明言した地方トップの一人である。「核心」は、習が共産党内で別格の指導者としての地位を確立したことを示す言葉だ。依然、党内に異論があるとはいえ、口火を切った功績は大きい。

黄興国は浙江省の出身だ。習は２００２年から07年まで同省トップを務めた。黄興国が、長い歴史を持つ貿易拠点、寧波市トップだった頃、習は南の福建省から浙江省にやってきた。２人は知り合い、黄興国が天津に転出した後も親交は続いた。

習指導部が「海洋経済」の拠点として開発を進める浙江省の舟山群島新区。ここに近い場所の出身の黄興国は舟山開発に深く関わっている。寧波と舟山群島とをつなぐ全長48キロ、橋梁部分25キロの大橋の建設も含まれる。

03年、習は黄興国らを伴って舟山などを視察した。前任の浙江省トップ、張徳江（現全人代常務委員長）は、膨大なコストが必要な大橋建設に必ずしも前向きとは言えなかったが、習は違った。「海洋経済」の発展を旗印に一気に開発を進めた。

黄興国は15年8月、天津で起きた大爆発の際の同市のトップだ。1000人近い死傷者を出した責任は重い。それでも、1年も過ぎないうちの天津夏季ダボス会議で海外の要人らの前に姿を現した。そして爆発から1周年の日の2日前に、現場付近の復興の様子などを視察した。

習派の黄興国、失脚の衝撃

2016年9月10日、夜10時半。事態は、思わぬ方向に動いた。中央規律検査委員会は黄興国が重大な規律違反で摘発されたと発表した。黄興国はその直前、最高指導部メンバーの一人である兪正声とともに天津を視察し、客人とも会っていた。突然だった。

彼は、今をときめく浙江閥＝「之江新軍」の中核メンバーでもある。しかも「習近平が党指導部の『核心』である」と率先して発言した功労者でもあった。その論功行賞によって、17年には党政治局委員への昇格さえあると噂されていた。

それが、いきなり「落馬」してしまった。浙江省の中心地、杭州でG20が閉幕した直後の最初の事件だった。中国は既に内政の季節に突入した。それを象徴する動きだ。

これに先立つ8月の「北戴河会議」で微妙な力学の変化が生じたことを感じさせる事件でもあ

る。仮に失脚の理由が汚職だと発表されたとしても、それをすべて信じる人はいない。あくまで、より大きな権力闘争の一つの駒に過ぎない。

16年10月には、共産党員の政治生活上の規律などをテーマとする党中央委員会第6回全体会議(6中全会)が予定されていた。規律がテーマである以上、習は身の回りをきれいにする必要があった。

後ろ指を指されないためにも、それは極めて重要だった。習は、表向きどんな高い地位にいる「大虎」も見逃さない、と宣言していた。

「腐敗問題を政敵側から突かれている黄興国が、生け贄になった可能性がある」

政界関係者の見方である。

いずれにしても今後、権力闘争は激しさを増す。党政治局委員の候補の一人が失脚したのだから。習の側近グループの中核とされる人物の失脚は、習指導部の発足以来、初めてだった。

後任の天津トップとして抜てきされたのは、湖北省党委員会書記だった李鴻忠だった。彼も習を「核心」とする運動に早くから参画していた。

とはいえ、李鴻忠は、元国家主席、江沢民の影響力が大きかった旧電子工業部の出身である。習は、この3年間、長老による「院政」の打破に向けて、江沢民グループに圧力をかけてきた。

次期人事で党政治局入りがほぼ確実になった李鴻忠が、江沢民グループに近いということは、習の力量が十分でないという証拠になる。習が、その他の地方人事で「浙江閥」を軒並み引き上げるなど露骨だったため、一部で反発が強まったという事情もあった。

党内では「対抗勢力が一矢報いた意外な人事だ。習主席の初の挫折だろう」ともささやかれる。長老らと現役指導部が意見交換した２０１６年夏の「北戴河会議」での風向きの変化は簡単にはわからない。だが、確実に17年の最高指導部人事に影響する。

そして、もう一つ大きな事件があった。なんと、李鴻忠の天津行きが決まった同じ9月13日である。全国人民代表大会常務委員会は突如、臨時会議を招集し、遼寧省全人代代表１０２人のうち、45人の資格を無効と決定した。２０１３年の選挙で票を買ったという悪質な汚職問題とされる。

この汚職に関わった遼寧省人民代表４５４人も資格を取り消された。実に遼寧省の人民代表の75％が消えるという新中国の建国以来、初の一大疑獄事件に発展した。

問題は、習近平と王岐山の意図である。首相の李克強はかつて遼寧省のトップを務めていた。当然、人民代表の管理職にもあったため、その監督責任にまで話が遡るのかどうかが注目点だ。天津の黄興国の失脚と、遼寧省の一大疑獄事件は、今後の政局を大きく左右する。

2人目の黄氏

もう一人、同じ黄という姓で昇進が見込まれる人物がいた。党中央宣伝部常務副部長の黄坤明だ。１９５６年11月生まれ。秋から冬にかけての党大会時には60歳か61歳になる。

本来、福建省の人だが、今や「浙江閥」の有力者である。浙江省で長く仕事をしたため習の目に留まり、杭州市トップから党中央に転じた。北京入りは習が総書記に就任してから1年後。まさに「習印」だ。

2016年7月1日、北京の人民大会堂で中国共産党の創立95周年記念大会が開かれた。演説したのは習だ。大会の演出、報道は過去とかなり異なる。中国は表向き集団指導制をうたっているのに、序列2位である首相の李克強は司会役に甘んじた。2015年9月3日の軍事パレードと同じだった。

そして国営テレビでは中国共産党の歴史モノの形をとって習時代の政治をたたえる長編ドキュメンタリーシリーズが何度も放送された。「築夢路上」という番組である。後半はすべて習の業績の羅列だった。一連の宣伝方針を巡る実務的な指揮を執ったのは、習の側近である黄坤明とされる。

同じ頃、中国は地方トップ人事の季節を迎えていた。夏の「北戴河会議」を前にした重要な政治的駆け引きの場である。

中国共産党創設95周年記念日だった7月1日の前日、驚く人事があった。江蘇省トップに就いたのは1959年生まれの李強。習が浙江省トップの時代、党省委員会の秘書長を務めていた。着々と昇進し、2013年には省長になった。

江蘇省は、長老で元国家主席の江沢民、無期懲役になった最高指導部メンバーの周永康らの故郷である。しかも、16年5月には副省長、李雲峰が拘束された。彼は国家副主席、李源潮が江蘇省トップを務めた際の秘書役だった。

習が進める「反腐敗」運動のカギを握る地域が江蘇省だ。そこに「浙江閥」から側近を送り込んだのだ。まだ李強は中央委員候補だが、今後、一気に昇格する可能性がある。

神童、李書磊を大事に育成

今後、習の政治理論などを担うと見られるブレーンに面白い人材がいる。神童と言われた李書磊だ。1964年生まれ。なお52歳の若さである。

経歴は特異だ。14歳という最年少で最難関、北京大学の図書館学部本科生として入学した。飛び級である。2008年末、46歳という若さで中央党校の副校長に抜てきされた。その後、福建省党宣伝部部長として地方経験を積んだ。福建省は、習が長く過ごした地で知己も多い。特別な場所で大事に育てるという習の意向が反映されていた。

15年末には北京に戻ってきた。北京市の規律検査委員会のトップとしてだった。習の一枚看板、「反腐敗」に関する経験も積ませるというエリート教育だった。次代を担う人材の「帝王教育」の最終地点はどこなのか。

極めて物静かな読書家——。人柄は温厚とされる。しかし、小学校時代には学校をさぼったとのエピソードを持つ。授業内容は、家で兄らに教えてもらったためすべて頭に入っており、教師の話を聞くのがつまらない。そこで、学校に行こうとしなかったというのだ。大物である。

8　習近平の2022年引退は確実か

若手の誰が指導部入りするかに注目

2017年党大会では、共産党の将来を決める極めて重要な人事がある。次の次の22年党大会でトップに就く「ポスト習」の候補者選びである。

07年党大会では習が、最右翼だったはずの李克強を抑えて、いきなり序列6位に躍り出た。トップへの道が固まったのだ。時の国家主席、胡錦濤が子飼いの李克強を強く推したはずなのに、効果は薄かった。

10年がたつ17年も同じなら、若手から誰が最高指導部入りするのかが注目点だ。重慶市トップの孫政才。共産主義青年団のホープである広東省トップ、胡春華。ダークホースとして名前が挙がる陳敏爾。様々な臆測があるものの、決め手を欠く。そもそも習の本心が見えない。問題は22年の党大会で習が本当にトップから降りるのかだ。

習は、かつてのホープ、令計画を徹底的に潰した。第2章で詳しく触れたように、これは、前国家主席、胡錦濤が引退に当たって、令計画を習近平の次の党総書記に据える腹づもりだったからだ。

レームダックを避ける方策

習近平とすれば、自分の後任がコントロールの効かない共青団出身の令計画では困る。それなら習は19回党大会でも共青団系から有力なトップ候補を出したくないはずだ。新たな共青団のホープ、胡春華は1963年生まれ。令計画より7歳若い。もし次の22年党大会で胡春華や、習近平の「友達グループ」ではない人物がトップに就く道が見えてしまえば、習は「レームダック」になる。

その場合、面従腹背の勢力が次々、台頭してくる。「反腐敗」で政敵を追い込む手法も通用しなくなる恐れがある。習としては絶対に避けなければいけない。

習は地方を含めた重要ポストを着々と「身内」で固めてはいる。党内の規則も習主導の人事に有利なように変えつつある。2期10年までと憲法が任期を定める国家主席の地位は別にして、なんらかの形で党や軍の権力を握り続ける可能性は排除できない。

実現する条件は、中央政治局委員25人に多数の子飼いを送り込み、万が一にも寝首をかかれない体制をつくることだ。

12年党大会でも、7人の政治局常務委員は、院政を敷いてきた2代前の国家主席である江沢民のグループが優勢で、計25人の政治局委員の顔ぶれのほうは、前代の胡錦濤派が優勢だった。かなりのメンバーは、胡錦濤が自ら任命したコマであった。

中国は長老の力が強い。だからこそ、「長老政治」の打破のため、習近平は「反腐敗」という政治運動を発動したのだ。

そして、もし、習が本気で居座り続けるなら今、「ポスト習」を論ずる意味がなくなる。「ポスト習」は習なのだから。

人事の陣取り合戦

一つ、確かなのは17年の最高指導部人事で習が多数派をとりたいと思っていることだ。最高指導部7人体制を変えない場合、自派で4人欲しい。

現メンバーは7人。うち5人が年齢制限で引退するが、習と距離がある李克強は残る。これを前提とすれば、入れ替わる5人中、3人を確保しなければ多数はとれない。これは過去の人事を見ても簡単ではない。この3人の中に「ポスト習」がにじむ人材を入れるのかどうかも焦点だ。

習が「チャイナ・セブン」にどうしても入れたいのは、まず側近の官房長官役、栗戦書だろう。そして重慶市トップの孫政才。前首相、温家宝の人脈から上がってきたが、習には忠誠を尽くす構えだ。15年初め、習は重慶を訪問した。孫政才は3月の全人代で、唯一、習にきちんと挨拶する姿が確認されている。脈はある。元々の習派ではないが、指名されれば一員になる資格はある。

習の子飼い、貴州省トップの陳敏爾、経済の司令塔である劉鶴も2段階昇進ならトップ・セブン入りがありうる。ダークホースだ。

後はライバル側の共青団系と江沢民系からも誰かが出てくるのか。共青団系の候補はまず広東省トップの胡春華。もし李源潮が脱落すれば、残る候補は対外経済担当の副首相、汪洋だ。しぶとく力を残している江沢民系も1枠、さらに別の中間系の人物が入るなら習は苦しい。

万一、李克強が首相を降りるなら

万一、首相の李克強が党内序列2位のまま全人代常務委員長にスライドする場合、パズルは大きく変わる。まず、首相を誰にするのか。ここから始まる。通常、国務院総理は、地方指導者として修行を積み、しかも副首相の経験があるのが前提だ。

資格があるのは、汪洋と王岐山になる。ただし、王岐山の場合は、党の内規を変更して、年齢制限を撤廃しなければならない。

無敵に見える王岐山にもスネに傷はある。王岐山は2012年まで経済担当の副首相だった。権限が絶大だったことで、彼の秘書が「虎の威」を借りて汚職に走ったとの噂がある。既にこの秘書は秘密裏に処分され、片田舎に送られたという。

こうした問題が今後、政局の材料に使われる恐れはある。王岐山が習の意向で最高指導部に残る場合、なおさらその危険性が高まる。

バッサバッサと「大虎」をたたいた王岐山は、かなり恨みを買っている。暗殺に気をつけるべきは、習近平より、むしろ王岐山かもしれない。トップの習ほど手厚い警備体制は敷けないため

李克強首相（右）と習近平主席
© 共同通信社／アマナイメージ

穴は多い。

王岐山のほか、孫政才、胡春華も首相の候補になりうる。しかし、早期に首相に抜てきされると、逆にトップである総書記への道が狭まりかねない、という問題も出てくる。

22年に再逆転、李克強がトップに？

「習の勝手にはさせない」とする対抗勢力とのつば競り合いは今後、一層、激しくなる。

習は、李源潮を標的にするような姿勢に出ているが、仮に「反習近平」の連合勢力ができるなら形勢は再逆転する。李源潮の摘発どころではなく、自分の地位確保だけで精いっぱいの状況に陥りかねない。

カギを握るのは李克強だ。政治的能力にはやや劣るとはいえ、実務能力には秀でている。彼はかつてトップ候補だったのだ。江沢民、胡錦濤ら長老らが「反習近平」で結束すれば、将来、李克強がトップに上がる可能性もゼロではない。

次の次の党大会がある２０２２年に李克強はまだ67歳。習は69歳になっている。「七上八下」と言われる内規が継続されるなら、習は引退し、李克強は最高指導部に残る資格がある。

習より2歳若い李克強は有利だ。習は、李克強が再び台頭するのを抑えるためにも年齢に関する内規を変えたい。

4、5年前、中国政界では異常な事件が相次いだ。習のライバルと目された重慶市トップ、薄熙来の失脚がパンドラの箱を開けた。習の側近とされた天津市トップ、黄興国は、既に摘発された。今後も何が起きるかわからない。

あとがき

２０１６年３月３日、北京の天安門広場の西にある人民大会堂では全国政治協商会議の開幕式が始まろうとしていた。習近平は間もなく袖から入場してくる。

その直前、最高指導部の座る席では、黒いスーツに身を固めた短髪の男性要員が奇妙な動作をしていた。

彼は習近平が座る椅子の背もたれのビロードの布の部分を手でじかにさすっている。視線は鋭い。次には、しゃがみ込んで、机の下の外から見えない部分にも何かないか、じっくり見ていた。

しばらくすると、容姿端麗な女性スタッフが、習近平が使う湯飲み茶わんを運んできた。蓋付きの陶器である。その際も黒服の男性の視線は、女性スタッフの動きを追っていた。その一挙手一投足をも見逃さないというように。

彼女が湯飲みを机に置く際の視線はさらに厳しい。男性は、彼女が下がった後も、トップの椅子に手をかけて至近距離から湯飲みをなめるように見回した。

黒服の男性は何をしていたのか。椅子のビロードをさすったのは、布に危険な劇物が塗ってあったり、小型の爆発物が埋め込まれていないか探っていたのだ。机の下を見たのも危険物のチェックである。

湯飲みの外側にも、トップが手に取った際にたちまち火傷をするような劇物が仕込まれていないか見ていた。完璧な監視だった。

習近平の席は鋭い目付きの男性保安要員に入念にチェックされた（2016.3.3、人民大会堂）

© 日本経済新聞社、撮影・小高顕

「お茶くみ」は、女性の仕事という伝統が破られたのは２０１５年3月だった。男性のお茶くみスタッフが初めて登場し、習近平の湯飲みを見張る男性要員も現れた。

しかし、２０１６年の男性警備要員の動きは、１年前とは比べものにならないほど激しく、厳しい。

一体、何が起きているのか。この1年間でトップの身体の安全確保が一段と難しい局面になったことが推察できた。そう、あの事件だ。真相が明らかにされていない不気味な事件はいくつかある。中でも最も危険だったのは２０１５年夏だった。すでに皆が忘れかけている8月12日に起きた天津大爆発だ。

この暗闇の中の天津大爆発、最高指導部メンバーだった周永康への無期懲役判決、構造改革が進まず滞る中国経済——。

一見、無関係なこの3つの事象は底流でつながっていた。現代中国を語るうえで避けて通れない謎。それは13億人の民を束ねる習近平への権力集中と密接に関わっている。

就任から4年目に入った習近平。飛ぶ鳥を落とす勢いだった彼は2016年の前半になって初めて立ち往生する。足元からは「やり過ぎ」との反発が巻き起こり、しかもそれが表面化したのだ。

だが、そこで躊躇する習近平ではなかった。再び大攻勢をかけた。これから激しさを増す闘いは、2017年の共産党大会でいったん中間成績が判明する。そして、2022年党大会での最終決戦を目指して再び走り始める。

党トップとしての2期目の任期が終わる際、習近平の権力はどうなっているのか。長い長い闘いである。

本書を執筆するに当たっては、多くの方の助力をいただいた。名前を残すことでかえって御迷惑になる方もいらっしゃるので、ここでは触れない。

一人だけ特別にお名前を記したい方がいる。かつて日本経済新聞中国総局、現地法人である日経創意に奉職された陸遥遥君である。2016年3月30日、ガンのため北京で亡くなられた。32歳の若さだった。

習近平の母校である中国の名門、清華大学を卒業し、幅広い教養を身につけた得難い人材だった。外国人である私が、中国の歴史、社会、政治、経済を観察する際の一つの指針を示してくれた友人でもあった。本当に惜しい人を亡くした。残念の一言に尽きる。ご冥福をお祈りしたい。

２０１６年夏　天候不順の北京にて

中澤克二

中澤克二（なかざわ・かつじ）
宮城県仙台市出身。早稲田大学第一文学部卒。1987年日本経済新聞社入社。政治部などを経て98年から3年間、北京駐在。首相官邸キャップ、政治部次長の後、東日本大震災の際、震災特別取材班総括デスクとして仙台に半年ほど駐在。2012年から中国総局長として北京へ。2014年ボーン・上田記念国際記者賞受賞。現在、東京本社編集委員兼論説委員。著書に『習近平の権力闘争』がある。

中国共産党　闇の中の決戦

二〇一六年十月十二日　一版一刷

著　者――中澤克二

発行者――斎藤修一
発行所――日本経済新聞出版社
http://www.nikkeibook.com/
東京都千代田区大手町一‐三‐七
郵便番号　一〇〇‐八〇六六
電話　〇三‐三二七〇‐〇二五一（代）
組　版――マーリンクレイン
印刷・製本――シナノ印刷

ISBN978-4-532-17606-8
Printed in Japan